NI DE AQUÍ, NI DE ALLÁ

Psicología para inmigrantes

NI DE AQUÍ, NI DE ALLÁ

Psicología para inmigrantes

Una visión integrativa del proceso psicosocial de adaptación, transformación y existencia de las personas que viven en el extranjero.

Irene Paola Garza Del Valle

Letrame
Grupo Editorial

Primera edición: 2021

Letrame Editorial.
www.Letrame.com
info@Letrame.com

Diseño de edición: Letrame Editorial.
Maquetación: Juan Muñoz
Diseño de portada: Rubén García
Supervisión de corrección: Ana Castañeda

ISBN: 978-84-1386-327-6

DEPÓSITO LEGAL: AL 342-2021

IMPRESO EN ESPAÑA – UNIÓN EUROPEA

A mi madre, Martha, quien siempre me ha dado alas para volar y ha estado más cerca que nadie, a pesar de los 8982,44 km que nos separan. A mi hermano, Fernando, quien ha compartido el mismo nido emocional y a quien amo ver aprendiendo a volar cada vez más alto. A mi pareja, Fernando, quien ha sido un guía excelente en sus tierras y en su cultura, mi gran maestro en el tema de las parejas interculturales y un gran compañero de viaje, paciente y respetuoso en mis días de nostalgia y el mejor acompañante en los días de plenitud en esta aventura. A mis amigos y mis seres queridos, quienes no me han olvidado a pesar de mi ausencia física. A mi terapeuta, Caro, quien siempre me ha ayudado a encontrarme esté donde esté. A mis pacientes, quienes son coautores de este libro y me han enseñado tanto. Y a las dos estrellas, que ahora iluminan mi camino desde el cielo, Marlinda y Javier.

NI DE AQUÍ, NI DE ALLÁ

Psicología para inmigrantes

ÍNDICE

PREFACIO

La primera vez que me fui de casa fue a los 16 años; me fui a casa de una amiga, dejando una larga carta en la cama de mi madre. Me escapaba del supuesto yugo opresor de mi progenitora, quien únicamente quería prevenir a toda costa que continuara dentro de una relación en la que vivía violencia de género. Esa vez, mi partida no duró mucho; volví al día siguiente.

La segunda vez que me fui de casa fue al terminar la licenciatura. Mi madre, quien pasó de ser «una opresora» a ser una subvencionista de sueños, me dio la oportunidad de estudiar un diplomado en Buenos Aires, Argentina. Era la primera vez que viviría fuera de mi país, México. Los 8 meses que viví en la tierra que vio nacer a Evita Perón y triunfar a Gardel, la ciudad con mayor cantidad de psicólogos per cápita en el mundo, del fernet con coca, los choripanes y los alfajores, son recuerdos que atesoro en lo profundo de mi ser. Realmente no quería volver, supongo que algo que influyó positivamente en esa primera experiencia «migratoria», fue esa certeza de que tenía un comienzo y un final; el saber que era algo pasajero y solamente por un periodo de tiempo relativamente corto, después del cual regresaría a mi vida de siempre. Ese hecho me hizo disfrutar cada segundo con toda el alma.

Pensé que irme a España por un año a estudiar la maestría sería igual, pura diversión, mucho aprendizaje, aventura, fiesta y placer. Y al inicio fue así; sin embargo, cuando elegí quedarme más de lo planeado, habiendo terminado mi maestría y quedándome por apostarle a un proyecto de pareja, pero con las manos vacías y con falta de certezas en lo laboral y lo personal, fue que comencé a vivir una crisis ante el hecho de vivir en el extranjero. Jamás pensé que pasaría por un proceso tan fuerte y difícil de adaptación, ni que viviría en mi propia piel el duelo migratorio, y tampoco que vivir en España cambiaría mi percepción de la vida, de mí misma, ni que daría un cambio tan radical en mis planes personales y en el enfoque de mi vida laboral.

Cuando uno piensa en irse a vivir a otro país, hay muchas ilusiones detrás de esa decisión. La mayoría de las veces, la migración representa y se percibe como una mejoría en el estilo de vida, pero algunas veces no se tiene una idea real de lo que representa ese proceso y de los retos personales y sociales que puede traer consigo.

Mi experiencia como inmigrante me llevó a buscar trabajo y a enfocarme en el proceso terapéutico con extranjeros, parejas y familias interculturales. Caro Zavaleta, mi psicóloga, dice algo que creo muy cierto: «La vida te trae a los clientes que mereces y necesitas, te lleva a encontrarte con personas que también nutren tu vida». Para mí, como inmigrante, ha sido sumamente enriquecedor, tanto personal como profesionalmente, poder trabajar con otras personas que al igual que yo han emprendido este viaje lejos de lo conocido, más allá de su zona de confort, un viaje no solo geográfico, sino, sobre todo, interno.

Este libro es una presentación de las reflexiones de mi experiencia migratoria, de las observaciones que he ido construyendo en mi encuentro con otros inmigrantes, tanto dentro del espacio terapéutico, como fuera de él.

Este libro está hecho por inmigrantes, para inmigrantes. Hecho con la finalidad de darle voz a otras personas: a amigos/as míos/as, a mis clientes y colegas. Compartiendo con los lectores lo que hemos aprendido desde nuestra experiencia migratoria sobre la influencia de la migración en los procesos vitales de las personas.

Las narrativas dentro de este libro buscan darle un lugar prominente no solo a sus voces, sino también a sus vivencias y a las distintas realidades del proceso migratorio, con el fin de humanizar el abordaje y comprensión de la migración. Y en este punto, me gustaría recordar lo que Harlen Anderson, psicoterapeuta posmoderna, refiere acerca de honrar la historia del cliente «Estas narrativas, que alguna vez fueron un diálogo vivo, animado —historias de experiencias en las que clientes, otros y yo participamos—, no son ahora más que mis recuerdos e interpretaciones consignados a estas páginas...»

Estas voces son de personas provenientes de diferentes países y contextos culturales, viviendo en distintos países del mundo. Todas las narrativas e historias compartidas en este libro son reales y, por dicho motivo, algunos datos identificativos han sido transformados para respetar y cuidar la privacidad y anonimato de cada una de ellas.

Con este libro, mi objetivo es contribuir en ampliar la comprensión de los procesos psicosociales de las y los inmigrantes. Ayudando a sus parejas, a sus amigos, a sus familias y a aquellos que aún no lo son y desean irse a otro lugar a vivir, para que con ello logren realizar una migración consciente.

La distancia significa mucho más que estar lejos

Por Candela Duato

La distancia es saber valorar un café con tu gente. Con los de siempre. O una cerveza al sol. Es echar de menos pequeños detalles y anécdotas que, estando cerca de los tuyos, no extrañarías tanto. Es saber a qué sabe un abrazo de bienvenida, aunque solo sea por unos días. Y que ese sabor se convierta en tu favorito.

O que las despedidas se conviertan en el sabor más amargo que jamás probaste.

La distancia es plantarle cara al mundo un día, hacer las maletas e irse. Es no saber muy bien lo que haces hasta que pasan unos meses. Y cuando empiezas a ser consciente de la decisión que tomaste, seguir adelante. Porque sí. Con un par de cojones. Porque la distancia es eso, arriesgarse. Tener valor. Jugársela sin estar seguro nunca. Tener un pie en un sitio y otro en el otro. Es muchas veces tener una lucha interior entre tus sueños y tus sentimientos.

La distancia es tener días en que deseas poder teletransportarte, incluso más que cuando eras pequeña. Y confiar en que, algún día sin saber cuándo, ni cómo, sea posible. Porque, aunque tu cabeza te diga que es imposible, las ganas pueden más que otra cosa.

La distancia son las sorpresas y los detalles. Son las notas de voz eternas, la diferencia horaria, los cumpleaños por Skype y los mil «te echo de menos» por WhatsApp. Es acordarse de otra persona al ver o escuchar cualquier cosa, y no poder evitar enviárselo. La distancia es asumir que eres la amiga que nunca está y que tu madre tenga que asumir que eres su hija invisible, que eso cuesta un poquito más...

La distancia es aprender a vivir por uno mismo, a simplemente ser. Es pasar días muy malos y días muy buenos. Días de querer dejarlo todo y días de querer quedarse ahí para siempre. Es sentirse completamente solo y de golpe darse cuenta de que tu gente está ahí, aunque sea lejos. Y aprender que eso significa que NUNCA estarás solo, porque a veces el corazón va donde la voz no llega.

Porque la distancia separa cuerpos, no corazones. Y desde luego no lo ha conseguido con los nuestros, queridos amigos. Sepan que, de 365 días, los necesitamos 366. Que se nos parte el alma cada vez que sabemos que alguno de ustedes no está en un buen momento y no podemos estar a su lado; y que tratamos de llevar la distancia lo mejor que podemos.

A todos aquellos que están lejos: sigan siendo tan valientes como hasta ahora.

Y a nuestra gente que está en casa esperándonos: estamos deseando verlos. Preparen sus abrazos, los necesitamos.

I. INMIGRACIÓN

1.1. CONCEPTO DE INMIGRACIÓN

La OIM (Organización Internacional para las Migraciones) en su *Glosario sobre Migración* (2006), define a la inmigración como «el proceso por el cual las personas no nacionales ingresan a un país con el fin de establecerse en él». Yo defino la inmigración desde la psicología como «el proceso por el cual las personas se movilizan a otro país para residir y dicha movilización se ve motivada por la búsqueda de lograr una mejoría en las condiciones de sus vidas y de alcanzar un mayor bienestar personal».

En la Asamblea General de las Naciones Unidas en el 2006 sobre Migración Internacional y Desarrollo, la describieron como «...una valerosa expresión de la voluntad de una persona por superar la adversidad y vivir una vida mejor. En la década pasada, la globalización ha incrementado el número de personas con deseos y capacidad para trasladarse a otros lugares. Esta nueva era de movilidad ha creado, para las sociedades de todo el mundo, tanto oportunidades como nuevos problemas...»

Precisamente, este libro busca hablar de ambos aspectos, las oportunidades y los retos y cómo enfrentar o sacarle utilidad a cada una de estas realidades.

Sin embargo, antes de profundizar, creo importante esclarecer la diferencia entre los conceptos *emigrar* y *emigrante*, *inmigrar* e *inmigrante*, y *migrar* y *migrante.*

Emigrar es el proceso de irse del país de origen; por lo tanto, el emigrante es aquel que está en el proceso de abandonar su país de origen para asentarse en un país extranjero.

Inmigrar es el proceso de llegar a un país extranjero para residir; por lo tanto, el inmigrante es aquel que llega a residir a un país extranjero.

Mientras que ***migrar*** se refiere a desplazarse de un lugar a otro; por lo tanto, el migrante es toda aquella persona que se mueve desde el lugar que habita hacia uno diferente.

En base a lo anterior, todo inmigrante y emigrante es, también, un migrante. Es decir, desde el punto de vista del país de origen supone una emigración, y desde el punto de vista del país de llegada, una inmigración. Por lo tanto, emigrante es el que se va e inmigrante es el que llega.

Este libro habla de los inmigrantes y acerca de los procesos psicosociales que viven las personas que ya residen en el extranjero. Aun así, puede ser de mucha utilidad para aquellos que buscan emigrar, para aquellos que tienen un familiar o un ser querido en el extranjero o para aquellos que trabajen o se relacionen con personas migrantes.

1. 2. TIPOS DE INMIGRACIÓN Y DE INMIGRANTES

Existen diversos tipos tipos de inmigrantes:

Inmigrantes internacionales: aquellas personas que se movilizan a otro país diferente al suyo.

Inmigrantes nacionales: aquellas personas que se trasladan, pero dentro de las fronteras de su país.

Inmigrantes temporales: aquellas personas que solamente emigran por un periodo de tiempo determinado.

Inmigrantes definitivos: aquellas personas que emigran de forma permanente a otro país.

Inmigrantes voluntarios: aquellas personas que deciden emigrar por voluntad propia. Por ejemplo, personas que se van en calidad de estudiantes, profesionales, deportistas, militares, diplomáticos, funcionarios de organismos internacionales y de empresas multinacionales, personas que buscan realizar un proyecto de pareja con una persona de otra cultura, etc.

Inmigrantes forzados: aquellas personas que deben salir de su país de residencia, pero no por decisión propia, sino porque su vida se encuentra en peligro. Por ejemplo, refugiados y/o personas que buscan asilo político debido a que son perseguidos por razones políticas, raciales, religiosas, o por guerras civiles y/o catástrofes naturales[1].

Sea cual sea el tipo de migración realizada, los inmigrantes pueden pertenecer y provenir de cualquier clase social, cultural, económica, política. Es decir, cualquier persona puede emigrar y todo individuo es un inmigrante potencial.

Antes de pasar al siguiente capítulo, en el cual hablaremos sobre los motivos de la migración, es importante remarcar las principales diferencias entre inmigrantes y refugiados, puesto que este libro está basado en el primer grupo.

Los migrantes emigran por una decisión voluntaria, a diferencia de los refugiados, quienes se ven forzados ante situaciones extremas y por supervivencia a emigrar y, por lo tanto, es una decisión involuntaria.

La diferencia de circunstancias genera varios efectos importantes: mientras el inmigrante puede preparar su

---

[1] *Datos de las Naciones Unidas y ACNUR: a finales de 2012, el número de personas desplazadas forzosamente en todo el mundo se situaba en 45,2 millones.*

proceso migratorio, el refugiado no tiene tiempo de prepararlo ni de organizar su situación migratoria, desde llevar consigo papeles de identificación, permisos y visados, hasta cosas personales u objetos de valor.

Esta preparación del inmigrante le permite que la integración sea más sencilla, a diferencia del refugiado, quien normalmente, a pesar de la legislación que tiene un marco más claro para proteger sus derechos y proveerles de servicios que aseguren en lo posible una mayor calidad de vida, no logra integrarse o tiene muchas dificultades para hacerlo.

Además, otro aspecto importante es la libertad de retorno: un inmigrante, normalmente, tiene la libertad de regresar a su país de origen, de visita o para volver a vivir, si así lo desea; sin embargo, un refugiado normalmente no tiene dicha posibilidad.

Todo lo anterior genera que el inmigrante sea más propenso a vivir un duelo migratorio menos intenso, un proceso de aculturación e integración más suave, y logre la construcción de una identidad bicultural. Esto hace que perciba menos malestar emocional y que presente menos síntomas y psicopatologías. A gran diferencia de las y los refugiados, quienes suelen tener mayores dificultades y presentar más psicopatologías, como el estrés postraumático y/o el síndrome de Ulises, concepto que se explicará en el siguiente capítulo, cuando describamos los tipos de duelo migratorio.

1. 3. MOTIVOS DE LA INMIGRACIÓN

La migración ha existido desde el comienzo de la humanidad. En un inicio, el ser humano migraba en búsqueda de mejores condiciones climáticas y geográficas, se movilizaba según las estaciones del año a zonas más aptas para sobrevivir, en búsqueda de tierras más fértiles y, en general, a zonas con mejores características para vivir. Con el paso del tiempo, el deseo de buscar mejores condiciones evolucionó a un deseo por conquistar y adueñarse de más tierras, de colonizar otras zonas y territorios, de incrementar la pertenencia de propiedades y terrenos. Actualmente, los motivos personales o circunstanciales del proceso migratorio son más amplios y diversos: desde el crecimiento profesional, hasta el enriquecimiento personal y vital. En general, el fenómeno migratorio sigue representando en el fondo, para la mayoría de las personas, una oportunidad de encontrar nuevas y mejores alternativas de vida.

Y como los motivos de la migración son tan amplios y diversos como el número de inmigrantes en el mundo, una visión muy útil y práctica para entender los tipos de motivaciones que llevan a las personas a emigrar es la del psicólogo canadiense John W. Berry. Berry explica que hay dos tipos de factores que motivan a las personas a migrar: las circunstancias que empujan a la gente fuera de sus países (*push*) y las circunstancias o factores que atraen (*pull*) a las personas a otros países. En base a esta visión, los factores que empujan o llevan a las personas a decidir dejar su país, en general son factores que generan insatisfacción, por ejemplo: insatisfacción a nivel personal (estado emocional, vacío existencial, búsqueda de estímulos externos para encontrar mayor felicidad, búsqueda de experiencias nuevas para salir de la rutina y de la zona de confort), insatisfacción en el contexto familiar (dificultades o problemas dentro de las dinámicas familiares, insatisfacción con el nivel de vida familiar, etc.), insatisfacción en el ámbito laboral (búsqueda de crecimiento profesional, mejores condiciones laborales, mayores oportunidades laborales), insatisfacción sociocultural (problemas políticos como la corrupción; problemas económicos, bélicos, religiosos, dificultades en los servicios de salud, desastres naturales e incluso porque corre peligro su vida en dicho país). Mientras que la percepción del prestigio de estudiar en el extranjero o de las oportunidades de crecimiento personal y laboral y la oportunidad de vivir nuevas experiencias son motivos por los que las personas pueden sentirse atraídas y elegir vivir en otro país diferente al suyo: porque representan un enganche hacia una mayor satisfacción y bienestar.

No era feliz. A pesar que mi trabajo me diera estabilidad e independencia económica, no me llenaba, pues no quería terminar como mi mamá trabajando 30 años en la misma compañía, detrás de un computador. Y Bogotá me estaba sofocando, la cultura de la gente, el desorden, el caos, la pobreza, la corrupción política, los hombres machistas Cuando subí al avión dirección a Francia, fui la mujer más feliz del planeta.

Y aunque la migración, independientemente del motivo que la preceda, tiene como objetivo y finalidad común lograr un cambio positivo y una evolución, la mayoría de las personas suelen atravesar un proceso de adaptación y un fenómeno denominado *duelo migratorio*, el cual normalmente causa mucha confusión y desconcierto, pues está fuera de las expectativas e idealizaciones iniciales de vivir en el extranjero, en donde todo básicamente «debería» o se «supondría» ser color de rosa. Ya que normalmente cualquiera pensaría: «Pero si vives en el extranjero..., ¿de qué te quejas…? ¡Ya quisiera yo!». Pero, como dice mi terapeuta, toda elección conlleva siempre una pérdida por el simple hecho de tener que elegir algo y no lo otro. Por más que se esté eligiendo una experiencia que resulte más positiva, segura o saludable, se pierde eso otro que no se elige, y ante toda pérdida se vive un proceso de duelo.

En el proceso migratorio sucede igual: pese a las ventajas que la migración pueda representar, cualquier persona que viva en otro país experimenta en mayor o menor grado una pérdida. El hecho de vivir en el extranjero y salir de tu zona de confort implica la ganancia de la novedad y poder experimentar otra experiencia, pero al mismo tiempo, el reto de soltar eso que se tenía. Y a esa ambivalencia se le añaden los propios procesos personales, emocionales y/o mentales con los que cada persona emprende esta aventura: si tienes baja autoestima, si te consideras resiliente o no, si sufres ansiedad o depresión, si tiendes a ser optimista o negativo, etc.

Además de los propios procesos sociales y relacionales: si te vas para estudiar o para trabajar, con una pareja o sin pareja, o a vivir con una pareja de dicho país, con tu familia o sin tu familia, por una situación de refugio y/o asilo político, con un ser querido enfermo en casa, después de una ruptura, con problemas familiares, como un sueño que se tenía desde hace mucho tiempo o porque es la única manera de sobrevivir, etc.

Si estás por tomar este paso en tu vida, es importante que te sientas segura/o de que te estás yendo por las razones indicadas y que aun así seas consciente y realista con lo que implica el emigrar. No idealices el proceso; emigrar tiene beneficios, apodérate y apóyate en ellos, pero sin perder de vista las dificultades y áreas de oportunidad. Si, por otro lado, ya estás viviendo fuera del lugar que te vio nacer, normaliza tus experiencias a nivel psicológico y social para dejar de sentirte loca/o, malagradecido/a y confundido/a con el hecho de querer estar ahí y a la vez desear volver a casa, con el hecho de sentir que no eres, ni te sientes, ***ni de aquí, ni de allá...***

Reflexión sobre tipos de migración

1. ¿Qué tipo de migración experimentas?, o ¿qué tipo de migración estás por realizar? ¿Qué tipo de migración realizó tu ser querido/pareja?, o ¿qué tipo de proceso migratorio vivirá tu ser querido/pareja?, o ¿qué tipo de inmigración vive la persona con o para la que trabajas/colaboras/vives?

2. Haz una lista y detalla los motivos y razones por los cuales has emigrado o deseas migrar. Puedes agruparlas en diversos grupos: Personales y Emocionales, Económicas, Políticas, Sociales, Relacionales, Profesionales, Trascendentales/Existenciales, Espirituales, etc.

II. PROCESOS EMOCIONALES DEL INMIGRANTE

2.1 DUELO

La palabra *duelo* proviene etimológicamente de *duellum* ('combate') y *dolus* ('dolor'). La RAE lo define como «dolor, lástima, aflicción o sentimiento» y como «las demostraciones que se hacen para manifestar el sentimiento que se tiene por la muerte de alguien». Mi concepto unificado y personal de duelo es «todo proceso (implica tiempo) psicológico de adaptación (implica un rol activo por parte de la persona) ante la vivencia o percepción de una pérdida, real o simbólica (es un proceso natural, independientemente de la realidad de la pérdida)». Este proceso es una experiencia natural y universal. Como dice Doug Manning, terapeuta y escritor de *Journey of Grief* ('*Diario del duelo*'): «El duelo es tan natural como llorar cuando te lastimas, dormir cuando estás cansado/a, comer cuando tienes hambre y estornudar cuando te pica la nariz. Es la manera que tiene la naturaleza humana de curar un corazón roto».

El duelo está directamente relacionado con la percepción de pérdida; esta significa o puede entenderse como el hecho de verse privado/a de algo que se ha tenido. Y, aunque se suele asociar la mayoría de las veces al malestar y al proceso asociado a la pérdida de una persona ante su muerte, las formas de experimentar un duelo y una pérdida son muy amplias. Por lo cual, antes de adentrarnos al concepto de duelo migratorio, me gustaría explicar un poco sobre los tipos de pérdidas que se pueden experimentar, pues el duelo migratorio es uno de los tipos de duelo que conlleva un mayor número de pérdidas a la vez.

2.2 TIPOS DE PÉRDIDAS

Pérdidas personales o internas: son las pérdidas que afectan directamente a la persona, su bienestar psicológico o físico. Es decir, implican dejar de tener una capacidad, cualidad o fortaleza emocional o mental. Por ejemplo, la pérdida de capacidad física o intelectual; pérdida de la visión y comprensión de uno mismo; pérdida del proyecto de vida; pérdida de la salud mental, física y emocional. Se pueden experimentar de manera innata o debido a accidentes o situaciones críticas, estresantes o intensas.

Pérdidas relacionales o interpersonales: son las pérdidas que implican dejar de tener presente a personas; por ejemplo, la pérdida de relaciones familiares de amistad, de pareja; personas cercanas a nuestro entorno, como compañeros/as de estudio o de trabajo. Este tipo de pérdidas pueden generarse tanto por el fallecimiento de esa persona, como por una separación física y/o emocional y, por lo tanto, la ruptura de la relación, un distanciamiento geográfico (como la migración) y/o por situaciones de abandono, negligencia, etc.

Pérdidas de ciclo vital o evolutivas: son las pérdidas que se ven marcadas por el transcurso del ciclo vital y por el paso del tiempo. Las pérdidas son inherentes a nuestra condición de humanos, producto de los cambios que todas las personas enfrentamos en cada etapa o fase de la vida, no solo físicamente, sino emocionalmente, en nuestro rol dentro de un sistema familiar y/o dentro de un contexto social. Todos experimentamos este tipo de pérdidas, retos y duelos, por ejemplo: la pérdida del cuidado absoluto de nuestros progenitores al convertirnos en adolescentes; el reto de la responsabilidad y la individualidad al pasar de adolescentes a adultos; el nido vacío cuando nuestras/

os hijas/os se van de casa para emprender su propia vida o para crear su propia familia; la pérdida de fortaleza y capacidades al pasar a la vejez, y finalmente la pérdida de la vida y las posibilidades de seguir haciendo, compartiendo y existiendo (duelo que repercute más en quienes se quedan).

Pérdidas socioculturales: son las pérdidas que implican el cambio del funcionamiento dentro de nuestro contexto social y cultural, es decir, dejar de pertenecer, dejar de tener un rol o una participación y/o dejar de actuar a nivel social. Por ejemplo, quienes se van a vivir a otro país dejan muchos de sus roles sociales, igual que quienes, por ejemplo, se jubilan.

Pérdidas materiales: pérdida que implica dejar de tener objetos y posesiones materiales y/o ser despojados de ellos (por robo, por extravío accidental, por catástrofes naturales, etc.) Por ejemplo, perder una casa al irse a vivir a otro país, o tener que vender un coche que daba ciertas comodidades y pasar a vivir a un país en el cual no se tiene uno, perder tu departamento en un terremoto o en un incendio o tu auto en un accidente de tráfico, etc.

Todas las situaciones anteriores generan un duelo, pues es una respuesta emocional de adaptación ante ese «soltar y dejar de tener» en cualquier nivel o bajo cualquier circunstancia. Nosotras/os nos enfocaremos en el duelo migratorio, las diversas pérdidas —en distintos niveles—

que las personas experimentan al irse a vivir a otro país. Por ello, a continuación, y con base en lo anterior, quiero detallar las particularidades del duelo.

Reflexión sobre tipos de pérdidas

¿Qué tipo de pérdidas experimentas? ¿Qué tipo de pérdidas estás por experimentar? ¿Qué tipo de pérdida vive tu ser querido/pareja? ¿Qué tipo de pérdidas enfrentará tu ser querido/pareja? ¿Qué tipo de pérdidas experimenta la persona con o para la que trabajas/colaboras/vives?

2.3 FASES O ETAPAS DEL DUELO

Considero importante hablar sobre la forma en la que transcurre o sucede el duelo, es decir, las diferentes fases por las cuales la mayoría de las personas elaboramos, procesamos y experimentamos el hecho de no sentirnos ni de aquí, ni de allá...

Existen varios modelos y teorías sobre el duelo y sobre sus fases y etapas. Mencionaré brevemente los modelos y autores más representativos.

El modelo de duelo de Kübler-Ross

Elisabeth Kübler-Ross fue una psiquiatra suizo-americana experta en muerte, duelo y cuidados paliativos. En su libro ***Sobre la muerte y el morir***, propone su modelo de duelo, mundialmente reconocido. Está basado sobre todo en el duelo por pérdida del bienestar físico (enfermedad) y el fallecimiento.

El modelo de Kübler-Ross se enfoca sobre todo en los diferentes niveles de vivencias emocionales que la persona puede tener a lo largo de su proceso, hasta llegar a la aceptación o la resolución del duelo.

1. **Negación:** en esta etapa, la persona no ha procesado la realidad de la pérdida. «Me siento bien», «Esto no está pasando», «Esto no me puede estar pasando a mí», «No tengo ningún problema». Al igual que en el modelo de Freud, la negación es una defensa temporal para la persona, para lidiar con el *shock*. Después de esta etapa de adormecimiento emocional, la persona comienza a reemplazar esta reacción por una sensibilidad que va en aumento.
2. **Ira**: en esta etapa, la persona vive la pérdida como una injusticia y, por lo tanto, se siente

agredida y responde desde el enojo y un comportamiento defensivo. «¿Por qué a mí?», «¡No es justo!», «La vida/Dios tiene algo en contra de mí».

3. **Negociación:** «Haré lo que sea por regresar el tiempo», «Todo puede volver atrás», «Si hago esto, las cosas volverán a ser como antes». Esta etapa es una etapa en donde la esperanza juega un papel importante y de cierta manera la persona la utiliza como una manera de posponer o retrasar la pérdida. La persona promete hacer cambios con tal de no vivir o experimentar la pérdida, por ejemplo: «Si me das más tiempo de vida, haré cualquier cosa por esos años más».
4. **Depresión**: en esta fase, la persona se da cuenta y entiende la pérdida. Debido a esto, la persona cae en un estado de tristeza, melancolía o depresión. «¿Para qué seguir o intentar hacer algo?». Las personas se aíslan en esta etapa y pueden tener episodios de extrema sensibilidad, llorar mucho y/o desconectarse de su vida cotidiana y sus responsabilidades. Esta etapa es necesaria, pues solo permitiéndose sentir el dolor que les genera la pérdida podrán realmente procesar y aceptar esa vivencia. Si la persona no vive la tristeza, no

resolverá el duelo. Muchas personas postergan sentir y no afrontar estos sentimientos por miedo a sentirse vulnerables o por miedo a sentir demasiado dolor, que el malestar se desborde y no saber cómo manejarlo o afrontarlo. Es por ello que postergar esta etapa genera que muchas personas no logren una total aceptación y que carguen un proceso de duelo por años.

5. **Aceptación**: esta etapa es la comprensión de que la pérdida es una realidad. Las personas dejamos de luchar y empezamos a asimilar desde la tranquilidad, la aceptación y armonía lo que sucedió o está por suceder. Los sentimientos de dolor desaparecen y comienzan a aparecer ideas o comportamientos que permiten que las personas sigamos adelante, sigamos viviendo y existiendo sin aquello que perdimos o estamos por perder.

Kübler-Ross afirmaba que estas etapas no se experimentaban en todos los casos en ese orden, es decir, cada persona vive un proceso de duelo único y ante cada pérdida las personas podemos reaccionar de maneras diferentes a como reaccionamos en duelos anteriores. Sin embargo, Kübler-Ross asegura que las personas procesamos el duelo atravesando por al menos dos de estas etapas.

A menudo, también refería que algunas personas podrían experimentar un duelo con «efecto montaña rusa», es decir, volviendo a vivir dichas etapas una o varias veces antes de finalizar y llegar a una plena aceptación de la pérdida. Kübler-Ross afirmaba que el proceso de duelo es altamente subjetivo y personal, y no debe ser acelerado ni alargado, ya que cada persona tiene un ritmo diferente para superar, procesar y aceptar una pérdida.

Por otro lado, el Dr. Joseba Achotegui, psiquiatra especialista en el estudio del duelo migratorio y las dificultades a nivel emocional de los inmigrantes y refugiados, describe las fases del duelo migratorio basándose en el modelo de duelo del psicoanalista John Bowlby.

Bowlby, en su teoría del apego —un modelo con un enfoque multidisciplinario e integrativo—, refiere que los seres humanos estamos biológicamente programados para construir vínculos y que dichos vínculos son esenciales para nuestra supervivencia y el bienestar en diferentes áreas de nuestra vida. Con base en lo anterior, cuando los seres humanos perdemos o vemos en riesgo algún vínculo importante, nuestro cerebro se activa en modo de supervivencia, ya que el sentido de estabilidad, continuidad y bienestar se ve amenazado y experimentamos malestar psicológico. Es entendible desde esta perspectiva la vulnerabilidad que viven muchas personas inmigrantes. Bowlby creó un modelo que consta de 4 etapas para explicar la elaboración de un duelo normal.

Etapas del duelo según el modelo de Bowlby (1985)

1) Fase de aturdimiento o de *shock*: en esta fase, la persona tiene una reacción de confusión, incredulidad, o de dificultad de entender, procesar y aceptar lo que está sucediendo. Esta fase puede durar desde horas a días. Es frecuente que las personas verbalicen expresiones como: «No lo puedo creer, no es posible, debe haber un error, se equivocaron…». Bowlby refiere que, en esta etapa, el proceso de duelo todavía no se experimenta, sino que las personas se encuentran más bien en un estado emocional y mental de reorganización de la información.

2) Fase de anhelo y negación: esta etapa puede durar de semanas a varios meses y en ella las personas experimentan sentimientos intensos de extrañar, de nostalgia, ataques de angustia y/o ansiedad, llanto, miedo, sensación de abandono y desprotección y un intenso deseo de reunión con el ser querido o el objeto-situación perdido con el cual se tenía un vínculo. Las personas solemos sentirnos agitadas, temerosas, dolidas y enojadas. En nuestra mente existe un recuerdo fresco acerca de lo que se tenía y, por lo tanto, se repasan memorias de lo que fue. Las personas buscamos señales en nuestro entorno que indiquen el retorno de la figura de apego o del objeto de apego que hemos perdido, por ejemplo: el sonido de la llave en la puerta, del ascensor, de un timbre, del teléfono, característico a una hora determinada. Muchas personas, cuando un ser querido fallece o terminan una relación con su pareja, dicen escuchar su voz durante el día o soñar a esa persona. El anhelo y la búsqueda se presentan tanto en estados de consciencia o inconsciencia (recuerdos, *flashbacks*, sueños, etc.).

El deseo de mantener esa relación o al objeto perdido explica la esperanza, el anhelo, la búsqueda y el enojo prevalente en esta segunda fase, la cual finaliza cuando la persona ve de frente la realidad, reconoce la imposibilidad de revertir la pérdida y experimenta la desilusión.

3) Fase de desorganización y desesperación: en esta etapa, las personas tomamos clara conciencia de que la pérdida ha ocurrido, que el ser querido ya no va a volver, o que aquello que perdimos ya no es más y que no tiene sentido seguir buscándolo. Junto con esta conciencia sobrevienen la tristeza, la depresión y la apatía. En esta fase, las personas sentimos una sensación de soledad y abandono, pues hay un reconocimiento de la falta de la persona perdida o la situación en nuestra vida. Al término de esta fase nos reorganizamos, es decir, integramos la pérdida a nuestra realidad, a pesar de que el ser querido o la situación de pérdida siga presente en nuestro mundo interno en forma de recuerdos o memorias.

4) Fase de reorganización: en esta fase, las personas reorganizamos nuestros esquemas, modificando nuestros pensamientos, comportamientos y emociones a la nueva realidad, incluyendo la pérdida. Logramos la aceptación, recuperamos nuestras habilidades y fortalezas para afrontar dificultades y los ponemos en práctica para reorganizar nuestra vida nuevamente. Resurgen nuevos objetivos y motivaciones para seguir siendo, haciendo y estando. En esta fase se recupera la capacidad de disfrutar y sentir placer, se retoman actividades, relaciones y dejamos de sentirnos culpables de seguir viviendo y de seguir adelante.

Este proceso de adaptación a las nuevas circunstancias puede llevar varios meses e incluso años, con idas y venidas.

Además de las fases de duelo que propone Bowlby (1980), describe 2 tipos de duelo patológico.

1. Duelo crónico. El duelo crónico se caracteriza por respuestas emocionales extremadamente intensas y prolongadas. La persona se siente sumamente deprimida y/o ansiosa. Se diagnostica duelo crónico cuando no hay una mejoría de los síntomas en un periodo largo de tiempo.

La persona puede experimentar sentimientos de culpa ante la pérdida o una falta de sentido y significado a partir de la misma, lo cual puede generar ideación e intento suicida. En general, hay una gran dificultad para procesar la pérdida y reorganizar la vida.

2. Ausencia prolongada de duelo consciente. En este caso no se pone en marcha un proceso de duelo observable. Hay una evitación del trabajo de duelo y de los sentimientos dolorosos que este conlleva. Se niega la realidad y la persona actúa como si no hubiera pasado nada. Sin embargo, Bowlby menciona que muchas personas con ausencia de duelo consciente sufren síntomas físicos, psicológicos o psicosomáticos recurrentes, que aparecen emocionalmente y cognitivamente desconectados de la pérdida que los provocó.

2.4 CONCEPTO DE DUELO MIGRATORIO

El inmigrante es como un árbol que ha sido arrancado de sus raíces para ser trasplantado en otro territorio.

El duelo migratorio es un proceso natural de reorganización de la personalidad ante la pérdida que vive una persona que decide o se ve forzada a cambiar de residencia a otra ciudad o a otro país. Al igual que cualquier otro tipo de duelo, este proceso es personal y subjetivo, pues, como anteriormente he mencionado, tiene estrecha relación con lo que cada persona deja en su país de origen: su familia, sus amigos, su situación social, su historia de vida, sus costumbres y tradiciones, sus pertenencias, etc. Joseba Achotegui, psiquiatra y director del Servicio de Atención Psicopatológica y Psicosocial a Inmigrantes y Refugiados en España (SAPPIR), explica que: «El duelo migratorio es un duelo por muchas cosas, ya que posiblemente ninguna otra situación en la vida de una persona, incluso la pérdida de un ser querido, supone tantos cambios como la migración. Todo lo que hay alrededor de la persona cambia, tanto más, cuanto más lejana y distante culturalmente sea la migración». De manera más poética, podemos decir que un duelo migratorio «es cuando la naturaleza humana se encarga de curar un corazón roto que está lejos de su tierra y de los suyos», es decir, es un proceso de autosanación.

Tal y como lo dice el Dr. Achotegui y basándonos en los tipos de pérdidas mencionados anteriormente, el inmigrante no vive un único tipo de pérdida, vive varios tipos de pérdidas simultáneamente, y es por eso que el duelo migratorio puede resultar muy abrumador.

Mientras que una persona que vive una pérdida relacional, por ejemplo, por un divorcio o el fallecimiento de un ser querido, cuenta con que los demás aspectos en su vida continúan intactos (claro que esta pérdida influye indirectamente en otras áreas, por ejemplo, esta persona tendrá que enfrentarse a ciertos cambios en su vida social como soltero/a o como viudo, al igual que cambios en el proyecto de vida); la persona puede sostenerse y valerse de esas otras fuentes de seguridad y de estabilidad para salir adelante. En el caso del inmigrante, la persona vive pérdidas en la mayoría o en todos los niveles: 1. pérdida a nivel personal e interno al tener que reconstruir y reestructurar la visión de sí mismo/a, así como también su proyecto de vida en el extranjero; 2. pérdida a nivel relacional, al tener que distanciarse de las personas con las que hasta ahora se había relacionado y rodeado, desde familiares, seres queridos, hasta compañeros de trabajo o escuela, vecinos, conocidos, etc.; 3. pérdidas socioculturales, al tener que dejar ir la cultura y las normas sociales bajo las cuales entiende el mundo y funcionar a través de nuevas formas de socializar, comportarse y formar parte de una comunidad; y 4. pérdidas materiales al tener que dejar propiedades, ciertos objetos de valor o simplemente tener que deshacerse de algunas cosas al mudarse.

Desprenderse de tantas certezas, inevitablemente genera que el duelo migratorio sea un proceso complejo de comprender y complejo de responder, tanto por parte del inmigrante y sus familiares, como por parte de los profesionales que nos enfrentamos a trabajar, desde cualquier ciencia o profesión, con personas que se encuentran en este limbo existencial. Por ello, es sumamente importante que unamos nuestros esfuerzos y demos continuidad al entendimiento de sus implicaciones. Un entendimiento más allá de conceptos, un entendimiento más humano de lo que es soltarlo todo y estar un tiempo con las «manos vacías», o no vacías, pero solo llenas de esperanza y al mismo tiempo, llenas de temor.

Entre sus características, el duelo migratorio tiene que es *parcial*, esto quiere decir que, a diferencia del —por ejemplo— duelo por fallecimiento, la pérdida no es total. Cuando alguien muere, desaparece, ya sabemos que no va a volver y no hay un retorno; en el caso del inmigrante hay una separación, no una desaparición, es decir, lo que perdemos está ahí, pero está lejos en tiempo y espacio.

Otra característica es que el duelo migratorio es un duelo *recurrente*; esto quiere decir que va y viene, se reexperimenta cada vez que la persona vuelve a su país y/o cada vez que toma contacto con sus raíces o con su gente.

Igualmente, el duelo migratorio *genera un cambio de identidad*; una muerte también puede hacerlo, pero no al nivel y amplitud que lo genera un proceso migratorio. No hay manera de seguir siendo la misma persona cuando vivimos y experimentamos cambios en todas las áreas de la vida. Como refiere Joseba Achotegui, «Nadie permanece igual tras emigrar».

Por otro lado, puede generar sentimientos de *ambivalencia.* Cuando alguien muere duele, pero un proceso migratorio genera emociones ambivalentes: por un lado, se experimenta nostalgia, tristeza y dolor, pero al mismo tiempo se experimenta esperanza e ilusión ante la novedad y expectativas y deseo hacia las nuevas posibilidades.

Finalmente, el duelo migratorio también lo experimentan las personas locales o nativas y quienes se quedan en el país de origen de la persona que emigró. Achotegui menciona en su libro que la migración es un fenómeno social, que no solo afecta a los que emigran, sino también a los que reciben a los inmigrantes (que ven cambiar su entorno) y a los que se quedan, porque se separan de su ser querido.

2.5 TIPOS DE DUELO MIGRATORIO

Ya que entendimos cuáles son las características principales de un duelo, las fases y las particularidades del duelo migratorio, me gustaría explicar los diferentes tipos de duelo que un o una inmigrante pueden experimentar.

Duelo complicado. La quinta y más reciente versión del DSM (Manual Diagnóstico y Estadístico de la Asociación Psiquiátrica Americana), refiere que el duelo complicado consiste en la intensificación del duelo a un nivel en que la persona está desbordada, recurre a conductas desadaptativas o permanece en este estado sin avanzar en el proceso del duelo hacia su elaboración y resolución. En general, podemos hablar de un duelo complicado, cuando el/la expatriado/a se ve invalidado/a en su vida diaria, por el hecho de tener un rol pasivo y desadaptativo en el cual hay un sobreenfoque en lamentar la pérdida de su vida pasada y sufrir estar en el nuevo lugar de residencia. Es decir, son personas que se aíslan, que no actúan para lograr o dar continuidad a su objetivo y proyecto migratorio.

Duelo anticipado. En este caso, el duelo no comienza en el momento de la migración, ni en la llegada al nuevo país de residencia, sino mucho tiempo antes. En mi caso, recuerdo cómo unas semanas antes de irme a España, llegué a tener ataques de pánico y dudé de si estaba tomando la decisión correcta. Me sentí triste de dejar a mis amigos y a mi familia, me ilusionaba hacer mi maestría en otro lugar, pero a diferencia de cuando me fui a vivir a Argentina, una parte de mí esta vez se sentía triste, preocupada y ansiosa. Por un lado, el beneficio de vivir la consciencia de la pérdida antes de irnos nos ofrece la oportunidad de compartir nuestros sentimientos, prepararnos para la despedida y lograr hacer un cierre. Sin embargo, en exceso puede ser paralizante y contraproducente, ya que la persona está llorando por lo que va a perder en vez de aprovechar que en el presente aún puede disfrutar de sus amigos, de su país, su cultura, su comida, etc.

Duelo inhibido o negado. En este tipo de duelo hay un bloqueo tanto a nivel cognitivo, como a nivel emocional. La persona no afronta la realidad de su pérdida, incluso puede presentar una aparente euforia o distraerse para evadir aceptar y procesar emocionalmente la pérdida. Se pueden observar ciertas actitudes de activación en exceso, por ejemplo: salir, trabajar, ejercitarse en demasía, etc., para no experimentar la pérdida, la soledad, la lejanía, el peso de la distancia o el iniciar una rutina real. Por ejemplo, en el caso del duelo migratorio inhibido o negado, hay personas que refieren estar en muchas actividades, pero sin disfrute o placer alguno; sus días y agendas están llenas, pero no terminan de estar presentes o de disfrutar por completo. Aun así, refieren no tener ningún problema y no estar afectadas emocionalmente. Muchas veces, el temor a lo que se pueda sentir es tan grande que la gente prefiere mantenerse a salvo no sintiendo.

Duelo crónico. Este tipo de duelo se caracteriza por tener una duración más larga de lo normal y en donde, además, parece que la persona no logra recuperarse y restablecer su vida por completo después de la pérdida. En este caso, las personas no son capaces de poder establecerse y adaptarse en el nuevo país de residencia. Un duelo crónico puede llegar a ocupar toda una vida, como Carlos Cobo Medina refiere: «existen personas estructuradas existencialmente por el duelo»; es decir, personas cuyo duelo se vuelve el núcleo constitutivo de su existencia.

Por otro lado, Joseba Achotegui establece solamente tres tipos de duelo migratorio: **el simple, el complicado y el extremo**. Los cuales describo y explico a continuación.

Duelo simple

Este tipo de duelo es aquel que se experimenta bajo buenas condiciones migratorias, es decir, la migración es voluntaria, la sociedad de destino acoge al inmigrante sin problemas y las circunstancias y herramientas psicológicas de la o el inmigrante son adecuadas y le permiten adaptarse. Podríamos decir que hablamos de un duelo simple cuando las ventajas ante el proceso migratorio superan a las pérdidas y los logros opacan la nostalgia y el sufrimiento (Achotegui, 2017). Normalmente, las personas jóvenes adultas que no dejan hijos o dependientes o familiares enfermos en sus países de origen, que tienen la libertad de retornar cuando desean y que pueden visitar fácilmente, experimentan este tipo de duelo.

Duelo complicado

Achotegui denomina duelo complicado cuando la persona presenta dificultades para la elaboración del duelo, es decir, cuando hay circunstancias que lo hacen más complejo: la decisión de migrar no necesariamente fue voluntaria y/o la sociedad de acogida es hostil frente a la migración y la diversidad y/o las circunstancias o habilidades emocionales y psicológicas de la persona migrante no le permiten realizar una adaptación sutil y sin obstáculos. Por ejemplo, personas que han sufrido o que se encuentran en un estado de ansiedad, depresión; o personas que han vivido otros duelos recientemente o que no los han elaborado; personas que se han visto obligadas a dejar su país para sobrevivir y/o que han roto lazos familiares al hacerlo, etc. En general, un duelo complicado se establece cuando las pérdidas y desventajas que vive la persona son mayores a los beneficios que percibe y que obtiene al migrar. Este tipo de duelo lo viven más comúnmente familias o parejas que viven una separación temporal indefinida.

Esto me recuerda a Najya, una paciente de origen saharaui que de niña no eligió emigrar. Najya viajó a España con la idea de pasar un verano y su familia no le informó previamente de que no regresaría al campamento en el desierto. Esta experiencia generó repercusiones importantes en su adaptación:

Yo nací en los campamentos saharauis y a los 6 años me vine aquí, como muchos otros niños, a pasar el verano con familias de acogida; fue el primer verano que vine para acá. Después, volví al Sahara. La segunda vez, estando ya aquí, me dijeron que me tenía que quedar, mi mundo era el Sahara, era mi vida, yo no quería dejarlo. No pude ni despedirme de mi abuela.

Duelo extremo o síndrome de Ulises

Achotegui dice que hay veces en las que el duelo es tan caótico que no es elaborable para la persona. Este tipo de duelo se da cuando las situaciones y el contexto de la persona y al que llega la persona superan sus capacidades de adaptación. Es el caso de las y los que migraron forzosamente, casi siempre de forma irregular y/o de quienes llegan a sociedades cerradas y xenófobas que no les acogen; y/o de quienes su calidad de inmigrantes los pone en situaciones de vulnerabilidad y quienes por la situación en la que vivían o viven, no están emocionalmente preparados para pasar por este proceso de forma adecuada. En estos casos son tantas las pérdidas y el sufrimiento —debido a, por ejemplo, la separación con figuras de apego, la desesperanza o el fracaso en el proyecto migratorio, la dificultad para cubrir necesidades básicas de supervivencia, los traumas vividos en el desplazamiento migratorio o las amenazas experimentadas en la llegada—, que es difícil continuar con el proyecto migratorio. Este tipo de duelo es crónico y, de no tratarse, puede producir ansiedad, depresión, estrés postraumático, psicosis y/o síndromes disociativos, intento de suicidio, hasta el suicidio o la muerte.

Aunque lo hablaremos en profundidad en el capítulo de la familia y relaciones a distancia, es importante mencionar que no solamente la persona que emigra es la que experimenta un proceso de duelo migratorio y adaptación; los que se quedan, sus familiares y amigos, quienes acogen, también lo experimentan. Quienes se quedan pierden la presencia de un ser querido, aunque sigan en contacto con él a través de los diversos medios que ahora tenemos disponibles para hacerlo. Y quienes acogen comparten las dificultades que dicha persona atraviesa para poder integrarse en un nuevo país, una nueva cultura y una nueva vida.

Y sí, con pasaporte y —desgraciadamente— muchas veces sin él, con sueños y con expectativas o muchas veces sin ellas, tenemos que hacer frente y lidiar con el hecho de que en una maleta jamás cabrá una vida entera y el proceso de entenderlo y aceptarlo muchas veces no es sencillo.

> Me costó mucho aceptar estar triste, siempre pensé que debería estar completamente feliz de vivir en el extranjero.

La mayoría de los expatriados compartimos el hecho de experimentar cierta incomprensión a nuestro propio estado emocional. Esto es debido a que se tiene la expectativa de que vivir en el extranjero debería de ser increíble. Esta expectativa hace que muchas personas no entiendan que lo que les pasa es normal y que sientan que son las únicas que se sienten así y se avergüencen de sus pensamientos y sus sentimientos y, por lo tanto, que los invaliden y no hablen con otras personas por miedo a no ser comprendidas y/o ser juzgadas. Por ello, la importancia de normalizar la experiencia y los procesos de las personas inmigrantes.

Reflexión sobre tipo de duelo migratorio

¿Qué tipo de duelo migratorio experimentas o experimentaste? ¿En qué fase del duelo te encuentras? ¿Qué pensamientos experimentas? ¿Qué recuerdos tienes de la vida en tu país? ¿Qué recuerdos tienes de tus seres queridos? ¿Qué emociones sientes últimamente?

-Recuerda una situación pasada en la que también hayas experimentado una pérdida e identifica qué habilidades y estrategias personales te ayudaron a sobrellevarla y elaborarla. Reflexiona cómo podrías moldear o adecuar dichas herramientas y habilidades para procesar y elaborar tu duelo migratorio actual.

Las 5 etapas del duelo

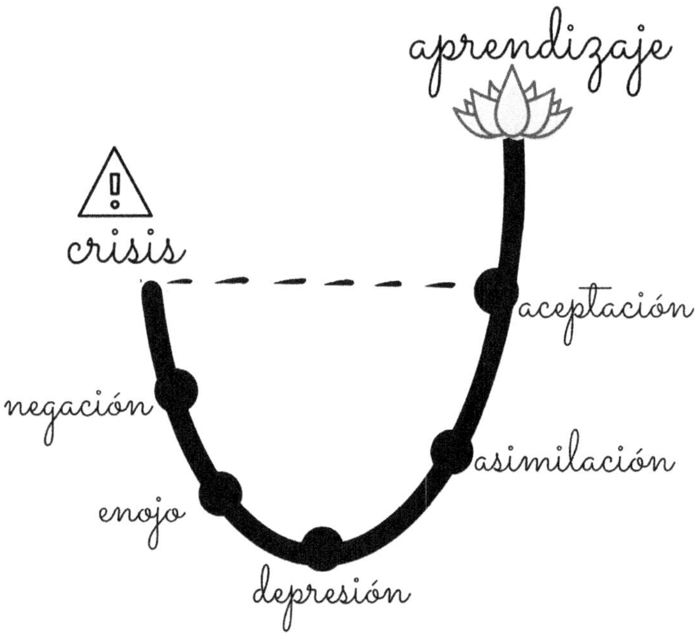

J. Montoya Carrasquilla (1998)

En ninguna otra situación como en el duelo, el dolor producido es total. Es un dolor biológico (duele el cuerpo), es un dolor psicológico (duele la personalidad y los pensamientos), social (duele el contexto en el que se vive), familiar (duele el dolor de los otros) y espiritual (duele el alma).

2.6 PRINCIPALES REACCIONES DE LOS INMIGRANTES Y EXPATRIADOS EN EL DUELO

1. Sentimientos de tristeza y nostalgia

La nostalgia es uno de los sentimientos más comunes en las personas que dejan su país. La tristeza es natural ante la pérdida de las tradiciones, la cultura y la rutina que se tenían en el país de origen: el idioma, la comida, la forma de vida, etc. De igual manera, la tristeza de sentir que uno no puede ser quien realmente es o quien hasta ahora ha sido, esta sensación de pérdida de uno mismo, de confusión e incongruencia con la propia identidad. Esa sensación de no ser nunca de aquí y regresar y no ser tampoco de allá, como si se hubiera convertido uno en un permanente extranjero. Esto me recuerda lo que Viola, una amiga italiana, me dijo ante su regreso a España después de unas vacaciones en su país: «Jamás conocerás mi versión italiana..., aquella en donde uso las palabras correctas o en donde soy graciosa en mi propio idioma, esa "yo" que no tiene que pensar lo que va a decir, que lo dice y que fluye». O lo que también mencionaba una chica, miembro del grupo de Facebook "Mexicanas en el Extranjero": «Es agridulce la vida de las que escogemos radicar fuera de México; no lo haría de otra manera, pero hijo, cómo duele».

¿Cómo superar los sentimientos de tristeza y nostalgia?

Muchas veces se idealiza lo que se ha tenido, y esta idealización impide que apreciemos lo positivo de nuestra situación actual. Vivir en el pasado y/o deseando lo que fue nos impide disfrutar el presente y lo que sí es. Así que lo primero es eso, comenzar a enfocarnos en el aquí y en el ahora. El hecho de disfrutar las nuevas experiencias que nos brinda un nuevo país no elimina todo lo positivo que nuestro país de origen pueda ser o tener, así que no hay que trabajar con la culpa y con el anhelo al pasado. ¿Cómo hacerlo? Es importante que comiences a construir y crear una rutina, a hacer actividades, a construir y buscar relaciones, comenzar a tener *hobbies*…, en general, a darle continuidad a tu vida.

En cuanto a los sentimientos de tristeza productos de la sensación de pérdida de identidad, es importante que no olvides que nunca dejas de ser tú; tu esencia sigue ahí, eres tú, pero acoplándote e incorporando todas las nuevas experiencias y estímulos. Es más, haberte ido puede ser también una gran oportunidad para redescubrirte y redefinirte. Tal vez, en tu caso, por fin puedes desapegarte del rol al que estabas atada/o, empezar a ser realmente tú, empezar a ser quien quieres ser, si es que anteriormente sentías que había alguna limitación. Por ejemplo, uno de mis mejores amigos pudo por fin «salir del *closet*» al irse a vivir al extranjero; poner distancia le dio la fortaleza para dejar de engañarse a sí mismo y pretender que le gustaban las mujeres, de compartir quién es con sus amigos y su familia, y a día de hoy lleva viviendo casi dos años con su novio, quien es una increíble persona y con quien forma una hermosa pareja.

2. Sentimientos de soledad

Los seres humanos somos por naturaleza seres sociales y gregarios, es decir, necesitamos los unos de los otros para sobrevivir y por ello tendemos a formar grupos y a trabajar en equipo. Ante esta realidad innata, la soledad se puede definir como la circunstancia de aislamiento o falta de contacto con otras personas. Sin embargo, también puede hacer referencia a la sensación o sentimiento de no conectar o de no tener a nadie, más que a la falta real de contacto con otras personas, es decir, lo que muchos de nosotros llamamos «sentirnos solos».

Cuando nos mudamos a vivir a otro país, es probable que esta situación nos enfrente a experimentar periodos de soledad más agudos y/o más crónicos. La separación y la distancia física con nuestros seres queridos puede provocar en un principio un sentimiento de aislamiento, soledad y de falta de pertenencia al lugar que dejamos y, al mismo tiempo, al nuevo lugar en el que vivimos. En algún punto, muchos expatriados llegan a sentir un vacío afectivo y este sentimiento refuerza la creencia de una incapacidad para relacionarse y vincularse con nuevas personas. Tal fue el caso de un paciente que asistió a sesiones porque refería sentirse paralizado cuando quería hablar con alguien nuevo; sentía que no sabía cómo acercarse o qué decir, como si nunca antes lo hubiera hecho. En mi experiencia, por estar pensando que no podía ver a mis amigos y a mi familia y en todo lo que no podía compartir o hacer con ellos, me encerré en un principio a conocer y hacer nuevos amigos en España, lo cual únicamente me hacía sentir más sola y aislada.

De igual manera, no podemos olvidar el componente cultural de la soledad, ya que cada país tiene una cultura que refuerza creencias, emociones y comportamientos respecto al hecho de estar o sentirnos solos/as. Por ejemplo, en mi caso, como el de muchas personas latinas, provengo de una cultura, la mexicana, que da mucha importancia a las relaciones familiares y de amistad, a la cercanía, a la conexión y a la convivencia. Sin embargo, hay otros países y culturas que dan mayor énfasis a la individualidad, la autonomía y la independencia, por ejemplo, las culturas de países nórdicos. Igualmente, cada cultura tiene diferencias en las formas de interacción social; esto también puede aumentar la sensación de soledad, cuando sentimos que no somos capaces de construir relaciones y lo interpretamos como una falta de valor propio o de habilidades, y más bien es la falta de entendimiento de las normas sociales y una carencia de las habilidades interpersonales y sociales propias del país de acogida.

Tomando en cuenta lo anteriormente dicho, también las y los inmigrantes llegan a experimentar una «pérdida del estatus social» y no desde un aspecto económico y/o social, sino desde el aspecto de la identidad, de «quien uno/a es». Esos contactos que se tenían, esa gente que nos conoce, esas relaciones que nos hacen sentir vistos, esos testigos de lo que hacemos, esa red de apoyo que percibimos en nuestro círculo social, cuando nos vamos a vivir a otro país, se pierden; y al tener que empezar desde cero, se empieza siendo «nadie», «el o la extranjera», el o la que no es de aquí y es de allá. Esto, por supuesto, puede ser muy doloroso y molesto.

Igualmente, es importante tomar en cuenta que, según el periodo del proyecto migratorio —es decir, si es temporal, indefinido o permanente—, la experiencia de la soledad puede diferir. Por ejemplo, aquellos expatriados por un periodo de corto plazo y/o cuya experiencia migratoria tiene un fin establecido, tal vez no tienen que preocuparse por formar lazos y relaciones profundas o con personas locales; a diferencia de los expatriados con proyectos indefinidos o permanentes, quienes sí es importante se relacionen con población local y no solo con la comunidad internacional, ya que esto puede generar que nunca se sientan integrados.

Katarina, una paciente polaca, me decía en una de nuestras sesiones: «No tengo amigos españoles y no encuentro gente con el mismo nivel de iniciativa que el mío, por eso me siento mal cuando se va mi madre. Ella sí hace cosas conmigo y, como no encuentro el mismo nivel de implicación y de iniciativa en otras personas, me cuesta tanto separarme de ella».

¿Cómo manejar los sentimientos de soledad?

Nuevamente, el enfocarnos en lo que no tenemos no nos permite disfrutar lo que sí podemos tener o construir. Mantén contacto con quienes sean importantes para ti, mantén tus relaciones familiares y amistades a través de la tecnología e invierte tiempo para cuidar dichas relaciones, pero manteniendo un balance que también te permita construir una red de apoyo y tener una vida social en tu nuevo país. Sal, conoce gente, inscríbete en alguna actividad que te guste o en la que puedas conocer más personas. Si aún no puedes trabajar o estudiar, busca contextos que te permitan estar en contacto con otras personas, no te encierres.

Recuerda que puedes cambiar tu perspectiva y tu postura respecto a la soledad. Es decir, puedes estar experimentando no tener tanta gente a tu alrededor como en tu país de origen, pero puedes lograr no sentirte mal por ello. Puedes verlo como una gran oportunidad, porque uno/a en la distancia aprende más que nunca de sí mismo y de la vida. No estar tan rodeados/as/ de personas nos puede ayudar a eliminar distractores y ruido externo, que nos hacen olvidarnos de nosotros/as y, con ello, a recordar que nos tenemos a nosotros mismo y que no hay relación más importante que la que uno construye consigo mismo/a. Puede ser una oportunidad para reconstruir y fortalecer tu relación contigo misma/o y tu autoestima y reflexionar si hay algún cambio o mejora que quieras hacer. Por ejemplo, Laura, una paciente mexicana, me compartió que haberse ido a vivir a España la había ayudado a volver a sentirse cómoda estando consigo misma: «En ese tiempo volví a disfrutar estar sola otra vez, pues los últimos años me daba cosa estar sola porque me entraba la tristeza por la muerte de mi mamá y porque me acostumbré a estar con mi novio, pero en España disfrutaba llegar de la escuela, comer y acostarme un rato en mi cuarto a ver una serie y después salir, a veces sola y a veces con gente».

Logra un balance entre el mantener y construir nuevas relaciones. Para superar los sentimientos de soledad es importante reflexionar sobre nuestras relaciones a distancia y elegir con quiénes sí queremos seguir conectados, a pesar de la distancia. Para muchas personas, la soledad física es de utilidad para romper relaciones que mantenían por rutina o por compromiso en sus países de origen, y así poder dar prioridad a las relaciones que verdaderamente desean mantener en la distancia. Es decir, la experiencia de vivir en otro lugar nos ayuda a darnos cuenta de cuántas relaciones hemos mantenido anteriormente por miedo a estar solos, por llenar vacíos, por costumbre, por dependencia afectiva, etc. El comenzar a construir una red social puede ser gratificante si nos permitimos establecer límites y hacer cosas que tal vez no nos habíamos permitido hacer anteriormente. Utilizar al aprendizaje de nuestras relaciones pasadas nos puede guiar mejor en lo que queremos y lo que no queremos en una amistad y/o en una relación de pareja, en lo que necesitamos y en lo que deseamos, pero podemos sentirnos satisfechos/as.

Recuerda que las relaciones se transforman y/o se fortalecen, que todo en la vida tiene ciclos y que los finales, por muy dolorosos que sean, significan también nuevos comienzos. Más adelante, en el capítulo sobre crisis existenciales, volveremos a abordar la soledad y el aislamiento a mayor profundidad.

3. Sentimientos de culpabilidad

Muchas personas tienden a sentirse culpables por «abandonar» a sus familias y amigos. Parte de esta culpa viene por el hecho de percibir o sentir que tienen una calidad y estilo de vida mejor que la de sus seres queridos. Se culpan por salir del país y dejan de ver la migración como una oportunidad, sino como un fracaso o una negligencia hacia sus familias y amigos. Igualmente, al llegar al nuevo país y enfrentarse a la realidad, aquella que difiere de la idealización inicial, muchos inmigrantes comienzan a sentir culpa y arrepentimiento de haber tomado la decisión de haberse ido a vivir a otro lugar.

¿Cómo superar los sentimientos de culpabilidad?

Primero que nada, es importante reflexionar sobre nuestro sentido de responsabilidad. Ni en nuestro país, ni fuera de él somos responsable de los demás, ni de lo que les pase por mucho que les queramos. Y en caso de que así fuera —si eres padre o madre de niños pequeños o estás a cargo de una persona que tenga algún tipo de discapacidad y que por lo tanto sea dependiente de ti—, estoy segura de que uno de tus principales motivos para haber emigrado fue el bienestar y la mejora de la calidad de vida de esa persona.

Sentirte culpable lo único que va a generar es que no puedas hacerte cargo de ti misma/o. ¿No has visto que en los aviones siempre ponen una indicación de que en caso de despresurización de la cabina te pongas primero la máscara de oxígeno y luego ayudes al otro, incluso niños o personas con una discapacidad? Pues funciona igual en la vida: no puedes culparte por no hacerte cargo de los demás; primero tienes que estar bien y estable para poder ayudar y estar para las y los demás. Además, recuerda que una cosa es ayudar y otra es hacerse cargo totalmente. Esto tiene dos efectos negativos: por un lado, aumenta tu carga a nivel emocional, mental e incluso puede afectarte físicamente; y, por el otro lado, puede hacer sentir a la otra persona que no sabe o no es capaz de hacerse cargo de sí misma y generar una falta de autoconfianza y cierta dependencia.

Otra manera de lidiar con los sentimientos de culpa es desarrollando un sentido de merecimiento: ¿te mereces esta vida que has elegido?, ¿te mereces vivir en otro país? Pregúntatelo desde el corazón. No se trata de si tus familiares también lo merecen o no, sino si tú sientes que lo mereces. A veces es la falta de sentido de merecimiento la que nos genera culpabilidad. ¿Qué te hace creer que no eres merecedor/a de vivir y disfrutar esta experiencia? ¿De elegir tu propio camino?

Marcia, una mexicana que había logrado entrar a una de las mejores universidades de París, solía presentar constantemente sentimientos de culpa porque sentía que su familia estaba haciendo un gran esfuerzo para pagarle los estudios. Esta culpa la hacía no disfrutar el que, por mucho tiempo, había sido su gran sueño. En nuestro trabajo, un pilar muy grande ha sido trabajar en que desarrolle un sentido de merecimiento. En sesiones, parte de nuestro trabajo resultó en la conclusión de que su familia y sus seres queridos indirectamente también viven con orgullo sus logros en el extranjero y eso le ha ayudado a permitirse disfrutar más su experiencia en el extranjero. Y esto lo extiendo a otros inmigrantes: si tienes mejor calidad de vida, eso seguramente le da tranquilidad y alegría a tu gente. Aunque te extrañen, seguramente estarán orgullosos de tus pasos, de tus avances, serán conscientes de la valentía que has requerido para hacerlo.

4. Sentimientos de miedo

En un inicio, muchas personas experimentan el miedo a los peligros que pueden correr, sobre todo si se emigra a un país de manera ilegal, sin papeles o sin un plan en concreto o a un país con ciertos riesgos y/o en situación de vulnerabilidad que atenten contra la integridad física y emocional. Además, se puede experimentar el miedo a lo desconocido, el miedo a la incertidumbre y a no saber qué va a pasar o qué será de ti. Ese temor inicial es natural y normalmente va minimizando con el paso del tiempo, cuando las personas van acostumbrándose a su nuevo lugar de residencia y dejan de sentirse en lo desconocido.

Sin embargo, a pesar de llevar un tiempo residiendo en el extranjero, ¿a quién más no le ha pasado por la mente que todo lo terrible pasará al no estar? A mí sí.

En mi trabajo personal, he identificado 3 temores principales: el primero, que le pase algo a alguien de mi familia y yo estar lejos; ante ese miedo, lo que me preocupa es, por un lado, el ir a mi país estando en medio de una crisis o en pleno duelo y, por el otro lado, no poder hacer nada. Segundo, el miedo a que me pase algo a mí, como una enfermedad o un accidente, o incluso la muerte; lo que más me pesa es imaginar a mi madre o a mi hermano teniendo que lidiar con esta situación, por ejemplo, yéndome al peor *escenario, que experimenten la repatriación de mi cuerpo, el hacerse cargo de todos los papeleos y trámites que se añaden a una vivencia tan dolorosa, el simple hecho de pensar en que les causaría un gran dolor me genera mucha frustración. Y tercero, el miedo a soltar mi vida allá, sigo viviendo, pero ya no esa vida.* (Extracto de diario personal).

Tenemos esta extraña ilusión de que nuestra presencia cambiaría las cosas, que podríamos evitar cualquier problema o dolor, a nosotros/as mismos/as y a los nuestros.

En la mayoría de las sesiones que he tenido con expatriados, las personas mencionan que sienten que al estar lejos es más probable que algo malo pase y el temor que eso les genera. Los temores más comunes: la muerte de un ser querido, un accidente, un fenómeno natural (terremotos, huracanes, etc.), una enfermedad; o, por ejemplo, en el caso de países con cierta inseguridad como el mío, el miedo a que las personas a las que quieres sean víctimas de esa violencia y esa inseguridad.

Los inmigrantes compartimos esta sensación irreal de pérdida de control, como si al estar ahí verdaderamente tuviéramos la capacidad de evitar que situaciones desagradables sucedan. Este miedo se basa en la sensación de impotencia y de no poder hacer nada al respecto, ni de estar al menos moral y emocionalmente como soporte.

A mí en lo particular, a veces me ataca este sentimiento irracional; es real que cualquier cosa puede pasar, pero de nada nos sirve martirizarnos sin motivo y sin razón todos los días, pensando que pudiera o no pasarle algo malo a nuestra familia y amigos. Este tipo de pensamientos solo nos generan estrés, ansiedad y miedo y nos hacen preocuparnos y nos impiden ocuparnos en el día a día.

¿Cómo gestionar los sentimientos de miedo?

Todas las emociones tienen una función, y la del miedo es la de protegernos de una situación que pudiera ponernos en peligro. Sin embargo, viviendo en otro país, no podemos proteger en la distancia a nuestros seres queridos y tampoco podemos huir de los sucesos de la vida. Lo mejor es combatir los pensamientos que nos generan miedo, pensamientos basados en situaciones futuras y basados en suposiciones catastróficas. Para eso te recomiendo que siempre busques contestar estas tres preguntas: 1. ¿Me sirve de algo pensar de esta manera? 2. ¿Tengo evidencias de que esto pueda realmente suceder? 3. Si yo pudiera estar allá, ¿realmente mi presencia cambiaría cualquier situación que estoy temiendo?

Otra manera de sobrellevar el miedo es desconectar del temor y adueñarnos del poder de estar presentes a pesar de la distancia. Es decir, cuando sentimos miedo, es porque algo o alguien que consideramos valioso está en riesgo. Una manera de darle utilidad a nuestro miedo es llevando acciones cotidianas de cuidado y afecto hacia esas personas, por ejemplo, enviarles mensajes o llamarles de manera frecuente, compartir a distancia lo que nos pasa de una manera más directa y profunda, etc.

Lamentablemente, no podemos evitar muertes naturales, ni enfermedades, ni terremotos o huracanes, y en estos casos, practicar la aceptación es muy útil. Tenemos que aceptar nuestra condición humana y nuestra incapacidad para controlar las situaciones. Deja de preocuparte por cosas que no sabes si pasarán, deja de preocuparte por cosas que no puedes controlar, acepta lo que es y aprende de cada circunstancia que te toque vivir. Enfócate en el aquí y en el ahora, eso eliminará tu ansiedad, tu miedo y tu temor.

5. Sentimientos de decepción y desilusión

La decepción es un sentimiento de insatisfacción que surge cuando no se cumplen las expectativas e idealizaciones sobre una situación deseada o respecto al comportamiento de una persona. La decepción surge de dos emociones primarias: la sorpresa y la tristeza. Si la decepción no se elabora, puede desencadenar sentimientos de frustración y, a largo plazo, depresión.

Normalmente, en el proceso migratorio, tendemos a idealizar el lugar al que iremos. En mi caso, la primera vez no sé por qué no idealicé tanto. De hecho, creo que eso me ayudó a sorprenderme cuando estuve en Buenos Aires, no me lo imaginaba tan lindo. La segunda vez no fue así, yo ya había ido a España de vacaciones, uno de los mejores viajes de mi vida. Pensaba «España, *wow*, es Europa, vivir ahí va a ser perfecto...». Pero ya que llegas y vives —porque no es lo mismo que ir de vacaciones—, te das cuenta de que, aunque es precioso y culturalmente es muy rico y tiene sus ventajas como cualquier lugar, algunas cosas son muy diferentes a lo que esperabas o habías imaginado, te encuentras con retos y con dificultades que no habías tomado en cuenta. La realidad frustra alguna o varias de nuestras idealizaciones, y esto nos puede hacer sentir engañados y defraudados con las expectativas que habíamos generado. Por ejemplo, el *American Dream* de muchos centro y sudamericanos, en donde situaciones como no tener una residencia, papeles y estar sin visa o la dificultad de encontrar un trabajo, hacen que despierten de la idealización y que caigan a veces en una cruda realidad, en la *American nightmare*.

Lo que parecía sencillo y casi mágico se ve cuestionado cuando entra en juego la satisfacción de nuestras necesidades básicas y vitales, como por ejemplo, la lucha por la supervivencia, tener un trabajo o dinero suficiente para poder comer, vivir y realizar el proyecto que teníamos en mente al emigrar. Cuando vemos obstáculos de manera continua, se genera una desconfianza sobre lo que podemos esperar, tanto en nosotros mismos, como en el exterior y los demás; es ahí en donde la decepción y la desilusión se instalan.

¿Cómo manejar los sentimientos de decepción y desilusión?

Lo más importante es saber diferenciar entre lo que sí está en nuestras manos y lo que no; esto ayuda a que no nos frustremos por cosas que no dependen de nosotros y que no podemos cambiar. Por ejemplo: buscar trabajo, enviar currículums y buscar alternativas es una responsabilidad propia, pero si la situación laboral y económica del país no es la mejor, hay una parte que se sale de nuestro control. Es importante hacer un plan realista y generar expectativas apegadas a la realidad de nuestro nuevo lugar de residencia y readaptar lo que planeábamos hacer. Por ejemplo, si un aspecto que te desilusiona es el desempleo, después de aceptar que encontrar trabajo no será tan rápido como pensabas, evalúa si homologar tus estudios, o estudiar el lenguaje o una especialidad, te merecen la pena, o si hay alguna alternativa nueva que quieras explorar. Si te quedas solo en la desilusión, puedes pasar a la depresión; si la aceptas y te adaptas en torno a la realidad —que solo puedes conocer ya que estás en el país—, podrás dar los pasos que requieres para alcanzar tu objetivo migratorio: crecer profesionalmente, nuevas y mejores condiciones laborales, reinventarte y/o vivir una vida plena.

6. Sentimientos de enojo y enfado.

Emigrar puede generar enojo si una persona se enfrenta a la situación de dejar la vida que se tenía, los amigos, la familia, para empezar nuevamente de cero, sobre todo cuando la decisión no ha sido voluntaria. La primera familia extranjera que llegó a mi consulta privada en España fue claro ejemplo de los sentimientos de enojo de uno de sus miembros ante el proceso migratorio. Un adolescente frustrado que se vio de repente en un país en el que no deseaba estar. Rompía cosas en casa, no hacía ni el más mínimo esfuerzo en la escuela y amenazaba a sus padres con tirarse por la ventana y el hueco del elevador.

El enojo tiene la función de ayudarnos a actuar ante situaciones en donde se nos ataca y lastima física y/o psicológicamente, y/o cuando se ignoran nuestras necesidades o deseos y/o cuando nos sentimos engañados o atacados. También cuando nos sentimos impotentes de cambiar una situación o ante una pérdida.

El enojo puede transformarse en ira cuando se le añade una sensación de injusticia y cuando las situaciones que nos generan enfado se prolongan y no logramos cambiarlas o frenarlas.

El enojo muchas veces es válido, pero, como en el caso de este adolescente, llevarlo hacia sí mismo y hacia su familia lo único que generaba era un incremento en la tensión familiar, generarle culpa por no lograr controlar sus impulsos y sobre todo pausar su capacidad para construir una nueva realidad en su nuevo país de residencia, por ejemplo, retomando *hobbies*, construyendo nuevas amistades y conectando con gente nueva.

En este caso, el enojo terminó en una negociación en donde mi paciente regresó a su país de origen a estudiar, y logró un acuerdo con sus padres para poder estar en el lugar en el que él quería estar y sin frustrar el proyecto familiar migratorio. Sin embargo, no en todos los casos esto es viable.

¿Cómo superar los sentimientos de enojo e ira?

No se trata de no sentir enojo o suprimir la emoción; esto a la larga puede ser contraproducente. Se trata de sentirlo y expresarlo de una manera en la que no nos hagamos daño, ni hagamos daño a otros; de una manera en la que podamos hacer entender a quienes nos rodean las necesidades y deseos que se están viendo vulnerados o descuidados; de una manera en la que podamos dialogar y negociar cambios o ajustes.

La asertividad es una excelente habilidad emocional a desarrollar cuando queremos superar sentimientos de enojo e ira, porque de esta forma podemos verbalizar lo que nos molesta, sacarlo y procesarlo y permitir que la otra persona entienda lo que nos pasa. Poner límites, decir no y simplemente «tener voz», nos regresan el poder que sentimos que perdemos ante la impotencia y la incertidumbre.

7. Ausencia de sentimientos y emociones

Después de migrar, algunas personas dicen sentirse insensibles, como si tuvieran una anestesia emocional. Las personas se sienten de cierta manera extrañadas por no poder experimentar emociones de dolor y nostalgia, ni de alegría e ilusión, y que consideran deberían de sentir. Los inmigrantes que experimentan la ausencia de sentimientos se sienten confundidos, poco presentes y con poca claridad ante los cambios que están viviendo. Algunas veces sienten a la par culpa, por no estar sintiendo y por sentir que funcionan automáticamente. Esto ocurre porque hay demasiados sentimientos que afrontar y el hecho de permitir que se hagan todos conscientes sobrepasaría a la persona; es decir, la persona experimenta insensibilidad como un mecanismo de protección que le ayuda a no desbordarse emocionalmente.

En conclusión, todos los sentimientos y reacciones emocionales anteriormente mencionadas son normales y cada persona las vive de manera única y particular. Las emociones que experimenta un estudiante que sabe con certeza que en un año regresará a casa, serán tal vez menos intensas que las de una persona que llega por asilo político y no sabe cuándo pueda regresar a su país, o las que experimente una persona que se ha casado con una persona nativa y que por lo tanto sabe que su proyecto migratorio es indefinido y que por ello afronta más pérdidas.

Reflexión sobre reacciones emocionales de las personas inmigrantes

¿Qué emociones estás experimentando? ¿Qué pensamientos y creencias están detrás de tu reacción emocional? ¿Qué acciones estás llevando a cabo para manejar dichas emociones?

-Si aún no has emigrado, te recomiendo hacer una carta de despedida; no te quedes sin decir adiós y sin expresar lo que sientes, no importa si la entregas o no, escríbela. E incluso si ya te fuiste, también puedes escribirla, no cargues equipaje emocional extra. Puedes despedirte de ti misma/o, de algún familiar o de varios seres queridos, de tu país, de tus lugares favoritos, de tus cosas…

2.7 OTRAS ALTERACIONES Y SÍNTOMAS DEL DUELO MIGRATORIO

Además de la adaptación fisiológica que cualquier experiencia de cambio como lo es la migración conlleva, si las personas evitan y bloquean cualquier reacción o respuesta emocional, el malestar y la búsqueda de asimilar los cambios y la pérdida se manifiestan y se llevan al cuerpo en forma de dolor, malestar físico y/o alteración física.

El cuerpo siempre manifiesta una respuesta que acompaña la experiencia emocional ante cualquier suceso. Durante cualquier tipo de duelo, las personas refieren frecuentemente experimentar ciertas sensaciones y/o alteraciones físicas. Esto es porque, a nivel fisiológico, el duelo es un proceso de estrés y ante tal demanda de recursos internos, nuestro sistema inmune lo resiente.

ALTERACIONES DEL SUEÑO

Una de las afectaciones a nivel físico más recurrentes y comunes en los inmigrantes que atraviesan un proceso de adaptación y duelo migratorio son los cambios y trastornos de sueño.

La noche es el momento más duro a nivel psicológico para el inmigrante: afloran los recuerdos, se percibe con toda su crueldad la soledad, el alejamiento de los seres queridos, la magnitud de los problemas a los que debe hacer frente. No hay estímulos externos que puedan distraer a la persona de sus preocupaciones... (Achotegui, 2017).

La alteración del sueño no solo se da ante el proceso psicosocial tan intenso que se atraviesa, sino también por la adaptación que nuestro cuerpo requiere hacer, por ejemplo, a una nueva zona horaria y/o a la cantidad de luz solar que se percibe en el nuevo lugar de residencia, a los diferentes alimentos que se consumen, etc.

Las alteraciones del sueño pueden ir desde experimentar dificultad para conciliar el sueño, despertarse frecuentemente durante la noche, terror nocturno…, hasta insomnio y/o la sensación de poco descanso al despertar o exceso de sueño, sobre todo durante el día.

En situaciones y procesos en donde la persona experimenta una experiencia interna abrumadora y estresante como es el caso del duelo migratorio, es normal que el sueño se altere en mayor o menor medida. Así que, en un inicio, es normal no poder dormir con la misma calidad o en la misma cantidad. Sin embargo, si este malestar se prolonga, puede perpetuar y prolongar el malestar emocional causado por el duelo y la adaptación, ya que el sueño y el descanso son fundamentales para nuestra salud física y mental. El duelo es un proceso que exige mucha energía interna, y cuanto más descansada esté la persona, tendrá mayor energía y capacidad de afrontamiento.

ALTERACIONES DEL APETITO

Las alteraciones en el apetito pueden formar parte de la sintomatología del duelo migratorio. Comúnmente se puede experimentar falta de apetito o, por el otro lado, exceso de apetito. Muchas personas se refugian en la comida para lidiar y aliviar momentáneamente sus emociones no placenteras o situaciones de estrés, mientras que otras se bloquean y no satisfacen dicha necesidad vital. De igual manera, otras personas pueden llegar a desarrollar problemas más importantes como trastornos alimenticios, más aún, si anteriormente habían experimentado un problema en la conducta alimentaria.

En mi experiencia profesional, el exceso y el aumento en la ingesta es una conducta que, la mayoría de las y los inmigrantes con los que trabajo y he trabajado, más presentan.

ALTERACIONES COGNITIVAS

En la vivencia de un proceso de duelo migratorio, al igual que en otro tipo de duelos, es muy común presentar ciertas alteraciones en la memoria, la atención y la concentración. Las alteraciones cognitivas son cambios a nivel mental como, por ejemplo, variaciones en la capacidad de concentrarse, en la sensación de lucidez, falta de claridad mental, ambivalencia y creencias disonantes, sensación de confusión e incluso malestar al percibir una incongruencia entre las creencias básicas y la realidad externa.

Las personas que emigramos, por un periodo de tiempo pensamos muchas veces en el pasado (pensamientos repetitivos), en lo que hemos dejado atrás. Esto nos genera una dificultad para concentrarnos en lo que está pasando en el presente, en el aquí y en el ahora, así que es muy normal ver a las personas que acaban de emigrar como «en otro mundo», ausentes y distraídas. Igualmente, también podemos tener preocupaciones repetitivas ligadas al hecho de no estar ahí. A veces, nuestra preocupación, como lo comentaba anteriormente al hablar del miedo, toma la forma de pensamientos intrusivos o imágenes de nuestros seres queridos sufriendo o muriendo. Estos supuestos: «Y si…», «Si no me hubiera ido», «Si estuviera ahí», no nos dejan vivir con tranquilidad.

De igual manera, ante la diferencia entre la realidad de la que provenimos y con la que nos encontramos y de expectativas que teníamos sobre lo que sería nuestra vida en ese otro país, vivimos una contradicción en la información, una disonancia cognitiva que puede generar confusión y desorientación, desconfianza e incertidumbre… También, muchas veces, nuestro cerebro, ante un cambio, en su búsqueda de reacomodar y reorganizar la vieja información y la nueva información a nivel mental, puede generar alucinaciones. Tanto las alucinaciones visuales como las auditivas se consideran experiencias sensoriales normales en un proceso de duelo. Las alucinaciones son manifestaciones de ese deseo consciente o inconsciente de no querer soltar o perder por completo ni las relaciones, ni las situaciones, ni las cosas del país de procedencia; es un esfuerzo mental por mantener lo que ya no se tiene. Lo ideal y normal es que estas alucinaciones vayan con el tiempo atenuándose y desapareciendo hasta que la persona logre una total aceptación y adaptación.

La migración es una situación que hace que las teorías, creencias y percepciones con las que entendíamos la vida y el mundo y que tenían influencia en nosotros sean reflexionadas y pasen por una dura prueba de credibilidad antes de ser de nuevo aceptadas como válidas y/o reales o de ser adaptadas y reconstruidas para que encajen con nuestra nueva realidad.

PROBLEMAS DERMATOLÓGICOS

Muchos/as de mis pacientes han referido experimentar sobre todo caída de cabello, así como también problemas de la piel, alergias, etc. Los problemas dermatológicos pueden ser tanto una respuesta psicosomática, como una reacción física natural ante la adaptación de nuestro cuerpo y nuestros sistemas a una nueva alimentación, un nuevo ambiente, clima y entorno, con características naturales y no naturales específicas y diferentes al de nuestro país de procedencia. Por ejemplo, hay países en donde la dureza de la cal del agua es mayor y eso genera resequedad en la piel y en el cuero cabelludo, sobre todo a aquellas personas que no están acostumbradas a usar un agua así desde siempre. La cantidad de concentración de calcio y sales de magnesio depende del terreno donde fluyen las aguas, por lo tanto, cada país tiene una diferente carga de minerales en el agua.

Reflexión sobre alteraciones fisiológicas y psicosomáticas

¿Qué alteraciones físicas estás experimentando?

¿Qué medidas de autocuidado puedes implementar para minimizar o atenuar estas alteraciones?

III. RETOS DEL INMIGRANTE

Según Achotegui (2017), las principales pérdidas y retos de las y los inmigrantes se dividen en 8 tipos:

1. Duelo por la lengua. Implica el reto de comunicarse o no poder usar la lengua materna de manera cotidiana; conlleva el desafío de aprender un idioma diferente y superar los obstáculos de la comunicación intercultural.
2. Duelo por la familia y los amigos. Implica experimentar un desapego y reorganización de la dinámica relacional con los seres queridos ante la distancia física y geográfica.
3. Duelo por la cultura. Implica el no poder dar continuidad cotidiana a las costumbres espirituales, religiosas, intelectuales y sociales y tener que adaptarse a las nuevas costumbres del país de acogida.

4. Duelo por la tierra. Implica experimentar un cambio respecto al lugar, clima y paisaje del país de origen, al del nuevo país de residencia.
5. Duelo por el estatus social. Implica el reto de perder los roles socioeconómicos que se desempeñaban en el país de origen y comenzar de cero a crearse un lugar, un estatus y un rol dentro del nuevo contexto sociocultural.
6. Duelo por el contacto con el grupo étnico. Implica vivir un desapego con el grupo étnico del que se proviene.
7. Duelo por los riesgos ligados a la migración. Implica el reto de vivir situaciones de riesgo como, por ejemplo, la prostitución, la trata de personas, el trabajo forzado, la discriminación, el racismo, etc., por el hecho de ser inmigrante.
8. Duelo profesional. Implica el reto de competir con los locales con respecto al crecimiento profesional y económico, o experimentar dificultades como, por ejemplo, enfrentarse a procesos de homologación que permitan una introducción justa al mercado laboral.

A estas 8 pérdidas, yo agrego, además:

- El reto ante renunciar a «la otra vida». Las personas inmigrantes renuncian a esa vida que hasta ahora se había construido, esa vida que ya no puede seguir siendo vivida. Implica soltar la posibilidad de vivir de una manera, una vida que se sabe que se tiene, pero que deja de elegirse al irse a vivir a otro lugar; tiene que ver con una visión más existencial, un proyecto vital que se transforma con la migración.
- Duelo por la identidad y el sentido personal. Implica perder el quién fui y quién he sido todo este tiempo, y el reto de la reconstrucción de uno mismo. Al irse a otro país, por un tiempo se vive en un limbo de no saber del todo quién uno/a es, y no ser *ni de aquí, ni de allá.*

3. 1. DUELO POR LA LENGUA: EL RETO DE LA COMUNICACIÓN

Harlene Anderson, psicoterapeuta postmoderna, refiere en su libro *Conversación, Lenguaje y Posibilidades* que «nacemos en un lenguaje y heredamos todo lo que viene con él: la historia, la cultura, la tradición y así sucesivamente». Ella dice que el «lenguaje es el vehículo de nuestra existencia y de nuestro compartir con otros y con nosotros mismos. Es la forma primordial en que construimos nuestras realidades, nuestros mundos, nuestras observaciones y nuestras comprensiones. Es el vehículo por medio del cual asignamos sentido, explicamos nuestra vida, damos orden a nuestro mundo y narramos nuestras historias. Obramos y reaccionamos por el lenguaje, lo usamos para relacionarnos, para influir y para cambiar». Es decir, el lenguaje es esencial en nuestras vidas, a través de él podemos trabajar, construir relaciones, amar, pertenecer, formar parte y cooperar; en general, es nuestro vehículo para experimentar y sentir dentro de nuestras actividades y situaciones sociales.

Al igual que la Dra. Anderson, siempre he creído que la comunicación es la vía principal a través de la cual procesamos y entendemos lo que vivimos.

Es por ello que uno de los principales retos de las y los inmigrantes es el duelo por el lenguaje y la comunicación, pues no solo nos enfrentamos muchas veces a un lenguaje diferente al nuestro, no solo es el hecho de tener que aprender desde cero un idioma nuevo; tiene que ver también con tener que reconstruir y adaptar la manera en la que entendemos y expresamos lo que sentimos, nuestras opiniones, el humor, lo socialmente correcto e incorrecto, el lenguaje no verbal de la cercanía y la conexión, de la lejanía, lo que simboliza el sentido de pertenencia, etc.

Y, ¿qué pasa durante ese proceso de aprendizaje y de adaptación a un nuevo idioma? La imposibilidad o limitación que percibe la persona a poder comunicarse genera muchas veces la imposibilidad de desarrollar un sentido de conexión y pertenencia. Como dice Ludwig Wittgenstein: «Los límites del lenguaje marcan los límites de tu mundo».

La dificultad más inmediata e importante con respecto al lenguaje es cuando se llega a un país en donde no se habla el mismo idioma y la comunicación resulta difícil y muchas veces imposible. Cuando trabajaba en la asociación Mujeres entre Mundos, en un proyecto local enfocado en la integración de inmigrantes en Andalucía, recuerdo mucho un día en el que llegó una mujer marroquí, quien estaría temporalmente en España, gracias a una asociación que financiaría varias operaciones de corazón para uno de sus hijos, quien tenía una cardiopatía congénita. Nuestra asociación, al ser muy pequeña, no contaba con un traductor español-árabe. Ella llegó acompañada de una mujer que tenía ciertos conocimientos de árabe y que más o menos entendía su dialecto; sin embargo, el dialecto de árabe que esta mujer hablaba era muy diferente. Naturalmente, se encontraba desorientada y confundida, pero al mismo tiempo, debido a su situación y condiciones migratorias «temporales» y ante un «beneficio médico», se le veía también sumamente contenta y agradecida; recuerdo su larga y blanca sonrisa. Me sentí muy limitada de poder ayudarla, recuerdo que se me ocurrió abrir Google Translate y poner español a árabe para hacerle preguntas que ella pudiera contestar de manera concreta con un sí o no. Reímos, conectamos, pero al final del día hubo ahí una brecha que solo el abrazo afectuoso y cálido de despedida logró apaciguar. ¿Pude haber hecho algo por ella, para que su estancia fuera más estable y satisfactoria? ¿Logré transmitirle con Google Translate y con mis gestos y lenguaje no verbal que estábamos ahí para ella y para lo que necesitara? No lo sé, tanto para ella como para mí, la diferencia del lenguaje seguramente limitó nuestro encuentro.

Muchas veces, el idioma no es tan distinto como en el caso anterior; muchas personas, al saber que vivirán en otro país en donde se habla otro idioma, toman cursos para al menos tener bases que les permitan comprender inicialmente lo básico y poder satisfacer sus necesidades. Pero, aun así, muchos inmigrantes terminan encontrando retos en la comunicación. Estefanía, una paciente colombiana que había estudiado el idioma de su país de acogida antes de emigrar, me comentaba que aun así, el no ser una hablante nativa influía en su proceso de adaptación y en el nivel de esfuerzo y trabajo extra que tenía que realizar para hacer las cosas: «En cuanto al idioma, claro que es un reto, aún me falta, y para crear informes o hacer mi tesis en la universidad me demoré el doble que mis compañeros. En el máster tenía que participar activamente y dar mi opinión. De por sí no me gusta llamar la atención, y con mi acento y poco francés de la época, no me atrevía a hablar por miedo a pasar el ridículo y que no me entendieran, o que lo que dijera estuviera fuera de contexto, como solía pasar, donde me hacían caras de: "¿Qué estás diciendo?"».

Igualmente, uno de los entrevistados del pódcast *Muy Intercultural* de Claudia Salcedo, un mexicano residiendo en Brasil comentaba: «El primer mes que estuve aquí fue como para adaptarme, para seguir con los cursos de portugués, porque no hablaba absolutamente nada. Como hablamos español y el portugués es un idioma muy próximo, muy cercano al español, pensamos que va a ser muy fácil y al final esa facilidad que te da el idioma también termina estorbando mucho, ¿sabes? Porque llega un momento en el que si tú no pones más empeño, terminas hablando portuñol, como yo, que empecé hablando una mezcla que no era ni español, ni portugués». Como este caso, el reto de muchos expatriados es el de hablar un idioma «puro» y no contaminarlo, por así decirlo; algo que es muy difícil, pues recordemos que el idioma no solo es la forma en la que se comunica algo, sino la forma en la que entendemos las situaciones que acontecen en la vida, y por lo tanto, en el proceso de aprender una nueva forma de entender la vida, no nos podemos desprender de los «ojos» con los que llevamos viendo e interpretando las cosas.

Muchas otras veces, los expatriados conocen el idioma perfectamente y casi a un nivel nativo, pero no pueden desprenderse de la pronunciación y el acento, un aspecto que es difícil de cambiar y otras veces es imposible hacerlo. Muchos inmigrantes perciben esto como un reto y un obstáculo, e incluso algo que les genera muchas inseguridades en la comunicación. Este es el caso de Andrea, una clienta latina, que vivía en Nueva York, y quien sabía perfectamente inglés, pero su acento le hacía sentir desconfianza en su desempeño profesional: «Después de año y medio, he encontrado por fin un trabajo más cercano a mi profesión, pero me siento frustrada, con inseguridades y miedo, pues mucho de mi trabajo consiste en llamar a clientes y muchas veces no me entienden. Para mi trabajo es básico, ya que, para poder vender, tengo que hablar y hay gente que no me entiende y me cuelga. Eso me ha desanimado y me da mucha inseguridad a la hora de vender, sobre todo cuando solo es llamada, porque al menos cuando es videollamada es más fácil, me pueden ver y puedo verlos y es más fácil entender. Ahora me he inscrito a un curso para mejorar mi acento y mi pronunciación, porque esto está dañando mucho mi confianza a nivel profesional».

Igualmente, el reto de la pronunciación y el acento en el caso de Marta, una paciente española, que emigró a Alemania: «Aquí hay una cosa que se llama dialecto suabo —el suabo es un conjunto de dialectos del alto alemán hablado en el centro y este de Baden-Wurtemberg y parte occidental de Baviera, área denominada Suabia o Schwaben en alemán—, que es como un alemán alto, y al inicio sentía que, aunque yo trataba de hablar alemán, la familia de mi esposo no hacía el esfuerzo por hablarme en un alemán más neutral, y pues eso ha generado cierta carga emocional, incluso cierto resentimiento, que influye en mi falta de apertura a hablar el idioma».

O el caso de Meyer, un paciente alemán que vivía al sur de España, quien también lidiaba con el acento: «Yo he mejorado mi español; el problema es que ellos tienen acento gaditano, y ahí me pierdo y ya no me siento incluido en la conversación. Además del problema del acento, creo que hay algo que es muy alemán y es que no solemos hacer small talks; no solo es el acento, sino que me gusta hablar de cosas profundas, temas sociales y políticos, y no solo sobre en dónde trabajo, el clima o qué hice el fin de semana. Me gusta conocer a la gente por lo que piensa sobre estos temas».

Al igual que en el caso anterior, en una de mis sesiones con Laura, una clienta latina casada con un francés, pero residente en Dinamarca, reflexionábamos que no solo es un reto el hecho de aprender a hablar un idioma diferente, sino también muchas otras veces la dificultad reside en el tipo de contenidos que se comunican o no culturalmente. En un inicio, Laura decía que sentía que no era totalmente fluida en el francés y que eso influía en su integración social, pero explorando a fondo, nos dimos cuenta de que no solo era el hecho de no dominar el idioma a la perfección, sino que culturalmente, por ejemplo, los mexicanos y los franceses mantienen diferentes contenidos y temas en la comunicación, según los niveles de intimidad y privacidad de sus relaciones. Hay temas que culturalmente son más abiertos y otros que parecen estar vetados. Por ejemplo, Laura muchas veces quería hablar de política, de la vida, de aspectos que le preocupaban existencialmente hablando o que le interesaban, tal y como lo hacía en México con sus amistades y familiares, y se encontró con que la gente hablaba de temas más cotidianos y superficiales. Con el tiempo, entendió que no era por que no se interesaran en ella como persona, sino que la gente por costumbre no suele tocar esos temas y menos con personas que apenas están conociendo y, por lo tanto, más allá del lenguaje, se topaba con los contenidos que no podía comunicar al estar en otro contexto sociocultural y que le hacían sentir que no podía conectar del todo con la gente.

Y sí, muchas veces el duelo por la lengua y el reto ante un idioma nos pone en una encrucijada, porque no solo es poder hacer las compras o saber cómo llegar a un lugar, al igual que Laura y otras pacientes expatriadas, tiene que ver con sentir que tenemos una barrera para expresar todo eso que nos hacer ser quien hasta ahora hemos sido y vivir como hasta ahora hemos hecho.

Mi curso de integración a la cultura fue en español. Soy muy buena para los idiomas, sé inglés y francés, pero el holandés nada más no puedo. Y siento mucha frustración de sentir que, por más que me esfuerzo, no aprendo el idioma, porque me afecta en todo, no solo a nivel profesional, sino a nivel social. Por ejemplo, por mucho que la familia de mi pareja y sus amigos comienzan las conversaciones en inglés cuando estoy, terminan por una u otra razón hablando en holandés; y lo entiendo, es normal, pero yo no puedo participar en las reuniones familiares, o muchas veces no puedo expresar exactamente lo que pienso y lo que siento, y considero que no puedo ser totalmente yo y la gente no termina de conocerme realmente, simplemente con mi esposo, nosotros hablamos en inglés o francés, pero algo tan simple como decir «I love you» me queda muy corto para expresar lo mucho que siento por él.

Otro ejemplo de cómo el duelo por la lengua y tener que hablar un idioma diferente influye en el duelo profesional y la dificultad para continuar la vida profesional es el caso de Alexis, una clienta que vive en Estados Unidos y en el momento de nuestra colaboración estaba realizando una certificación para convertirse en instructora de yoga. Alexis, en una de las sesiones, me comentaba que se había sentido totalmente bloqueada cuando le pidieron grabarse dando la clase en inglés. «Es frustrante no poder encontrar las palabras para expresarme, para conectar con la gente, para sacar todo lo que tengo dentro de mí, todo lo que sé, pero que siento que en inglés no soy capaz de expresar». Sin embargo, Alexis encontró un espacio en el que pudo expresar todo aquello que con palabras no lograba comunicar. «Al llegar a USA, me encontré con esa barrera, la del lenguaje. Aunque lo entiendo (el inglés), el poder hablarlo se me dificulta, y al encontrar este grupo de teatro-performance sentí que pude expresarme y no solo con palabras, sino con sonidos y posturas. Nada era bueno o malo, correcto o incorrecto, simplemente era, sin juicios, ni de mí misma. Los miércoles era mi día de expresar, de relajarme y de ser yo misma sin pensar en conjugaciones o en si estaba estructurando bien lo que estaba expresando».

De igual manera, la falta de lenguaje incrementa la sensación de vulnerabilidad ante emergencias o situaciones de vulnerabilidad como, por ejemplo, problemas de salud o un accidente. En el caso de otra paciente, una mexicana en Holanda, la dificultad de expresarse en un idioma extranjero maximizó su sensación de vulnerabilidad ante un problema de salud: «Me dio apendicitis y fue muy estresante porque, aunque me explicaban en inglés, luego escuchaba a los médicos hablar entre ellos en holandés y no entendía nada; y sola y lejos, peor».

3.2. DUELO POR LA FAMILIA Y LOS AMIGOS: RETO ANTE LA DISTANCIA FÍSICA Y EMOCIONAL

Los inmigrantes no solo dejamos de vivir la vida que solíamos tener, sino también dejamos de vivir y compartir nuestra vida y la vida de otros. Una de las grandes pérdidas ante la distancia geográfica es el no ver y convivir con la misma frecuencia con nuestros seres queridos. Esto genera que nuestras relaciones más significativas se transformen irremediablemente ante nuestra ausencia y la ausencia de otros en nuestro día a día. Desde la rutina no compartida, hasta las celebraciones como cumpleaños, bodas e incluso hasta los momentos difíciles como las enfermedades y las muertes, todas ellas son ausencias y omisiones que pesan bastante.

Todos viven algo y no estoy ahí, siento que ya no soy parte de la vida de nadie.

Como ya se ha mencionado, la nostalgia y la culpa por no estar van de la mano del miedo a distanciarnos no solo física, sino emocionalmente. Y a este temor de vernos aislados, pero también sentirnos solos, se añade el miedo a la falta de pertenencia, a dejar de formar parte importante en la vida de nuestras personas significativas o incluso de desilusionarlas o lastimarlas al habernos ido o seguir eligiendo vivir en otro país.

Lo que quiero es conservar relaciones, pero ya no puede ser igual porque ya no estoy allá... El sentir que mis amigas están allá también me ha limitado de abrirme acá.

La añoranza a estar nos genera la creencia de que si estuviéramos ahí las cosas serían diferentes, mejores, que podríamos resolver los problemas y las dificultades que suceden, o que al menos el malestar emocional de nuestro ser querido sería menor ante nuestra presencia. O muchas otras veces también tenemos la creencia de que es nuestra responsabilidad seguir presenciando la vida de las y los otros, que incluso es nuestro deber acompañarles. A continuación, algunas narrativas sobre la vivencia del duelo por la familia y amigos:

A una de mis grandes amigas le descubrieron un tumor y yo no puedo estar ahí, y cuando yo la he necesitado en mi vida, ha dejado todo y ha estado aquí... Es..., ha sido muy duro.

Me di cuenta de que tenía un compromiso invisible con mi madre porque ella está sola y sentí que tengo que estar con ella, que la tenía que acompañar.

Siento que soy mala hija por estar lejos; debería estar con ellos.

Mis padres se divorciaron mientras yo estaba aquí. Mi padre me contó, pero ella no me ha dicho nada a pesar de que he hablado con ella... Somos familia, yo quiero seguir estando, sobre todo en este tipo de situaciones.

Evado hablar con ellos por videollamadas, porque siempre que lo hago termino llorando. Por eso solo le envío todos los días un mensaje a mi mamá, deseándole un buen día y preguntándole cómo está.

Cada vez que hablo con mi hermana, me reprocha lo difíciles que son las cosas para ella y que tiene que enfrentar todo sola. Todo por el hecho de que he decidido no vivir en Italia. Yo ya no me engancho más, ya no le contesto cuando me manda este tipo de mensajes; ella solo piensa que estoy lejos porque soy egoísta.

Otro punto importante respecto al duelo de seres queridos y familiares y el reto de la distancia es que ahora, gracias a los medios actuales de comunicación, las redes sociales y la tecnología, es más sencillo que las personas que emigramos continuemos en contacto con nuestras redes de apoyo y nuestros seres queridos, y que de esta manera logremos seguir nutriendo y manteniendo dichas relaciones significativas.

Antes era muy difícil, había que ir hasta el pueblo más cercano en Argelia para encontrar un teléfono, por eso fue muy difícil tener comunicación con mi padre en un inicio. Ahora con el WhatsApp y el internet es otra cosa.

Como mis amigas íntimas están en Estados Unidos, tienen diferencia de horario; eso hace que sea difícil enlazar como antes, si estuvieran aquí sería más fácil. Eso me para mucho porque, aunque hablo con ellas por WhatsApp, siento que no tengo esa espontaneidad que tengo en persona y me he ido separando, a pesar de la posibilidad de estar conectada a diario.

Y, a pesar del reto que representan la distancia y las limitaciones de la tecnología, es sumamente importante que las y los inmigrantes creemos espacios para expresar en el presente lo que sentimos, lo que seguimos necesitando y esperando en esas relaciones y en general podamos seguir compartiendo nuestra percepción y nuestro sentir respecto a los eventos y las situaciones cotidianas. De esta manera, daremos espacio y salida a nuestras emociones y sentimientos, logrando evitar problemas emocionales como ansiedad o depresión y/o comportamientos compulsivos evasivos, a través de los cuales sustituyamos el desahogo emocional, como comer en exceso, comprar en exceso, abusar de cualquier tipo de sustancia, etc.; dificultad que muchas de las personas que han llevado su proceso terapéutico conmigo han referido experimentar en menor o mayor grado. Sin embargo, no siempre es fácil:

A mi familia jamás se lo contaría; no es falta de confianza, confío mucho en ellos, sino más bien es temor a preocuparles. Siento que al estar lejos y ante su impotencia de no poder hacer realmente nada por mí, tomarían una postura aprensiva e incluso de reproche o regaño, así que termino guardándolo aunque me haga daño.

Ahora con todo esto del coronavirus, me he estado cuestionando si estar acá, tan lejos, luchando todos los días por un diploma me vale realmente la pena estar tan lejos de quienes amo. Hoy me doy cuenta de que daría todo por estar con ellos. No se los hago saber porque no quiero que me vean mal y se preocupen.

Elaborar el duelo por la familia y los amigos nos permite aceptar y entender que no somos responsables de lo que sucede en la vida de otros, que podemos seguir acompañando desde nuestra elección de vivir en el extranjero y nos ayuda a regresar la responsabilidad de sí mismos a nuestros seres queridos.

A veces tengo esta sensación de que la abandoné. Pero más que esta culpa o ese sentimiento de poca reciprocidad con ella, después de todo lo que ha hecho por mí, es este sentimiento auténtico de que es una persona con la cual de verdad quiero disfrutar y compartir la vida. Me duele saber que a una parte de ella le duele enfrentarse un poco al nido vacío por mi elección de vivir en el extranjero; pero otra parte de mí la admira, pues sé que sacará lo mejor de esto, me encanta que vaya a terapia y esté tomando consciencia de tanto, liberándose, reencontrándose. Sé que no me corresponde hacerme cargo de lo que vive, de su dolor, de su pérdida, pero quiero que sepa que no está sola, que mientras sigamos existiendo las dos, estaré para ella. (Extracto de mi diario personal.)

Y, aunque muchos inmigrantes sentimos nostalgia ante los kilómetros de por medio con nuestras familias y amigos y añoramos la convivencia, para otros, su experiencia migratoria ha sido una posibilidad de poner distancia en relaciones y situaciones conflictivas, y al irse a vivir al extranjero han logrado generar un espacio que les da bienestar. Algunas narrativas respecto a este tema:

Gran parte de irme a Australia era porque quería estar lejos de mi ambiente familiar. En España sentía que me asfixiaba, me sentía a pesar de estar en mi zona de confort, más insegura.

Yo decidí irme a Francia para evadir un sentimiento que no podía procesar al estar en mi país y en mi ciudad. Poniendo distancia con mi familia, he podido entender realmente qué quiero yo.

El estar aquí en Inglaterra, lejos de la familia al 100 %, me dio buen tiempo de pensar en mí y analizarme sin la influencia directa de los problemas y preocupaciones típicas de mi familia.

Al salir y llegar aquí, nos hemos sentido muchas veces lejanos e indefensos. Pero también se siente como un pequeño descanso, es un poco egoísta tal vez, pero habíamos estado varios años navegando en los problemas de otro y aunque mudarnos nos ha traído ciertos retos, cierta parte de la distancia ha sido liberadora.

Mi madre me llama con una desesperación y siempre para quejarse, tiene una visión tan negativa de las cosas que me contagia. A veces prefiero no hablar con ella porque es demasiado y por más que intento explicarle las cosas o ser asertiva, simplemente no puedo, ella sigue en su postura y se molesta si yo no cambio la mía. En parte por eso me he ido, porque esto en el mismo lugar era abrumador.

Cuando nos fuimos a Holanda, la distancia le dio objetividad, la distancia le permitió enfrentarse y poder ver un conflicto que él no sabía que tenía. Ahora que vivimos en España, creo que la cercanía de la gente ha contrastado de cierta manera con la lejanía, no solo física, sino emocional y la disfuncionalidad de su familia.

Mi bienestar depende de la distancia física que he elegido tener con ellos. Cada vez que voy tengo un retroceso.

Y esto nos lleva a la gran pregunta, ¿cómo manejar en el extranjero una relación familiar o de amistad que ya era conflictiva antes del proceso migratorio?

MANEJAR RELACIONES FAMILIARES CONFLICTIVAS A DISTANCIA

Siento que creen que mi vida es perfecta y muchas veces me hacen comentarios que me hacen sentir culpable. Me dicen que a mí me va bien, que les ayude o les pague cosas. Esto no es nuevo, de que me busquen porque necesitan algo, pero no por que viva en Europa tengo que mantener a mi familia. Siempre ha sido todo muy poco recíproco.

Desde antes de venirme al extranjero era así, creían que yo no tenía problemas y nunca se interesaban por saber cómo estaba. Ahora es peor, no me hablan para nada, no me preguntan cómo estoy o cómo me siento, soy solo la hija que ven en diciembre.

Anteriormente hemos hablado de la dificultad de extrañar a nuestras familias, a las personas que queremos y con las que teníamos una estrecha relación antes de irnos; pero no todas las relaciones que dejamos siempre son sanas, placenteras, funcionales, recíprocas y/o armoniosas. Todas y todos tenemos a alguna persona, un o una familiar o alguna relación cercana con la que hemos tenido dificultades, conflictos e inestabilidad. Y es entonces cuando la persona que va a emigrar o ha emigrado se pregunta: ¿cómo puedo sobrellevar en la distancia esta relación o los conflictos familiares y/o relacionales? O muchas veces también la pregunta es: ¿quiero seguir manteniendo esta relación?

Aunque por supuesto no es sencillo responder esta pregunta, la distancia puede actuar de diversas formas, principalmente dos:

La primera, en donde la distancia genera un incremento en la tensión y en el conflicto, es decir, la distancia genera mayor ambigüedad en la comunicación, y esto causa más dificultades y problemas en esa relación, pues se presentan mayores malentendidos y con ello el conflicto con dicha persona no se disuelve, sino que se incrementa. Por ejemplo, en uno de los varios grupos de mexicanos y mexicanas en el extranjero a los que pertenezco, estuve leyendo que varias chicas hablaban de la dificultad que tenían ante el contacto con sus familiares a la distancia, pero sobre todo con sus padres y sus madres, de lo difícil que les resultaba no solo estar lejos y tener esas discusiones interrumpidas por las diferencias horarias, sino también visitar o regresar a casa por la actitud que esa persona mantenía hacia ellas, que muchas veces se había incrementado y exacerbado durante su experiencia migratoria. Igualmente, otras personas coincidían en que, al visitar, un comportamiento que antes era irritable, se vivía y se percibía de manera más intensa y vulnerable ante el hecho de ser más visible y sentir que se violentaban sus deseos y necesidades ahora como expatriados. Por ejemplo, madres que ponen énfasis en las labores de la casa, en que todo estuviera limpio, ordenado, la compra de la semana hecha, y esto generaba un choque o un conflicto, cuando la persona que estaba de visita quería aprovechar el tiempo con un enfoque más relajado, dando prioridad a la convivencia con la familia y a disfrutar cada instante y el orden y la organización estaban en segundo plano.

A veces no entiendo por qué me sigue afectando toda esta situación, por qué simplemente no dejo de hablarles y ya. Una parte de mí se siente culpable por haberse ido de Italia y otra parte se siente aliviada, porque no tengo que lidiar directamente con ellos. No entiendo por qué mantengo la relación a distancia, a pesar del peso y la frustración que me genera a veces.

Creo que ahora que vivo lejos de mi familia y que no comparto la información de mi vida amorosa con ellos –no porque no les tenga confianza, sino porque ellos se ilusionan más rápido que yo y me da tristeza cuando les digo que ya no funcionó y me da pena que me vean ilusionada y de repente decir que simplemente no me quisieron, comienzo a ver que mis relaciones son diferentes, que estoy menos presionada y que, aunque a veces me cuesta trabajo dejar de buscarle defectos a mis parejas, esto lo hago en menor medida y soy más realista. La distancia me ha ayudado a relacionarme mejor en pareja, sin la influencia y el peso de las expectativas *de mi familia. Cada vez que regreso veo que sigue igual, que esa presión no va a cambiar.*

Desventajas de vivir en el extranjero a la hora de lidiar con una relación disfuncional o conflictiva:

1. Al vivir en otro país, la comunicación se puede complicar mucho más, porque las personas no pueden tener a la otra persona enfrente y lograr observar su comunicación no verbal, escuchar el tono de su voz y de su mensaje o, simplemente, poder darle un abrazo y disculparse o tener cualquier tipo de contacto. Las malinterpretaciones y la sensación de que falta la parte afectiva de lo que se dice es muy común.
2. Otra dificultad producto de la distancia que pueden experimentar las y los inmigrantes, como sus familias y seres queridos, es el sentimiento de que quien se ha ido, ha abandonado o no ha dado importancia a una relación que ya estaba fracturada, y que por ello se ha fragmentado más. Esta percepción de ser abandonado o abandonada o estar abandonando o no eligiendo, puede generar reproches, resentimiento y culpa.
3. Igualmente, muchas personas expatriadas se encuentran con cargas económicas y responsabilidades impuestas. Varios de mis pacientes comparten que sienten que

por haberse ido a un lugar en el que tienen una mejor calidad de vida, tienen que hacerse cargo de la familia o la familia considera que es su responsabilidad. «Creen que porque vivo en Europa, soy rica, pero a mí me cuesta mucho trabajo tener la vida que tengo, y los viajes que hago los hago con esfuerzo, ahorro mucho y me privo de cosas a diferencia de ellos. A veces creen que es mi deber darles por estar aquí e incluso a veces solo me hablan para eso, pero no soy un cajero automático.

Y la segunda forma es cuando la distancia física nos permite valorar, nos hace reflexionar sobre la lejanía o distancia emocional que tenemos con esa persona y al no estar cerca, anhelamos un cambio, lograr sanar o transformar esa relación. Vivir en otro país, lejos de la rutina diaria —que muchas veces es lo que genera roces y problemas de convivencia—, nos permite reflexionar de manera más objetiva y a profundidad acerca de lo que ha generado ese conflicto o ese distanciamiento emocional con un ser querido y de esa manera; puede sernos de mucha utilidad para volver a reconectar con esa persona. Al ver las cosas de una manera más amplia, con mayor perspectiva, poniendo en la balanza el conflicto y el extrañamiento de lo que no se tiene, muchas veces el conflicto pasa a segundo plano y deja de tener trascendencia y peso; es ahí cuando recordamos que importa más la relación que ese suceso o aquello que haya generado ese conflicto.

Para algunas de las personas con las que he trabajado, su proceso terapéutico no solo les ha sido de ayuda para elaborar su duelo migratorio y para lograr integrarse, sino que también ha sido importante para sanar patrones familiares, traumas relacionales y poder reconectar y/o reconstruir la relación con seres queridos. Es ahí cuando el proceso migratorio también conlleva riqueza y ganancia, pues para muchos y muchas personas, ha sido a partir de vivir en el extranjero que ha surgido en ellos esta consciencia y esta necesidad, y tal vez, de haberse quedado en su país de origen, no hubiera surgido esta oportunidad.

Ventajas de vivir en el extranjero a la hora de lidiar con una relación disfuncional o conflictiva:

1. La distancia ayuda a que las diferencias o roces producto de la convivencia cotidiana disminuyan y, al disminuir, cuando las personas regresan a su país de visita o a vivir nuevamente, aprovechan positivamente el tiempo limitado que tienen para convivir de una manera más positiva o regresan con una consciencia y una visión más global de la otra persona y de su relación con ella.

2. Cuando estamos lejos de alguien, comenzamos a extrañarle, dejamos de enfocarnos en lo que nos incomoda, en los errores o en los aspectos que consideramos negativos y empezamos a ver a nuestros familiares y amigos de una manera más objetiva, recordando las cosas positivas y valorando su presencia en nuestra vida.

3. La ausencia de una persona permite observar lo indispensable que es y el rol que ejercía en nuestras vidas.

4. La distancia muchas veces nos permite innovar en formas de comunicar o atrevernos a comunicar de formas en las que frente a frente se nos hacía más difícil, y hablar de temas que por mucho tiempo habían sido tabú y no nos habíamos atrevido, como nuestros sentimientos. Por ejemplo, algunas personas que están lejos comienzan a ser más claras e igual muchas personas sienten más confianza para poder poner límites.

5. A veces la rutina y el ver diario a una persona nos hace dejar pasar de lado las oportunidades para mostrar nuestro cariño. Y la distancia y la lejanía muchas veces sirven de motor para abrirnos sin miedo y expresar mucho más seguido lo que sentimos. Cuando vivía con mi madre y mi hermano en México, no les decía todos los días que los amaba y lo importantes que eran para mí; desde que estoy en España no hay día que no se los diga, no hay día que no les desee un bonito día y comparto mucho más

lo que hago a detalle. Miranda, una paciente de México, comentaba algo similar en una de sus sesiones: «A lo mejor, cuando los ves más seguido, no preguntas tanto por cómo están de verdad, y ahora que estoy aquí en Suiza, sí es hablar de la persona de una manera más específica y más profunda, de sus sentimientos y de lo que piensa, no un simple y común "¿Cómo estás?"».

6. En el caso de relaciones más viciadas o con alguna tendencia agresiva o incluso en las que existía algún tipo de violencia, la distancia muchas veces permite que estos círculos de agresión se terminen y que la persona agredida esté a salvo y desconectada de esa relación dañina y disfuncional.

He trabajado con personas a las que la distancia les ha ayudado a poner fin a historias de abuso físico, de abuso sexual por parte de un familiar, a situaciones de violencia intrafamiliar, de abuso de alcohol o de sustancias o fin a una relación en donde vivían violencia de género. Desgraciadamente, cuando un sistema familiar está muy dañado, solo las separaciones y la distancia física pueden poner fin a este tipo de dinámicas familiares.

Dentro de mí, sé que la verdadera razón por la que me fui no fue por estudiar en el extranjero y vivir en otro país, sino para salir de mi casa y dejar de ver cómo mi papá agrede a mi mamá. Ya no podía quedarme más ahí, soportando las peleas.

Considero que es importante buscar ver la situación que estamos viviendo —en este caso, vivir en el extranjero o tener un ser querido en el extranjero— como una oportunidad de cambio o mejora. Primero, por el sencillo hecho de que, si desde el inicio percibimos la situación migratoria como otra dificultad, ya nos estamos mentalizando y predisponiendo a que las cosas empeorarán. En cambio, podemos visualizarla como una oportunidad que, además de brindar alguna ganancia profesional, económica o de satisfacción de alguna meta personal o un proyecto de pareja, puede ayudarnos a cambiar nuestros patrones de interacción y comunicación en nuestras relaciones. La distancia puede ser una oportunidad para ser más claros con nuestras necesidades y expectativas en la relación y de la otra persona o también, más claras en cuanto a lo que no nos gusta, lo que afecta a nuestro bienestar y los límites personales. La distancia muchas veces ayuda a lograr una convivencia más sana y satisfactoria.

La distancia también puede ser una puerta para el desahogo y la apertura emocional. Permítete abrir esa puerta, déjate sentir y expresar los te quieros y te extraños atorados y guardados, muchas veces por años. En muchas ocasiones, abrir dicha puerta también permite que salga enojo, tristeza, resentimiento y/o culpa que igualmente necesitan ser liberados. Hay que recordar que en nuestro equipaje emocional muchas veces seguimos cargando nuestras experiencias tempranas y que, como dice Horacio: «los que atraviesan los mares cambian de cielos, mas no de preocupaciones». El hecho de emigrar no desvanece nuestros problemas o duelos pendientes, porque emigramos siempre en compañía de nosotros/as mismos/as.

MANEJAR ASERTIVAMENTE LOS REENCUENTROS, LAS VISITAS Y EL VOLVER A CONVIVIR.

Las visitas me ayudan un montón a recordar lo afortunada que soy; puedo enseñarles la ciudad en la que vivo, y volverla a ver con buenos ojos, porque a veces me siento resentida de tener que vivir aquí, y ese contacto con mis amigos me permite reconectar con mi vida anterior y también me trae de vuelta a mí misma.

(Extracto de mi diario personal)

Muchas veces logramos mantener o reconstruir y reorganizar la relación en la distancia. Y el reto aparece de nuevo cuando vamos o vienen de vacaciones y de visita nuestros seres queridos o cuando nuestro proyecto migratorio ha terminado y decidimos volver. Cada reencuentro requiere una reorganización de lo que funciona a la distancia, pero que deja de ser viable y útil cuando estamos frente a frente y compartimos tiempo, planes y espacio.

Es ahí cuando nos preguntamos: «Y ahora, ¿cómo logro temporalmente o de ahora en adelante volver a convivir en la cercanía? ¿Cómo evito conflictos, roces y diferencias que solíamos tener antes? ¿Cómo sacarle provecho y disfrutar este momento que tanto añoro cuando estoy en la distancia? ¿Cómo no engancharme con lo que no me gusta y lograr estar presente en lo positivo? ¿Hasta qué punto esto es posible?».

Muchas veces, la emoción, las expectativas que cada parte genera respecto a esa visita o ese retorno, a cómo se desea que sucedan las cosas, a cómo se imagina que la otra persona se comportará o, por ejemplo, los planes y organización sumamente rígidos creados desde la ilusión de «aprovechar el tiempo», pueden generar tensión innecesaria que rompe con el verdadero propósito: disfrutar, reconectar y estar con nuestros seres queridos. Algunas narrativas sobre los retos de *reconvivir*:

Voy, veo que todos están superbién, pero me comparo con mis amigas y veo que tienen dinero, que todo va bien en Islandia, que la gente ya no sabe en qué gastar su dinero y es ahí cuando el ir me termina generando también malestar, porque no estoy solo disfrutando, sino pensando cómo sería mi vida y que podría estar mejor aquí.

Nosotros somos musulmanes; yo no le puedo contar a mis padres lo que hago aquí y la vida que llevo, porque la religión está de por medio. Por eso, cuando vuelvo, me cuesta tanto trabajo, porque no puedo ser yo misma y compartir realmente mi experiencia fuera, no puedo ser en quien me he convertido.

Me la pasé muy bien, pero hubo un momento en el que me sentí ahogada, son muy sobreprotectores; es demasiado.

Me siento ahora estancada, no sé si esto de ir a ver a mi familia me hizo sentir mal... Yo quería ver cómo me sentía estando allá, pero me vine muy desanimada, porque yo no quiero eso. Yo quiero que me apoyen donde yo esté, no con condiciones.

A continuación, me gustaría compartirte algunas recomendaciones que me han servido a mí, a mis clientes y a otras personas inmigrantes para tener reencuentros más armoniosos:

1. Vivir en el extranjero es una oportunidad de conocernos mejor, sanar nuestra relación con nosotros mismos, observar nuestros patrones relacionales con un poco de distancia y tener mayor objetividad y conciencia de nuestras relaciones. Lograr profundizar en nuestro autoconocimiento es clave para que podamos mejorar nuestras relaciones en la distancia y en la cercanía. Es importante tomar en cuenta que, al irnos al extranjero, vivimos experiencias que nos transforman, y que estos cambios

en nuestra identidad, nuestra personalidad y en nuestra forma de vivir la vida muchas veces pueden ser difíciles de comprender para quienes se han quedado. En muchas ocasiones, si la otra persona no logra comprender, no es porque no quiera, sino porque no puede y/o no sabe cómo. Si es necesario, lleva un proceso de acompañamiento y así sácale provecho a esta experiencia de vida.

2. Otra recomendación es tener en cuenta la libertad y la individualidad. Cada quien es una persona totalmente diferente, incluso aunque vengamos del mismo núcleo familiar. Si recuerdas la naturaleza de la diversidad dentro de cada relación, no buscarás que la o el otro sea a tu manera y le dejarás ser.

3. Planear y organizar en conjunto. Esto permite neutralizar e integrar las expectativas de cada parte, las necesidades, los deseos, las posibilidades y de esta manera no crear sobreexpectación. Cuando se vaya a ir o recibir a alguien, es importante preguntar y sugerir «¿Qué te parece si...?», «¿Te gustaría...?», «Me gustaría que...», «Para mí sería muy especial si...». De esta manera, podemos definir qué queremos, pero siendo flexibles y estando abiertos a escuchar e integrar también lo que quieren las otras personas.

4. En caso de que las diferencias y conflictos no se hayan logrado disolver del todo o al menos mejorado sig-

nificativamente en la distancia, es importante buscar espacios neutrales para convivir o formas de convivencia que minimicen los roces y el conflicto. Por ejemplo, una mujer con la que actualmente trabajo estaba por ir de visita a su país y decidió quedarse en un hotel y no en casa de su madre, porque al estar en casa de su madre sentía que podrían discutir más, como anteriormente le pasaba. Ella sentía que, si se quedaba en otro lugar, la convivencia sería mejor; lo hizo y así fue. O, por ejemplo, otra clienta había decidido ver a su hermano en su próxima visita, con el cual no tenía una buena relación uno a uno, y eligió verle en compañía de amigos en común y no a solas para no sentirse incómoda y pensar que forzaba mucho la convivencia. Este tipo de decisiones y estrategias juegan un rol importante a la hora de retomar el contacto con un ser querido con el o la que aún se tienen roces o conflicto.

5. Sin embargo, si sabes que no hay manera de evitar el conflicto y existe la preocupación y el temor de que se repita alguna situación de agresión y violencia como en el pasado, es importante limitar o evitar el contacto y tomar medidas de seguridad necesarias para que las agresiones no se sigan perpetuando cuando se retorna al país de origen de vacaciones o a vivir.

6. Y finalmente, lo más importante es aceptar que, en cualquier relación, las cosas no dependen solamente de

una de las partes. Que, si se han intentado ya esfuerzos por mejorar y sanar una relación sin resultados positivos, lo mejor es aceptar que la situación, la relación y la dinámica de dicha relación no va a cambiar si la otra parte o partes no están dispuestas, pues mucho del sufrimiento viene en repetidas ocasiones ante la resistencia de aceptar que las cosas son así. Nos han vendido mucho la idea de «la familia en las buenas y en las malas». Sin embargo, por más que sea un familiar o alguien a quien amamos, eso no nos obliga a mantenernos en un contexto y en un vínculo dañino para nosotros/as. Muchas personas crecen en familias disfuncionales en las cuales estar cerca de sus familiares les hace más daño que bien. Esto representa una falta de autocuidado más que un acto de amor propio y amor familiar. Ninguna persona, por mucha sangre que comparta, está obligada a aceptar comportamientos, dinámicas y actos abusivos y agresivos. Una cosa es entender que esa persona, ese familiar, también ha sufrido y por eso es como es, y otra, es tener que quedarse a su lado por obligación, solamente por que es «familia».

Con mi familia, la relación ha mejorado bastante. Hablando con mi pareja, fue que me di cuenta de que la relación con mi padre no había sido la mejor y que cada vez que llamaba a Colombia solo hablaba en un inicio con mi mamá y no me interesaba por hablar con mi papá. Desde que me di cuenta, ahora lo llamo y hablo con él, pues mi mamá dice que anda deprimido desde que me vine a Francia. Esto me hace sentir un poco mal a veces y trato de no sentirme culpable por cómo él se siente. De mi madre, ya no estoy bajo su sobreprotección, ya puedo tomar mis propias decisiones, pues esta es mi vida, siento que lidio mejor con la culpa de haberme ido.

EXPERIMENTAR LA MUERTE DE UN SER QUERIDO EN EL EXTRANJERO: PROCESOS DE DUELO EN LA DISTANCIA

Siempre pienso que alguien se me va a morir.

A una amiga se le murió el padre y no llegó a verlo, me da miedo que me pase.

Uno de mis mayores miedos, al igual que el de muchas personas inmigrantes, es perder a un ser querido en la distancia.

Al comienzo de este libro, este temor seguía intacto. Sin embargo, mi abuelo murió en mayo de este año (2020) y por el coronavirus no he podido ir a mi país a despedirme de él, a reconocer con mis propios ojos que ya no está y a estar con mi familia. Ha sido un proceso muy complejo, siento que estoy en un ir y venir, que a veces no soy consciente del todo de su partida, que es algo que sé, pero que al estar en una realidad lejana y no palpable es algo que no logro ver, entender y sentir con claridad, y hay veces que de la nada me llega su ausencia y se me congela el corazón.

Todos los procesos y situaciones se experimentan con mayor vulnerabilidad desde el extranjero. Es una sensación de experimentar los sucesos y a la vez no terminar de sentir que las cosas están pasando. Por ejemplo, una paciente mexicana en Alemania, comentaba que su padre murió una Navidad que ella pasaba con la familia de su pareja. Sintió mucha impotencia de estar tan lejos y vivirlo en una fecha tan importante, se sentía culpable de dejarse sentir esa tristeza en una fecha tan importante para quienes la rodeaban en ese momento. Al vivirlo de lejos y además no dejarse conectar con su pérdida, sintió que seguía arrastrando ese duelo no elaborado por su padre.

Siento que no pude vivir el duelo porque no estuve ahí, no solo física, sino emocionalmente... Me duele que mis hermanos pudieran despedirse y yo no.

Muchas veces, por la persona que se sufre no es por quien muere, sino por quienes no se puede acompañar; aquellos que sí siguen ahí, sufriendo un luto y una pérdida, sin nuestro apoyo, sin nuestra presencia y sin nuestro cariño. La culpa de no estar ahí en los momentos difíciles de quienes más queremos.

Lloré mucho; me mortificaba no hacerles saber cómo me sentía y que estaba con él. No estoy ahí, es muy duro.

Me da miedo que piensen que no los quiero y que no soy parte de la familia.

Me fui a España y no volví a ver a mi abuela. Desde esa experiencia, tengo miedo de dejar de ver a la gente porque siento que jamás los volveré a ver; me da ansiedad no estar para los otros.

Los rituales como los velorios y los entierros son de vital importancia. Nos permiten procesar simbólicamente el fin de una vida y aceptar que esa persona ya no estará más con nosotros, lograr hacer un cierre. Por eso es muy importante que busquemos algún ritual en la distancia y/o alguna manera de sentirnos presentes en los rituales que harán nuestros familiares en nuestro país de origen. Al menos, buscar espacios de desahogo que nos permitan sacar nuestro dolor y nuestras emociones, aceptarlas y darles un lugar a pesar de la distancia.

Caí en una fuerte depresión al primer año del doctorado al enterarme de que mi abuelita del alma había fallecido de una forma abrupta. Me dolió el alma y literal sentí que un cuchillo se enterraba en mi corazón. Lloré mucho por una semana sin parar. Mi duelo me costó mucho al estar lejos de la familia y al no poder viajar a México. Mi abuelita del alma, mi mamá grande, no lo podía creer. Le escribí una pequeña carta que le envié por mail a mi hermano para que la pusiera junto a ella, incluyendo su lectura preferida de toda la vida: Francisca y la muerte. Mi abuelita me contó varias cosas personales que le dolían en el alma sobre su vida. Lloraba conmigo, llorábamos juntas. Al enterarme de la forma de su muerte, sentí mucho dolor, sentí que merecía una muerte más tranquila como, simplemente, quedarse dormida. Por ello, busqué un grupo de apoyo psicológico en la universidad y me dieron 10 sesiones donde yo hablaba, hablaba y hablaba y alguien escuchaba, escuchaba y escuchaba; eso fue todo. Después me integré en un grupo de pláticas semanales coordinado por un psicólogo investigador. El psicólogo no hablaba absolutamente nada, solo escuchaba y miraba, y los 7 miembros del grupo hablábamos, hablábamos y hablábamos. O sea, que no recibimos nada de ayuda psicológica. Era más bien como un ejercicio de investigación para él y de aprendizaje para nosotros. No se nos permitía interactuar fuera del grupo y al terminar el periodo no interactuamos nunca. Extraño, ¿verdad? Bueno, estas sesiones me ayudaron como desahogo, mucho.

Hasta hoy en día le lloro a mi abuelita de vez en cuando y me permito hacerlo porque creo que es normal y natural llorar por alguien a quien se le quiere tanto. La tengo en mi mente, le pido consejos y le digo cosas bonitas, de repente se me salen las frases que me decía y la recuerdo con cariño. Es mi ángel de la guarda.

El tipo de muerte o la circunstancia de muerte influye en la complejidad del duelo. Amy, una paciente de Estados Unidos, sufrió el suicidio de un miembro de su familia y se sentía muy impotente de no estar allá:

Lo más difícil es vivir toda esta situación separados; es sentir que podría estar ahí y ayudar en algo; que tal vez, si no hubiéramos estado viviendo aquí, hubiéramos podido hacer algo, darnos cuenta de que ella no estaba bien. Pienso que tal vez nuestra presencia hubiera hecho la diferencia; tal vez no. Probablemente, de todas maneras, lo hubiera hecho. También, el hecho de sentir que ellos han tenido que experimentar encontrar su cuerpo, cómo lo encontraron... Me genera un dolor enorme que se haya dado todo así.

3.3. RETO ANTE LA RENUNCIA DE LO CONOCIDO Y LA VIDA QUE SE TENÍA

Justo en una sesión con Caro, mi terapeuta, hablábamos de que, en semanas anteriores, mi temor a la muerte o a enfermarme había estado volviendo a hacerme ruido (este miedo viene y va constantemente en mi proceso). Explorando mi temor y jalando los hilos del miedo a la muerte, un eco comenzaba a hacer sentido: «Lo peor que me podría pasar era sentirme muerta en vida, no conectada a las cosas que le dan sentido a mi vida: mi trabajo y mis relaciones».

Fue ahí cuando reflexionamos que lo que despierta ese temor es una realidad tajante para los inmigrantes: «La vida no vivida». Esa vida que está ahí y no se está eligiendo por escoger la vida en el extranjero. Esa vida que también se desea, pero que, aun así, se renuncia conscientemente a ella. Esa vida que muchas veces evoca la pregunta «¿Qué hago aquí?», o la típica voz que dice: «Quiero regresarme... Sí, todo esto está muy bonito, pero allá tengo…».

3.4. DUELO PROFESIONAL: EL RETO DE CONTINUAR LA VIDA PROFESIONAL Y LABORAL

Otra área muy importante para las personas, además de la relacional, es la laboral. El trabajo es un rol básico y central en la vida de los seres humanos, no solo por la cantidad de tiempo que le dedicamos, sino porque también permite la satisfacción de necesidades económicas (estabilidad, seguridad) y psicosociales (autorrealización, pertenencia, estatus social, identidad). Sin embargo, la importancia que el trabajo tiene en la vida varía de una persona a otra. Muchas veces el trabajo va más allá de ser un medio económico que nos permite hacer y tener cosas importantes para nosotros. Para algunas y algunos, nuestra profesión, además, está anclada a una pasión y a creencias, valores, actitudes y elementos que nos conectan con un propósito vital y le dan un significado profundo y personal al mundo profesional y laboral.

... pero el hecho de no estar en donde hoy por hoy quiero estar, me abruma. Sobre todo en la parte profesional, porque esta parte, mi «yo psicóloga», es una de mis partes más sanas, más vivas, que más me llenan, que más enraizadas están con mi sentido de vida y son parte esencial de mi crecimiento y transformación. Y sentir que estoy en pausa lo vivo como un retroceso, como si estuviera desconectada de esa parte mía, de lo que me mueve y me da vida; y esa desconexión aumenta mi ansiedad de estar lejos, porque me pregunto si me esta valiendo la pena el sacrificio. No cuestiono ni dudo de mi relación de pareja, sino el hecho de no vivir como deseo vivir.
(Extracto de mi diario personal)

Las y los inmigrantes muchas veces se mudan justo buscando un crecimiento profesional o mayores oportunidades laborales a las que existen en su país de origen. Esta expectativa muchas veces está cargada de ilusión y de idealización en cuanto a la realidad laboral del país de acogida.

Me gustaría retomar mi parte profesional porque siento que estoy muy infeliz en ese sentido. No sé si voy a retomar mi carrera profesional como tal, siempre había tenido la esperanza de que en este país iba a ser más fácil.

Factores como la homologación de documentos y diplomas educativos y el reto del lenguaje se suman a esta expectativa idealizada.

El trabajo de mi esposo es así, cada dos años nos mueven, cada vez que viajo me estreso, porque es empezar de cero. Además, su empresa no nos dice con mucho tiempo de antelación. Y entonces pienso: uff, otro país; no sé cómo es la ley de trabajo ahí, qué voy a hacer si no puedo trabajar, no sé si con la visa que me otorguen podré trabajar o si requiero alguna homologación para hacerlo sin problema. Y, por eso, siempre que me mudo me estreso.

Soy médico en México. Cumplí con todos los requisitos, invertí mucho tiempo, pero aquí no lo soy, y entonces a veces no sé cómo presentarme con la gente. Siento como si estuviera siendo un fraude, es muy frustrante; en gran parte es como perder mi identidad, eso que ya era y que aquí ya no puedo seguir siendo o aún no soy.

El proceso de espera hasta encontrar un trabajo —y, muchas veces, no solo encontrar cualquier trabajo, sino un trabajo apegado a nuestros estudios, nuestra experiencia y nuestro interés— genera mucha frustración y mucho malestar emocional.

Este malestar se puede ver reflejado en consecuencias a nivel emocional y mental, y estas consecuencias, a su vez, impactan a nivel físico y social. La Asociación Psicológica Americana (APA) refiere que las personas desempleadas corren el doble de riesgo que las personas que sí tienen trabajo de sufrir problemas psicológicos como depresión, ansiedad, síntomas psicosomáticos, bajo bienestar psicológico y problemas de autoestima.

Igualmente, otro reto al que se enfrentan las personas inmigrantes no es al desempleo, sino las diferencias culturales en el ámbito laboral: la forma de trabajar, los horarios, las facilidades, el nivel de exigencia, la paga, etc. Estas diferencias también pueden generar malestar psicológico. Algunas narrativas respecto a las diferencias culturales del mundo laboral:

Ya encontré trabajo en Hong Kong, pero aquí los chinos trabajan muchísimo y es todo así, desde que trabajo tengo cero energía y estoy muy estresada.

Yo no estoy acostumbrado a trabajar así y con tan mala paga; en Alemania las condiciones son otras, yo quiero quedarme en España porque me gusta el estilo de vida, pero al mismo tiempo pierdo energía física para disfrutar la experiencia.

Mis padres siempre estuvieron en el campamento de refugiados, se acostumbraron a recibir todo gratis: comida, techo, ropa, aunque no fuera lo mejor. Y ahora piensan que el mundo tiene que seguirles dando. Por eso no logran obtener un trabajo estable y no llevan bien el nivel de esfuerzo que se requiere aquí, porque es un nivel de exigencia al que no están acostumbrados.

A continuación, detallo los efectos del desempleo en la salud física y psicológica de los inmigrantes.

EFECTOS FÍSICOS DEL DESEMPLEO EN EL EXTRANJERO:

1. Falta o exceso de apetito.
2. Falta o exceso de sueño.
3. Síntomas psicosomáticos como dolores o malestares físicos.
4. Sentirse sin energía y/o débil.

EFECTOS EMOCIONALES Y MENTALES DEL DESEMPLEO EN EL EXTRANJERO:

1. Irritabilidad y frustración.
2. Desánimo, desilusión y pensamientos pesimistas.
3. Estrés o ansiedad.
4. Depresión.
5. Autoestima baja y afectada.
6. Indefensión aprendida.
7. Distorsión en cuanto a las propias capacidades y habilidades profesionales.
8. Aislamiento, sentimientos de soledad y no pertenencia.
9. Incremento en la cronicidad del duelo migratorio.

INDEFENSIÓN APRENDIDA ANTE EL DESEMPLEO

Muchas personas inmigrantes, a diferencia de lo que se piensa, están adecuadamente certificadas y formadas para poder ejercer perfectamente su profesión en el extranjero y poder entrar en el mundo laboral de su país de acogida. Muchos de nosotros enviamos infinidad de currículums, día tras día, muchas veces sin siquiera una respuesta de recibido; otros también tomamos cursos de formación o de especialización para poder ser reconocidos laboralmente en nuestro nuevo país de residencia. Incluso la mayoría de nosotros salimos de entrevistas convencidos de un excelente desempeño, a pesar de los múltiples intentos, pero simplemente no conseguimos un contrato.

Ya no sé qué más hacer; le echo muchas ganas y siento que no hay resultado, y si sigo así, si no hago o aprendo algo me muero.

A mediano o largo plazo, esto puede generar un cambio en nuestra percepción: «Haga lo que haga, no obtengo resultado, va más allá de mí». A este cambio de percepción y actitud se le conoce como indefensión aprendida e inicia cuando comenzamos a sentirnos desorientados, confundidos y sin capacidad para tener éxito y poder hacer planes de futuro.

Me acojona la idea de otra entrevista de trabajo, de estar ahí y de hablar a trozos, de sentirme ansiosa y no poder expresarme, de no poder hablar y seguir así, sin nada.

Por ejemplo, muchas veces la situación del país de acogida no es prometedora laboralmente, como es el caso de España, uno de los países con mayor migración en Europa por el idioma, pero en donde incluso para los locales es muy complejo encontrar un trabajo, y no solo un trabajo, sino un trabajo en condiciones. Igualmente, puede que debido al tipo de visado la persona no pueda trabajar o tarde en lograrlo, y estas esperas y plazos revierten el optimismo inicial y la persona inmigrante cae en una fase de indefensión aprendida.

La falta de oportunidades laborales para empezar en mi sector, a nivel mundial con la crisis, lo primero que se recortó fue la educación y cultura y es mi área de trabajo. Entonces, si ya de por sí lo tenía ahí difícil y luego aquí todo se hace por ejemplo por oposiciones o tienes que tener el certificado de monitor de no sé qué..., hay muchos cursitos para poder acceder a posibilidades laborales, porque, si no, no puedes optar a la plaza, y aquí te piden como aquí dicen «el oro y el moro»; me desconcierta mucho. Esa es la principal problemática a la que me he enfrentado... Que si me puede el no... Yo desde que llegué aquí no he conseguido trabajo de ningún tipo y eso sí me frustra mucho. **(Testimonio del pódcast Muy Intercultural)**

Muchas de las decisiones, sobre todo aquí en Barcelona, han sido por mis hijos, porque, pobrecitos, no los quiero dejar solos... Como lo de poner mi taller. En mis fantasías sigue estando tener mi propio negocio, pero no, aquí no puede ser así. En México era muy fácil porque mi esposo estaba en casa todo el tiempo, aquí no se puede. En México sentía que podía; aquí me da miedo todo, me da miedo no ser aceptada por el público local por no ser catalana y siento que me veo obligada a conformarme y perder la ilusión de tener mi propio negocio como antes.

La teoría de la indefensión aprendida de Seligman dice que, ante muchos fracasos o situaciones aversivas, las personas generan una expectativa de incontrolabilidad. Es decir, el hecho de tener varias situaciones negativas refuerza la idea de que se haga lo que se haga, no hay efecto alguno; entonces la persona entra en modo pesimista y se vuelve pasiva: deja de intentar.

Hay que tomar en cuenta que, aunque las situaciones aversivas constantes que muchas personas vivimos en el extranjero pueden generar una actitud de indefensión, esto muchas veces depende de varios factores como la personalidad, la existencia de retos y obstáculos pasados, la asertividad con la que se les haya afrontado, las historias de éxito del pasado y, sobre todo, de la capacidad de resiliencia que cada persona haya desarrollado hasta ese momento, así como también de factores externos como, por ejemplo, el apoyo o las redes de apoyos percibidas.

Si identificas que has entrado en un estado de pesimismo, indefensión y pasividad, en donde simplemente no ves una salida o un cambio, es importante que busques ayuda profesional.

Además, una situación de desempleo en el extranjero también puede tener consecuencias en un nivel más profundo, en un nivel existencial. Si la profesión o el trabajo para esa persona no solo es una fuente económica para cubrir sus necesidades básicas, sino también representa una fuente de satisfacción, autorrealización y crecimiento personal, se puede experimentar una crisis existencial por falta de conexión con el propósito vital. Es decir, la persona puede experimentar una falta de sentido de vida y, por lo tanto, llegar a cuestionarse por qué y para qué está en esta vida o para qué elige vivirla en el extranjero, si no es capaz o no tiene la oportunidad de hacer lo que realmente quiere hacer en la vida.

ASPECTOS SOCIALES Y RELACIONALES QUE INFLUYEN O SE SUMAN AL DESEMPLEO EN EL EXTRANJERO.

En muchos casos los inmigrantes vivimos el desempleo lejos de nuestra red de apoyo, de la familia y de nuestros amigos. Y esto genera mayor vulnerabilidad, pues a la situación de desempleo se le suma el hecho de vivirlo en soledad, y esto muchas veces genera que se agudice el malestar.

Toda mi vida he tratado de ser una persona fuerte, pero, cuando nos dijeron lo del trabajo, yo me hice cargo de todo. Llegando acá (al país de origen de su pareja) él pudo desahogarse y sacar todo, pero yo no. Me lo guardé todo y sentí que no tenía a nadie para desahogarme, por eso creo que ahora yo estoy tan mal.

Además, si no estamos bien con nosotras/nosotros mismas/os, no podemos estar al cien con otros, ni para otros, así sea nuestra familia, nuestra pareja o nuestros amigos. Si nuestra autoestima está dañada, esto repercute en nuestras relaciones. Por un lado, inconsciente o conscientemente, podemos aislarnos o tomar una actitud pasiva, tanto en las nuevas relaciones que se están construyendo en el extranjero, como con nuestra red de apoyo en el país de origen. Se tiene una sensación de que no se es lo suficientemente interesante o productivo y eso se proyecta en una sensación de incapacidad de dar también en nuestras relaciones con los demás. Esto, por supuesto, puede producir un deterioro en las relaciones afectivas y sociales. Por otro lado, podemos caer en comportamientos dependientes (económica y emocionalmente) y recargarnos en exceso en nuestra pareja si es que estamos en una relación.

Si no estuviera aquí, tendría un trabajo estable, y al estar estable yo podría ser independiente de cualquier persona. Yo quiero ser mi propia persona, no quiero sentir que dependo de mi pareja como ahora.

Le duele a mi ego saber que los permisos de trabajo los obtuve gracias a él, me hacen sentir dependiente y que no puedo hacerlo por mí sola.

Además, en algunos casos, cuando emigramos junto con nuestra pareja (sea de nuestra cultura o de una diferente), puede existir la sensación de que ambos viven procesos diferentes y entonces se vive el desempleo con cierta asimetría, cierto recelo e incluso con una sensación de falta de entendimiento por parte de la pareja.

El venir a España ha sido un gran cambio para nuestra familia. Cada uno ha experimentado esto de diferentes maneras. Él ha podido hacer una separación sana de casa, empezando un nuevo trabajo. Tiene su oficina y una rutina cada día. Yo sigo con un pie dentro de casa al hacer home office, nuestro departamento es pequeño y ni siquiera hay una tienda de café cerca a la cual pueda bajar para tomar un poco de aire; he trabajado más duro para crearme una rutina. Además, sigo haciéndome cargo del manejo de la familia y los cuidados de la casa, y lo que lo ha hecho aún más difícil ha sido navegar en una nueva ciudad en donde me encuentro con la barrera del lenguaje.

El malestar emocional se hace más complejo cuando se percibe que hay una necesidad e incluso una dependencia de alguien más para poder estar bien y llenar los vacíos económicos y/o emocionales. Ante este tipo de situaciones, muchas personas construyen la idea de que cada vez es más difícil sentir que individualmente pueden hacerse cargo de sí mismas y cubrir sus propias necesidades y deseos.

La parte profesional sí me tiene infeliz y esa frustración muchas veces se ve reflejada en la relación, es inevitable.

No sé español, por eso no tengo un trabajo y tampoco un grupo de amigos mío, mis amigos son los de ella. Obviamente, esto hace que yo dependa de ella mucho más, que ella sea mi persona de referencia, que busque ese bienestar en la cercanía con ella y cuando ella no está emocionalmente conectada conmigo, me siento descuidado, abandonado.

De igual manera, económicamente hablando, ante el desempleo, las personas tienden a cuidar más sus ahorros y a utilizar ese dinero para subsistir, reduciendo así el presupuesto para socializar. Al tener menos recursos para llevar una vida social similar a la que solían tener en sus países de origen y poder, por ejemplo, salir a cenar algo, ir al cine, tomar una cervecita o un café, la calidad o el nivel de socialización que se tenía anteriormente en el país de origen se ve reducida ante la falta de ingresos en el extranjero.

Del mismo modo, cuando una persona pierde el trabajo o está sin trabajar un periodo de tiempo, puede perder estructura y organización en la rutina, por ejemplo, dormir hasta tarde o comer a deshoras, y eso, naturalmente, provoca que, en general, tenga tiempos diferentes a los de otras personas que estudian o trabajan, entonces también esta falta de estructura, organización y sincronía, afecta la vida social.

Por otro lado, en las relaciones a distancia, se puede percibir falta de empatía y/o presión social ante el desempleo. Por ejemplo, muchos de mis clientes sienten que sus conversaciones con sus familiares y seres queridos giran alrededor de la búsqueda de trabajo. Esto incrementa la frustración o la presión que ya sienten de manera individual y puede generar que se evite hablar o ver a la gente para no sentir mayor presión y vulnerabilidad ante el desempleo.

Entiendo que la gente se preocupe, pero me gustaría hablar con ellos sin que me pregunten si ya encontré algo; una conversación más normal, ya suficiente tengo con mi propia cabeza que no para de darle vueltas al tema.

Finalmente, otro aspecto importante a tomar en cuenta es el hecho de que vivimos en una cultura de éxito. Cuando estamos desempleados, tenemos la sensación de que no logramos alcanzar u obtener dicho éxito (ya que no es la única manera de vivir una vida exitosa, la vida laboral, productiva y profesional es simplemente un área de la vida de cualquier persona) y nos lo achacamos como un fracaso, nos sentimos culpables, incompletos y hasta podemos llegar a sentir vergüenza al respecto, incluso hay personas desempleadas que pueden sentir que la sociedad los rechaza y se empiezan a sentir y/o volver invisibles ante ella.

Quiero ser alguien en la vida, y ahora, aquí, siento que no me preparé lo suficiente y que no tengo un plan, y me gustaría que mis padres se sintieran orgullosos de lo que hago. Siento que soy un «Don nadie».

SÍNDROME DE INVISIBILIDAD

Los inmigrantes muchas veces adjudicamos a falta de capacidad o de valía personal las situaciones que vivimos, a pesar de que muchas cosas no dependan totalmente de nosotros. Entonces, evaluamos la falta de empleo como un fracaso personal, nos juzgamos y nos minimizamos ante la escasez de oportunidades a pesar de la búsqueda exhaustiva.

Pues mis jefes han encontrado una babysitter que puede hablar mejor alemán que yo; me ha chocado un poco, justo ahora que sentía que estaba tranquila y que por fin había logrado algo de estabilidad, es ahí cuando voy y pienso que algo me falta, que no soy lo suficientemente buena.

Esto muchas veces genera que desarrollemos un autoconcepto negativo y en algunos casos el síndrome de invisibilidad, es decir, la sensación de no sentirnos vistos, reconocidos y valorados. Esto provoca que nuestra imagen e identidad profesional se rompa, pues si sentimos que no nos ven y no nos reconocen, es como si profesionalmente dejáramos de existir. El problema aumenta cuando las personas no solo sienten que no pertenecen laboralmente hablando, sino que están fuera del sistema y de la sociedad de acogida, que en general no forman parte, que no existen.

... tengo que empezar por mi «yo profesional», porque la situación actual me está haciendo sentir desechada, poco suficiente, incompleta, no tan competente como me sentía en México; estoy andando en un camino mucho más empinado y rocoso.

VÍAS PARA COMBATIR EFECTIVA Y ASERTIVAMENTE LOS EFECTOS PSICOLÓGICOS QUE PROVOCA EL DESEMPLEO EN EL EXTRANJERO

Las siguientes acciones de autocuidado son muy importantes mientras se sigue en la búsqueda de empleo en el extranjero:

1. Realiza alguna actividad física. Por ejemplo, ir al gimnasio, practicar cualquier deporte, correr o caminar en algún parque, salir a andar en bicicleta o en patines. Esto permite que las personas se movilicen, no se encierren en sus casas y se aíslen, y que se produzcan menos pensamientos negativos y derrotistas. Por otro lado, la actividad física ayuda a minimizar los niveles de estrés tanto a nivel físico como a nivel psicológico. Se generan endorfinas, lo que ayuda a que la persona se mantenga motivada y con energía para continuar su búsqueda.
2. Mantente activo/a mentalmente, por ejemplo, una de las cosas que yo hice al inicio, cuando se terminó la

beca de investigación y en lo que encontraba trabajo en mi gremio, fue hacer un blog de psicología; de esa manera sentí que seguía haciendo algo referente a mi carrera, que invertía mi tiempo en mi currículum profesional y además me mantenía ocupada mentalmente de una manera útil y en algo que realmente me interesaba. Haz ese blog, ese artículo o ese libro que siempre has querido hacer, métete en algún curso *online* gratuito, lee un libro que te ayude a actualizar tus conocimientos profesionales, haz algún voluntariado referente a tu carrera e incluso, si alguna vez has pensado en emprender un negocio o trabajar de manera autónoma, tal vez este sea tu momento y pueda resultar no solo estimulante, sino una opción viable para entrar al mundo laboral en el extranjero.

3. Organiza y mantén una rutina diaria. Tener estructura genera certeza y seguridad, planifica tus días y dentro de ese organigrama o calendario establece un espacio definido para buscar trabajo y enviar CV, pero sin que esto sea lo único que ocupe tus días y te sobresature. La planificación debe incluir tiempo con la familia y amigos, y si aún no conoces a alguien, justo alguna actividad que te permita construir relaciones sociales. Igualmente es importante tener espacio para una actividad recreativa o *hobbies* y también espacios para pausar y reconectar con-

tigo. La planificación de la rutina ayuda a las personas inmigrantes a romper con el síndrome de invisibilidad, con la sensación de «no estoy haciendo nada» y la ansiedad que provoca la falta inicial de actividades. También, tener una rutina diaria establecida hace más fácil que las personas puedan estar preparadas para reincorporarse fácil y rápidamente al mundo laboral en cuanto una oportunidad se presente y sobre todo a construir una vida con sentido.

4. Cuida tu actitud en el proceso de espera. Hay acciones que nos pueden hacer esperar de manera más sana y asertiva. Por ejemplo, disfruta del aquí y del ahora en el extranjero, no te enfoques en ese futuro incierto y sobre el cual no tienes total control. Pregúntate: «¿Cómo puedes disfrutar hoy?, ¿qué experiencias puedo vivir?». Experimenta con mayor consciencia lo que comes, los nuevos sabores, lo que ves, los nuevos paisajes y la diversa arquitectura, lo que escuchas, lo que hueles y lo que tocas. No dejes que tu mente divague una y otra vez en el desempleo; la espera es más agradable y menos dolorosa cuando nos damos espacio para apreciar y disfrutar las cosas buenas.

5. Continúa viviendo. Muchas personas parece que entran en un estado de pausa cuando están en la espera de algo, en este caso de retomar su vida laboral en el

extranjero. Se olvidan de que la vida y el tiempo siguen corriendo y junto con ellos las oportunidades para hacer y disfrutar otras cosas y experiencias mientras tanto. En mi caso, cuando me vine a España y terminé unos proyectos dentro de una ONG para mujeres inmigrantes, me empecé a sentir frustrada por no encontrar otro trabajo y por un momento dedicaba todo mi tiempo —desde que me levantaba, hasta que me iba a dormir— a buscar y a mandar currículums como loca y sin mucho éxito; estaba amargada. Mi frustración y autorreproche aumentaban, las recriminaciones a mi pareja también, y con ello, mi rigidez y resistencia al país. Sin embargo, un día se alumbró mi foquito de sabiduría interna y decidí que no podía seguir así, que necesitaba volver a sentirme útil y realizada. Fue así como nació Mentes en Equilibrio, mi bebé, mi salvavidas, lo que en un inicio me mantuvo a flote y lo que hoy se ha convertido en mi timón. No pares tu vida por no tener trabajo, sigue viviendo y permitiendo otras experiencias. Tal vez igual que a mí, la espera activa te sorprenda y termines encontrando e incluso creando algo aún mejor de lo que esperabas.

6. Acepta la vulnerabilidad. Le huimos mucho a la vulnerabilidad, pero solo aceptando nuestra irremediable e innata impotencia e imperfección humana nos permite

llevar mejor la incertidumbre. Suelta la insaciable búsqueda de control. Enlista todas aquellas cosas que dependen de otras personas en el proceso de encontrar trabajo, del encargado de reclutamiento, del jefe de área, del jefe de la empresa…; es decir, separa todo aquello que no depende de ti, sino de la situación o de otras personas: eso te puede ayudar a aceptar la vulnerabilidad y la falta de control total.

Por fin, entendí que si no encuentro trabajo no es porque yo no sea bueno o no esté lo suficientemente preparado, eso lo sé, sino porque en España la crisis económica afecta sobre todo a los extranjeros y porque por ley tienen que contratar primero a los nacionales. No soy yo.

7. No tomes decisiones precipitadas o actúes impulsivamente ante la desesperación. «Cada vez que algo no sale como quiero, que me trago otro portazo en la jeta, me dan ganas de agarrar mi maleta y salir corriendo, dejarlo el país, la relación, todo. Siempre que peleamos se lo digo, que me largo, que ya no puedo más». Ante la frustración que genera el duelo profesional y los retos que conlleva, podemos experimentar ataques de impaciencia e impulsividad. Sin embargo, en mi experiencia, siempre que busco apresurar un proceso o actúo desde el hartazgo, las consecuencias son peores. Bien dice un dicho que: «No hay que tomar decisiones ni enojados, ni estando tristes, ni muy felices».

8. Recuerda los logros pasados: el recuerdo de tus éxitos y de tu historia heroica ante otras circunstancias difíciles es una evidencia de que sí puedes, y puede ser de ayuda para mantener la motivación en la espera. A veces estamos tan enfocados en consolidar nuestro proyecto migratorio, que nos olvidamos de todos nuestros logros y de lo que hasta ahora somos, hemos alcanzado y tenemos, minimizándonos a esa situación actual de lo que aún no ocurre. Pensar en todo lo que ya has logrado te ayudará a ser más objetivo/a y hará que te des cuenta de que en la vida ya has recorrido caminos impredecibles y que lo que ahora das por hecho, o es parte de tu vida, en su momento también te costó una espera que requirió paciencia y perseverancia.

RECOMENDACIONES PARA BUSCAR TRABAJO EN EL EXTRANJERO, EN OTRA CULTURA Y EN OTRO IDIOMA

1. Busca el apoyo de asociaciones gubernamentales y ONG de inmigrantes cuyas causas sociales sean ayudar a las personas desempleadas, minorías y/o en situación de vulnerabilidad y exclusión. Muchas de estas instituciones tienen servicios como, por ejemplo, apoyo para redactar tu curriculum vitae bajo los parámetros locales; muchas

otras tienen convenios con empresas para llenar vacantes incluyentes; otras tienen cursos gratuitos o a bajo coste del idioma del país o cursos técnicos y titulaciones que permiten a las personas integrarse al mundo laboral más fácilmente.

2. Recuerda que, como inmigrantes, tenemos la ventaja de poder traer a un contexto cultural y social diferente algo nuevo e innovador. Pregúntate: «¿Qué sabes hacer o qué tienes tú como inmigrante que los locales no sepan hacer o no tengan?». Recordar que eres de fuera desde una postura positiva, creativa y asertiva puede ser de mucha ayuda para emprender. Por ejemplo, en España, una de las cosas que he visto que ha sacado a muchos extranjeros adelante profesionalmente, incluyéndome, es el conocimiento y el nivel de un segundo idioma como el inglés. Muchas veces tocamos y tocamos puertas en vez de ver lo que tenemos dentro de nuestro propio hogar, lo que podemos ofrecer, crear, hacer y vender. Empodérate de tu situación como inmigrante, tú conoces dos realidades, tu contexto de origen y el contexto de la sociedad de acogida, utiliza a tu favor esta visión más amplia del contraste que tú como expatriado puedes ver.

3. Otra posibilidad es trabajar en remoto y/o buscar darle continuidad a tu trabajo en tu país de origen. Para muchos inmigrantes, esta ha sido una opción viable para

mantenerse activos laboralmente, aunque en muchas ocasiones puede tener retos como el hecho de adecuarse o trabajar en otra zona horaria y con diferencias de horarios, o trabajar desde casa ante la falta de un espacio físico de trabajo, etc.

Yo renuncié a mi trabajo, en el que estaba en México, después del congreso más grande que tuvimos, que es en agosto. Entonces, al mes o a las dos semanas, fue mi jefe el que se acercó y me dijo: «Oye, te propongo que no te vayas, trabajemos a distancia: hacemos una división del puesto que tú tenías y qué te parece que tú lleves toda la parte comercial en toda la empresa y buscas todos los patrocinios para todos los proyectos que llevamos en todas las áreas». Así fue como se dio, me pusieron todas las herramientas necesarias, traigo la compu y compré un coso para estar conectada todo el tiempo.

Y, ¿qué pasa cuando los inmigrantes sí logran retomar su vida laboral y aun así no logran sentirse integrados, adaptados, ni elaborar su duelo migratorio? A continuación, hablaremos de otro gran reto, el del desapego.

El problema fue cuando encontré el trabajo, un buen trabajo en todos los sentidos, y me di cuenta de que no era eso lo que realmente necesitaba, que aún no sentía esa felicidad y esa paz que esperaba, que había más cosas que me hacían falta.

3.5. DUELO POR LA CULTURA, EL GRUPO ÉTNICO Y LA TIERRA: EL RETO DEL DESAPEGO A LAS RAÍCES

Al irnos a vivir a otro país, nos enfrentamos a la pérdida de todo aquello con lo que nos identificamos y a partir de lo que nos definimos, la cultura, nuestra tierra y nuestro grupo étnico: nuestra percepción del mundo, nuestros valores, nuestros hábitos alimenticios, nuestra forma de interactuar, incluso nuestro entorno geográfico, el paisaje, la temperatura y el clima. Estas son nuestras raíces, la base sobre la que hemos crecido y sobre la que encontramos sostén.

Por ejemplo, algo que he visto en común en mis clientes es que han tenido que recurrir a suplementación o a terapia de luz solar debido al cambio de clima y al cambio de luminosidad cuando hay una falta de luz solar en sus nuevos países de residencia, sobre todo quienes se van a vivir a países nórdicos. Un cambio drástico de clima y, sobre todo, la falta de luz solar afecta al sistema endocrino, el responsable de la producción de hormonas, al igual que a la glándula tiroides, la responsable de producir la tiroxina, encargadas de regular el metabolismo y el nivel de energía de las personas. Más allá del desánimo y de extrañar el clima, el cuerpo también resiente los cambios, ya que se había acostumbrado por años a un clima y un nivel de luminosidad.

En una sesión con Meyer, él mencionaba que se sentía muy frustrado por las diferencias que tenía con su pareja, desde los hábitos alimentarios, hasta el clima, y ante los cuales no podían hacer mucho al respecto:

Estando con ella, me doy cuenta de que en eso somos muy diferentes: para mí es imposible comer tan tarde y dormir tan poco, yo entiendo que así es aquí, pero no me habitúo. Hemos crecido en lugares tan diferentes, (él en Alemania y ella en España) que nuestros cuerpos están acostumbrados a entornos muy distintos. Nuestras necesidades básicas físicas como lo son el comer, el dormir, el clima, no las podemos acoplar porque desde que nacimos cada quien se adaptó a algo muy diferente.

3.6. DUELO POR EL ESTATUS SOCIAL: EL RETO DE MANTENER UN ESTILO DE VIDA

Alfred Adler, psicólogo austrohúngaro, define al estilo de vida como «un sistema de reglas de conducta desarrollado por los individuos para lograr sus metas en la vida». El estilo de vida se refiere a la forma en la que una persona o un grupo de personas mantienen consciente o inconsciente un sistema de comportamientos y hábitos, como su trabajo, ocio, sexo, alimentación, ropa, etcétera. Todos ellos delineados por una cosmovisión y una ideología emergente de la combinación de factores demográficos (el ámbito y naturaleza del lugar donde una persona reside) y culturales y de aspectos personales como valores, preferencias y puntos de vista.

Me desespero porque aquí he perdido muchas comodidades. Uno cree que viene a un país más desarrollado y que tendrá una mejor calidad de vida, pero en mi país, puedo pagar a alguien que me ayude a limpiar mi casa, tenía coche propio, una casa mucho más amplia y moderna, me podía permitir ir al cine más veces; en general, mi estilo de vida era otro, mucho mejor que el que me puedo permitir en este país.

3.7. EL RETO DE LA IDENTIDAD Y EL VALOR PROPIO

La identidad es una construcción personal que nos permite darnos un significado. Y, a través de esa definición, nos relacionamos con nosotros/as y con los demás. La identidad nos permite tener congruencia y un poder ser en el día a día.

Nuestra identidad se construye en parte por nuestras vivencias y nuestros roles familiares y sociales, a través de ser hija/o, ser hermano/a, nieta/o, amiga/o. Igualmente, a través de los grupos con los que nos identificamos, la clase socioeconómica a la que pertenecemos, etc. Cuando nos vamos a vivir a otro país, estos roles muchas veces siguen teniendo continuidad, pero se transforman, es decir, no seguimos siendo hijos/as como lo éramos en nuestros países de origen, sino que transformamos la forma en la que llevamos a cabo ese rol y cada uno de nuestros roles, y eso influye en nuestra visión y nuestra percepción de nosotras y nosotros mismos. Ahora, ¿quién soy como hija en la distancia? ¿A qué grupos sigo perteneciendo o dejo de pertenecer en un nuevo país?, etc.

La antropóloga y etnóloga mexicana Marcela Lagarde dice que:

La identidad tiene varias dimensiones: la identidad asignada, la identidad aprendida y la identidad internalizada, que constituye la autoidentidad. La identidad siempre está en un proceso constructivo, no es estática y muchas veces tampoco es coherente o no corresponde mecánicamente con los estereotipos. Cada persona reacciona de manera creativa al resolver su vida, y al resolverse elabora los contenidos asignados a partir de su experiencia, sus deseos y sus anhelos sobre sí misma. Los cambios de identidad son una constante a lo largo de la vida, sus transformaciones cualitativas ocurren en procesos de crisis.

Cuando emigramos, todos los inmigrantes pasamos por ese proceso creativo: deconstruimos nuestra identidad al resolver nuestra vida y elaborar la crisis del duelo migratorio y la aculturación. Pasamos de ser «el o la de ahí» a pasar a ser «el o la de allá y la de acá». Para dicha reestructuración, primero es importante preguntamos: ¿quién fui?, ¿quién soy?, y ¿quién quiero ser? Esa nueva identidad incluye quién hemos sido, e integra quién necesitamos ser ahora en la experiencia migratoria.

En algún momento después de la prepa me naturalicé mexicana; mis papás lo hicieron muchos años antes. Cuando lo hicieron mis papás yo no lo quise hacer, sentía que perdía una parte mía, no lo sé. En ese momento de mi vida sentía un apego muy fuerte a Rusia, algo que ya no siento ahora.

En una formación que hice con la Asociación de Psicoterapia Transcultural Sistémica sobre la Intervención Psicoterapéutica en los Problemas Psicológicos Derivados de la Migración, el psicoterapeuta peruano Carlos Alvarado hacía hincapié en que «la consistencia de una identidad personal es una condición necesaria para tener un adecuado bienestar psicológico. El proceso migratorio nos confronta con algunos cambios que pueden producir cierto malestar temporal, hasta que haya una integración y una adaptación». Es decir, muchas veces, en la adecuación a los cambios producto de la migración, podemos llegar a sentirnos perdidos/as o poco valiosas/os. Cuando percibimos que una conducta o comportamiento, un rol o una actividad que nos hacía especiales o valorados anteriormente, ya no es parte de nuestra nueva cotidianeidad o aún no la hemos logrado arraigar en nuestra nueva rutina y vida, esto por supuesto genera malestar emocional, hasta que se logra construir una identidad bi o multicultural.

Si para sobrevivir se ha de ser nadie, se ha de ser permanentemente invisible, no habrá identidad, ni autoestima, ni integración social y así tampoco puede haber salud mental. (J. Achotegui)

Respecto al daño que se puede generar en nuestra autoestima y en nuestra autoimagen, muchas veces, si ya existía un problema en cuanto al valor propio, la distancia y la experiencia migratoria hacen más palpable aquellos aspectos que no hemos desarrollado o trabajado, aquello que no hemos sanado o incluso un daño que era poco consciente y/o estaba bloqueado.

Mi autoimagen nunca ha sido estable. En muchas situaciones de mi vida no sabía muy bien quién era, y ahora estoy peor: ¿ahora quién se supone que debo de ser? Creo que nunca lo he tenido claro.

Por ejemplo, Rossana comentaba que, cuando no la escuchaban o no se sentía escuchada, interpretaba que era porque ella no era lo suficientemente interesante o valiosa. Sin embargo, explorando a fondo, identificamos que en Sevilla y en España es muy común que las personas hablen al mismo tiempo, es decir, que haya conversaciones simultáneas. Mi clienta adjudicaba su dificultad para integrarse y sentirse escuchada a sí misma como un reflejo de su falta de autoestima, cuando realmente era un aspecto cultural respecto a la forma de convivir, socializar y comunicarse, de su nuevo país de residencia. En España, mi experiencia personal me ha permitido observar algo similar: puedes estar en una reunión en donde la gente habla de varias cosas al mismo tiempo y dentro de esa diversidad de conversaciones, la gente se mueve de una a otra y, si a eso le añadimos que para los latinoamericanos, bajo nuestros parámetros de comunicación, percibimos que los españoles tienden a hablar muy fuerte y golpeado, puede ser inicialmente retador adecuar nuestro «yo social». Hay que tener cuidado en no tomarlo personal.

Una identidad integrada y un sentido de valor propio pueden ser un facilitador en la adaptación o, muchas otras veces, aspectos que dificultan la integración social de las y los inmigrantes. Más adelante, en el capítulo sobre aculturación e identidad bi y multicultural, profundizaremos en este tema.

REFLEXIÓN SOBRE LOS RETOS Y PÉRDIDAS DE LOS INMIGRANTES

Pregúntate: ¿Qué estás dejando o has dejado atrás al irte a vivir a otro país?

¿Qué habilidades o estrategias de afrontamiento puedes usar para enfrentar la pérdida?

¿Qué retos percibes sobre el país de acogida o qué retos has enfrentado?

IV: VULNERABILIDAD EMOCIONAL Y RESILIENCIA

VULNERABILIDAD EMOCIONAL PREVIA AL PROCESO MIGRATORIO

Muchas veces, el haber emigrado no es la única causa del malestar emocional que viven los inmigrantes. Algunas personas ya lidiaban con una dificultad emocional antes de su proceso migratorio. Incluso, en repetidas ocasiones, es ese mismo malestar o dificultad la que impulsa y orilla a la persona a buscar un cambio en su vida, un nuevo comienzo, a moverse de ese lugar en búsqueda de respuestas para tomar distancia de aquello que le produce dolor o malestar y para encontrar una mejoría o solución.

Al principio, yo no dejaba que mi padre de acogida me tocara o se me acercara, yo me ponía a gritar como loca si él me quería cargar o ayudar en algo. Sin embargo, él fue muy paciente, me permitió ganar seguridad a *mi ritmo, siempre me preguntaba si quería que me abrazara, y si no quería me decía «Ok, si quieres mejor después», o «Cuando tú quieras un abrazo me dices», y ahora tenemos una gran relación. Al inicio fue muy difícil, pero para mí llegar a España fue un alivio, pues fue cuando paró el abuso que había vivido por varios años.*

A veces uno se va para encontrarse a sí mismo de nuevo o incluso por primera vez; otras veces, para encontrar un propósito en la vida y lo que realmente se quiere; para salir de la frustración de una rutina, también para salir y hacer el cierre de un vínculo y una dinámica familiar que limita o esclaviza; o para superar una ruptura. Igualmente, irse a vivir al extranjero puede ser la excusa perfecta para querer ver de frente la ansiedad o el antídoto perfecto a una depresión o a una tristeza. Hay mucha gente que considera que irse a vivir a otro lugar es escapar o huir de algo; yo considero que no se puede escapar de la verdad ni de la realidad que existe dentro de nosotros.

Sea cual sea tu porqué, el migrar puede ayudarte a desarrollar un mayor sentido de autoconciencia, ya que estarás fuera de tu zona de confort y de tus «salvavidas» y te enfrentarás a ti mismo/a y a tus miedos y/o a tu pasado.

Sentirse mal era cotidiano, y cuando ya no estás en la ciudad y estás en el paraíso, incluso en otro país y tú sigues estresada y no queriendo vivir, ya no estás en el tráfico o en el caos y sigues mal... O sea, ¿qué pedo? Ahí te das cuenta de que estás mal tú, que el problema no era el lugar de donde venías.

Por otro lado, las personas pueden sentir que, aunque anteriormente también vivían esa vulnerabilidad, se sentían respaldados y acompañados en el proceso. Y es en otro país cuando las personas se ven orilladas a retomar la responsabilidad sobre sí mismas, sobre sus emociones, sus elecciones y comportamientos, etc.

En México también me pasaba esto, pero ahí estaban mi hermana y mi mamá, que siempre me decían «shake it off» y se me pasaba.

El tener mucho tiempo libre me hizo ser consciente y enfrentar el abuso sexual que viví desde pequeña. Esta situación (vivir en el extranjero) me hizo ya no poder evadir más lo que en mi país evadía con el día a día, la gente y la rutina.

4.2 DUELO POR LOS RIESGOS LIGADOS A LA MIGRACIÓN: LOS RETOS DEL PROCESO MIGRATORIO COMO CAUSANTE DE VULNERABILIDAD

Muchas personas inmigrantes pueden experimentar vulnerabilidad psicológica producto de su experiencia migratoria y por primera vez experimentar ansiedad, depresión, problemas de autoestima, dificultad para desenvolverse en determinadas áreas de su vida etc. Como refiere Achotegui, «emigrar constituye un factor de riesgo desde la perspectiva de la salud mental por el incremento de estrés que supone. Sin embargo, dado que existen muchos tipos de personas que emigran y lo hacen en diferentes condiciones sociales y culturales, no es fácil establecer una correlación simple entre la migración y el trastorno mental».

Una de las primeras personas con las que trabajé a distancia, era una mujer que había desarrollado por primera vez en su vida «agorafobia». Nathalia refería que en su país, El Salvador, a pesar de tener altos niveles de inseguridad, jamás había sentido miedo a salir o a estar en un lugar con mucha gente, como en el país de acogida, China:

Me da pánico salir, siento que no puedo respirar.

Lo único que quiero es ser libre, y yo aquí me siento desprotegida; tengo esperanzas de volver a ser y sentirme segura como antes.

Para muchas personas, es justo el contraste entre anteriormente sentirse bien y en el extranjero comenzar a experimentar malestar y vulnerabilidad emocional lo que les genera confusión porque, mentalmente, tienen otra visión de sí mismas y el proceso migratorio las hace percibirse de manera diferente: «¿Por qué a mí?», «Yo no soy así», «No entiendo por qué está siendo tan difícil, me desconozco», «En mi vida me había sentido tan incapaz». Algunas narrativas sobre este extrañamiento ante la vulnerabilidad:

Siempre me consideré segura de mí misma; nunca había conocido ese lado dependiente y vulnerable de mí, hasta ahora, que vivo en otro país.

Actualmente, diría que mi sensación es la de estar en el limbo, sentir que estoy y no estoy al mismo tiempo. Me siento un poco perdida, sin saber para dónde ir, ni cómo. Aunque cada vez tengo más una vida acá, no he logrado sentirme lo suficientemente satisfecha para sentirme tranquila de dejar y soltar mi vida allá. Me pesa porque yo ya había logrado estabilidad, ya había logrado sentirme bien con mi vida, conmigo misma y los demás.

Tengo mucha ansiedad en la noche, no puedo dormir solo de saberme y pensarme sola. Nunca había pasado por algo así, ni en Brasil, incluso aunque hubo un periodo de mi vida allá en el que tuve depresión.

No es fácil, y seguro a ti, Clau..., también te ha pasado muchísimo, hay muchas personas que te dicen «Ayyyy, no, es que tú tienes mucha suerte porque vives en otro país, vives en España» y «Ayyy, qué padre, te la has de pasar superbién todo el tiempo ahí viajando». No sé qué tal. Pero a ese tipo de personas se les olvida que los que hicimos este tipo de cosas pues estamos dejando mucho atrás, no solo familia o amigos, sino algunas comodidades u otro tipo de cosas y que no es tan fácil. No, no es así como «Ah, si me voy para allá y Facebook va a estar lleno de fotos bonitas y todo bien, ¿no?»; detrás de cada una de esas cosas hay, claro, miles de dificultades de adaptarse con la sociedad y las personas que te rodean, hasta encontrar un trabajo y, qué sé yo, la comida y, bueno, 20 mil cosas que van surgiendo y que tú no sabías que esas cosas iban a significar un problema o te iban a hacer sentir tan vulnerable. (Testimonio del pódcast Muy Intercultural)

Hace un año y medio que no salgo del país por lo de la green card, me siento como en una cárcel. Todavía no siento el control de mi vida, porque todavía mi vida depende de una tarjetita. Me siento triste y frustrada.

Me siento superperdida; dejé cosas, me olvidé de mí, me siento atrapada y sin rumbo. Si me regreso, no sé a qué regresarme; no estoy tampoco contenta aquí, no sé a qué apostarle y por qué quedarme.

Estoy roto, no puedo lidiar más con esto. Volver sería empezar de nuevo todo, ir a un internado y estar lejos de mi familia, atrapado en el instituto todo el tiempo; y quedarme es estar así, todo requiere mucha energía, mucho esfuerzo. No conecto con nadie, ni conmigo mismo.

Desde que estoy aquí, los cambios me afectan mucho, me da mucho miedo que las cosas cambien. Yo vine aquí en un programa que se llama

Vacaciones de paz, me enviaron con una familia y desde ahí no he vuelto a ver a mi abuela. Para mí, un cambio representa eso, una pérdida.

Eso sin hablar de la vulnerabilidad por los riesgos físicos de emigrar como, por ejemplo, aquellos migrantes que cruzan el desierto o ríos en condiciones precarias en la frontera con Estados Unidos o los migrantes de África que vienen en pateras a Europa, arriesgando su vida a lo largo de todo el camino. O aquellos que llegan sin fondos económicos y se topan en situaciones de exclusión, sin vivienda o en viviendas que ponen en peligro su integridad física.

4.3 DUELO MIGRATORIO TRANSGENERACIONAL

Cada persona y cada familia reacciona de forma distinta e intenta sobrellevar y elaborar su duelo migratorio de una manera única y particular.

Los duelos no resueltos se transmiten de generación en generación. Greco et al. (2016) refieren que existen dos tipos de transmisiones: la transmisión transgeneracional y la transmisión intergeneracional. La diferencia entre este tipo de transmisiones es que en la transmisión interpersonal, la herencia psicológica familiar es recibida, procesada y transformada por una generación y transmitida de esa forma a la siguiente generación, mientras que la transmisión transgeneracional se da en negativo, es decir, se transmiten elementos no transformados, no elaborados, no procesados y por lo tanto no se construye un aprendizaje, sino se transmite el duelo, a modo de una invasión a nivel psicológico que afecta a la siguiente generación.

Igualmente, Achotegui refiere que, con frecuencia, los hijos de inmigrantes viven un duelo más complejo que el de sus progenitores, ya que son personas que han nacido en un nuevo país y han crecido en otra cultura, pero que, a través de sus vínculos familiares y el contacto con el país de origen, han interiorizado la cultura y muchas veces también el duelo y la dificultad de adaptación de sus padres. Del mismo modo, Faimberg, H. (2006) refiere que la búsqueda de identificarnos con nuestra familia, no permite que nos apropiemos de la experiencia migratoria de forma individual, desde nuestro deseo o desde una postura más sana, sobre todo para las nuevas generaciones; denomina a esto como: «identificaciones alienantes», porque nos alejan de una posibilidad individual de procesar la migración de una manera diferente a nuestros familiares. Por ejemplo, este fenómeno de identificación se puede observar muchas veces en las percepciones, emociones y experiencias asociadas a la vivencia de desarraigo en las y los hijas/os o nietas/os de personas que han emigrado. Al no haberse logrado una aceptación de las pérdidas y con ello una superación del duelo migratorio, sigue transmitiéndose de generación en generación, dejando en los descendientes de los migrantes una sensación de pérdida que no les permite formar parte de la sociedad y la cultura en la que viven y construir una identidad bi o multicultural.

Najya lo describió a la perfección en una de nuestras sesiones:

Mi madre me lo decía tanto de chica que me lo transmitía, de ahí mi dificultad para adaptarme. Siempre me dice que los españoles jamás me dejarían de ver como una mora, haga lo que haga, y por eso yo no logro saltar esa barrera emocional para abrirme.

Otra paciente mexicana, en una de sus reflexiones, me compartía: «cuento la historia de mis abuelos, porque a la vez es la historia de mi padre y la causante de su forma de ser, y a su vez la historia de mi padre y su carácter son parte de mi propia historia y de quien soy». De la misma manera sucede con la migración, las historias de migración que no son elaboradas, de las cuales no se hace un balance de lo bueno y lo malo y una deconstrucción de la narrativa negativa que bloquea y que no permite echar raíz, se convierten en obstáculos en las historias de pertenencia de las siguientes generaciones.

Sin embargo, la historia se seguirá contando y transmitiendo según cada persona decida recibir esa herencia y ese legado migratorio. Tenemos la posibilidad de deconstruir esas historias, de hacerlas nuestras, de preservar lo que sirve y lo que es útil y de eliminar y desechar aquello que no ayuda a crecer o a avanzar y a introducir nuevos giros y novedad en ella.

Si eres hijo de inmigrantes, te invito a reflexionar: ¿qué historia se han contado tus abuelos, tus padres, sobre estos movimientos geográficos, culturales, morales y emocionales?, y ¿qué historia te cuentas tú a partir de esas historias? ¿Deseas seguir contándote esto o es momento de editar algunos capítulos, algunos detalles? ¿Dónde hay confusión y necesitas encontrar claridad o dejar de enfocarte? ¿A qué personajes o situaciones no se les ha dado un protagonismo y pueden cambiar el hilo o la tonalidad de la historia?

Halima, otra paciente de origen saharaui, ha hecho un gran esfuerzo por permitirse hacer una vida en España, ha trabajado mucho por lograr una identidad que integre lo que fue y quien es, ha luchado por creer que se merece elegir una vida distinta a la que eligen sus padres y justo en una sesión comentaba cómo aún sus padres mantienen una lucha con su proceso migratorio: «Mi padre quiere ir a sacar una visa argelina porque quiere envejecer y morir en un país musulmán»

Muchas veces, se dan casos contrarios, como el de Dylan, un adolescente norteamericano cuya familia estaba llevando muy bien su proceso de adaptación en España. Tanto su hermano como sus padres referían tener relaciones y actividades estimulantes y sentirse felices por la elección hecha de vivir en España. Por el contrario, Dylan no se terminaba de hallar, para él fue una experiencia que removió mucho su estabilidad emocional, no generó sentido de pertenencia y sentía que no conectaba con cosas que le dieran continuidad a su identidad. Dylan se quería ir y ellos no. Sin embargo, al ser adolescente, dependiente de sus padres, se veía obligado a mantenerse en un lugar en donde no se encontraba bien.

Un caso similar, Ellen, una de las hijas de una familia norteamericana en España, había dado un giro gigante, de no tener amigos, ser reservada, encontraba por fin su lugar con la migración, tenía amigos, le encantaba el nuevo idioma, su escuela y la ciudad. Sin embargo, para su hermana, la experiencia era totalmente contraria, un retroceso, una pérdida de todo lo que había construido socialmente. En ambas familias norteamericanas los hijos menores habían logrado integrarse mejor a los círculos sociales, incluso referían estar mejor integrados que en sus países de origen. Sin embargo, los hijos mayores, adolescentes, tuvieron diversas dificultades para integrarse socialmente. Una de mis hipótesis es que la integración cultural en una etapa como la adolescencia puede ser difícil, pues se suma el proceso de definir e integrar la propia personalidad, y un cambio de país de residencia puede agregar cierta dificultad en este proceso a la persona; y esto puede hacer que se viva una experiencia muy diferente a la del resto de la familia.

Tanto a nivel familiar como a nivel individual, existen factores que potencian el duelo migratorio: las herencias familiares, la multiplicidad de estresores, la cronicidad, la intensidad de los estresores, la ausencia de control y/o apoyo social, los estresores clásicos de la migración, el comienzo de un fallo en la salud, una mala vivienda, mala alimentación y malas condiciones de estilo de vida.

Sin embargo, algunas personas pueden usar su capacidad para afrontar situaciones de estrés y salir de ellas robustecidas, y otras pueden desarrollar dicha capacidad. Ante el reto del proceso migratorio, se puede buscar el camino del crecimiento propio. Hay personas que generan un enriquecimiento cultural, otras que mejoran su capacidad de adaptación y se vuelven flexibles. A continuación, profundizaremos en este tema, en la resiliencia de los inmigrantes.

4.4 RESILIENCIA

El arte de aprender a vivir en el extranjero requiere resiliencia. La resiliencia es la capacidad de aceptar y abrazar esa nueva realidad y ver en ella el gran poder transformador que trae consigo, ya que es la resiliencia la que hace más sabia, fuerte y compasiva a nuestra alma.

La resiliencia es la habilidad de encontrar lo positivo en cada una de las experiencias que vivimos, afrontar dicha experiencia y aprender y transformarse a través de ella. En el proceso migratorio, es la habilidad de adaptarnos al cambio que conlleva la transición de una cultura a otra y de un país a otro, superar las adversidades, transformarnos y crecer a partir de los retos vividos. Cuando las personas que emigran son capaces de aceptar e integrar en sus vidas su realidad bi o multicultural, significa que han sido capaces de trascender y aceptar la pérdida ambigua que les produjo el duelo.

Al trabajar con inmigrantes, he podido observar gente que ya llega con capacidad de resiliencia tanto a su destino, como al proceso de terapia. Recuerdo como un gran ejemplo a Ana Lorena, una mexicana viviendo en Suiza, que en una sesión me dijo:

Creo que algo importante es recordar y reconocer el privilegio que representa vivir en el extranjero. ¿Cuánta gente no quisiera tener esta calidad de vida? Creo que se trata de valorar y de buscar las alternativas; que, aunque el camino no sea el que planeé cuando llegué, es importante concentrarse en las ventajas y las ganancias, más que en ver lo que no es o lo negativo.

Ana Lorena asegura que su búsqueda en un nivel preventivo de un proceso terapéutico a la semana de haber llegado a Suiza, fue en parte producto de sus ganas de querer actuar a tiempo, ya que anteriormente había vivido en México con su novio suizo y era consciente de las dificultades que él había tenido inicialmente para adaptarse a otro país y cultura:

Mi pareja ya ha vivido en el extranjero, en México, y su proceso migratorio me dio la consciencia de los retos y las expectativas, y siento que su experiencia me sirvió de ejemplo. Por eso me fue más fácil prepararme para mi propio proceso migratorio.

Igualmente, muchas personas logran, a través de sus procesos migratorios y de la decisión de vivir en el extranjero, permitirse salir de la zona de confort y comenzar a vivir la vida que realmente quieren vivir. Es decir, la migración representa la posibilidad de un cambio positivo en sus vidas.

Irme a Nicaragua fue casi una huida. Yo tenía una pareja desde hacía 10 años, crecí con él, y sentía que no era yo, que no estaba en el sitio en el que tenía que estar, que todo lo que hacía y todas mis decisiones las hacía en base a mi pareja. Perdí la noción de quién era yo. Vivir fuera fue algo que yo necesitaba para poder cambiar; fue un acto de fortaleza y resiliencia.

Toma tiempo. La resiliencia no se construye en un día, sigo procesando todo. Pero al menos ya no me destruye como antes. Pero estoy segura de que necesitaba que se destruyera todo porque, si no, hubiera sido un cambio muy feliz, pero muy superficial. Pero definitivamente no hubiera podido hacer todo esto sin el apoyo de Steve. Es el ser más compasivo y amoroso del mundo. Al menos ya me siento suficientemente fuerte para enfrentar ser mamá lejos de mi país, así que supongo que voy por buen camino.

Otras pacientes, una en Chile y otra en Francia, también lograron observar su fortaleza y crecimiento gracias a su experiencia migratoria:

Pero también estando aquí he crecido tanto... Me he demostrado que todo lo que me propongo lo logro; que, a pesar de que el francés no es mi idioma natal, logré sacar una mención cuando me gradué del máster; que, después de habernos graduado de la universidad, fui de las primeras en conseguir un empleo; que logré vivir por casi un año con 60 € mensuales para hacer la compra y que, a pesar de esas dificultades, siempre salgo triunfante.

Logré que me dieran la beca para irme a Chile. Este ha sido uno de mis momentos vitales más importantes, quizá el más importante, porque pude ser yo otra vez.

¿Cómo desarrollar y cultivar resiliencia viviendo en el extranjero?

1. Recuerda tu «para qué»: tener presente nuestro propósito de migrar, sea cual haya sido, es una de las vías para mantenernos comprometidos/as y en armonía con la experiencia de vivir en otro país. No pierdas de vista lo que te ha hecho elegir migrar: de esa manera los pequeños obstáculos no van a nublar tu decisión.

1. Enfócate en lo que sí es y sí hay: cuando solo nos enfocamos en las pérdidas, es difícil avanzar. Sin embargo, si también logramos ver las ganancias (calidad de vida, una nueva experiencia, nuevas relaciones, etc.) se equilibra la balanza.

2. Ve la oportunidad en lo que sucede. Walt Disney tiene una frase que me encanta: «Decidí ver cada desierto como la oportunidad de encontrar un oasis; decidí ver cada noche como un misterio sin resolver; decidí ver cada día como una nueva oportunidad de ser feliz». Cuando aceptamos lo que es y dejamos de resistirnos o querer cambiarlo, logramos utilizar cada experiencia a nuestro favor.

3. Autocompasión. La autocompasión es lograr acompañarnos en cualquier proceso, en este caso, en el de atravesar nuestro duelo migratorio y nuestras vivencias en el extranjero sin reprocharnos, sin juzgarnos, sin presionarnos, simplemente aceptando lo que es y lo que sentimos. La autocompasión es abrazarte y acompañarte amorosamente en tus procesos de aceptación, cambio y sanación. Algunas técnicas para desarrollar la autocompasión son, por ejemplo, realizar visualizaciones en donde imagines que quienes te rodean te respetan y te comprenden o en las que te visualices a ti, siendo amable y cuidadoso/a contigo mismo/a. También la práctica del *mindfulness*, de la escri-

tura compasiva (escribirte cartas de perdón, de agradecimiento, de apapacho) y de afirmaciones positivas es muy útil. El primer paso es muy sencillo, es simplemente querer ser más amorosa/o y cuidadosa/o contigo, teniendo en cuenta que vivir en el extranjero ya es lo suficientemente complejo como para tratarte rígida y exigentemente.

Recuerda, como dice Bob Marley: «No sabes lo fuerte que eres, hasta que ser fuerte es la única opción que te queda».

Reflexión sobre el duelo migratorio

1. **Para moverse de la frustración, del malestar, del dolor, de la sensación de pérdida, melancolía y/o insatisfacción, es importante reconocer, por un lado, lo que sí hay, lo que sí ganamos, lo que sí alcanzamos; y, por el otro lado, recordar el «¿para qué?» de nuestra elección de estar y seguir viviendo en otro país. Así que, primero, a lo largo de un mes, anota en una libreta, cada noche, una ganancia o una ventaja que hayas obtenido ese día de vivir en el extranjero y haber emigrado.**
2. **Segundo: observa y reconstruye tu autodiálogo cada vez que te observes a ti mismo/a, enfocándote en un aspecto negativo de tu proceso migratorio (papeleos, lejanía con tu familia, dificultad**

para comunicarte, etc.), agradece por cualquier otro aspecto por el que te estás beneficiando. Por ejemplo: ***Sí, estoy lejos de mi familia, pero estoy eligiendo estudiar en el extranjero porque es una experiencia que me hará crecer profesional y personalmente.***

3. **Afirmaciones Positivas que te pueden ser útiles para sanar tu duelo migratorio y sus retos:**

   - Acepto con naturalidad que las pérdidas son parte de la vida.

   -Acepto y tolero la Frustración que conlleva mi proceso migratorio y confío en que soy capaz de transformar el dolor y la pérdida en sabiduría y aprendizaje.

   -Elijo reconectar con las nuevas oportunidades y experiencias.

Te invito a que, a lo largo de los capítulos, vayas generando tus propias afirmaciones positivas sobre los temas y las experiencias que más se te dificultan o te pesan.

V. VISION EXISTENCIAL Y CRISIS EXISTENCIALES EN LA INMIGRACIÓN

La experiencia de vivir en el extranjero nos puede despertar de un estado de desconexión o de letargo en el que anteriormente vivíamos. Tal vez, para muchos de nosotros, vivir lejos de nuestra tierra representa un abrir de ojos, un despertar que nos permite saber qué queremos hacer y qué vida queremos vivir. Es decir, sin las opiniones e influencia de otros y al estar lejos de lo conocido, es más fácil cuestionarnos y reflexionar sobre nuestra existencia y encaminarnos hacia nuestro propósito, llevando a cabo las cosas que verdaderamente queremos hacer. Como no tenemos ese confort inmediato de la compañía de la gente, podemos comenzar a crear un confort, construyendo la vida que queremos de verdad tener.

Desde que descubrí el modelo de la psicoterapia existencial, a modo de sanación y entendimiento de una crisis de ansiedad que estaba teniendo ante la consciencia de mi propia muerte y de lo frágil que es la vida, no me he desapegado de esta visión, ni personalmente —como una vía importante en mi proceso de terapia, de autocomprensión y autorrealización—, ni de manera profesional —como una fuente de mayor entendimiento de las personas con las que trabajo—. La psicoterapia existencial es un enfoque terapéutico más filosófico que médico, debido a que se enfoca en los principales problemas que viven las personas por el simple hecho de existir: la libertad, la responsabilidad que viene de la mano de esa libertad, el aislamiento y la soledad existencial, la muerte y la falta de significado o sentido de vida.

Dentro de la postura existencialista, he encontrado y conectado mucho con la visión de Irvin Yalom, un psiquiatra americano creador de la Psicoterapia Existencial. En la experiencia profesional de Yalom él ha concluido que cualquier tipo de duelo es devastador y aterrador porque confronta a la persona con los cuatro conflictos básicos de la existencia: la muerte, la libertad, la soledad y la falta de significado o sentido vital.

En el caso del duelo migratorio, experimentamos «la muerte» ante la pérdida de la vida que teníamos en nuestro país. Sí, seguimos vivos, pero eligiendo otra vida y renunciando de cierta manera a una vida que está ahí, pero que ya no podemos vivir más debido a la distancia y a la ausencia que implica nuestra elección. Este hecho nos recuerda el peso de la responsabilidad ante las consecuencias de nuestras elecciones, el precio de la libertad de nuestra elección, del haber elegido vivir en otro lugar. Además, el duelo es fundamentalmente una crisis que, aunque necesita de un apoyo de los demás, se vive en solitario, y en la experiencia migratoria dicho sentimiento de soledad es muy evidente y profundo. Por último, la pérdida de todo lo que dejamos al emigrar nos hace cuestionarnos sobre el valor, el sentido y el propósito de nuestro estar lejos y nos invita a preguntarnos de forma constante: ¿qué tanto vale la pena vivir en otro país?, o ¿qué tanto mi sentido y propósito vital puede ser vivido y alcanzado al estar en el extranjero?

El duelo migratorio y las crisis existenciales que le acompañan nos confrontan y nos hacen cuestionar nuestra elección en la forma de existir y vivir en otro país y/o en otra cultura. Esta confrontación puede generar mucha frustración, confusión y malestar, pero como toda crisis, si se maneja bien, puede generar mucho crecimiento, transformación y aprendizaje.

Y, aunque todos los seres humanos podemos experimentar crisis existenciales a lo largo de nuestra vida, considero que las personas inmigrantes, ante el hecho de salir de su zona de confort y de alejarse de todo lo que conocen, vivencialmente nos encontramos en un estado de mayor posibilidad de conectar con esa consciencia y, a la par, de mayor vulnerabilidad y sensibilidad ante la vida. Al estar lejos de nuestras familias, somos más capaces de palpar la responsabilidad sobre nosotros mismos, puesto que ya no hay nadie más que nos salve, nos proteja, nos cuide y haga las cosas por nosotros. Al mismo tiempo, también somos más capaces de vibrar el aislamiento, que va más allá de la soledad, ya que no es solo el hecho de no estar acompañada/o y no tener amigos como en nuestro lugar de origen, sino más bien significa caer en la cuenta de que estamos solos/as en la vida y ante la existencia, que caminamos nuestra vida solamente con nosotros/as mismos y que cada quien recorre su propio camino. Del mismo modo, los inmigrantes podemos experimentar a profundidad un cuestionamiento de nuestro sentido vital, lo que por mucho tiempo pensamos que era y lo que ahora —en la distancia, en la adversidad y lo desconocido— comenzamos a redescubrir, redefinir y reconstruir. Y finalmente, pero no menos importante, también nos enfrentamos con mucha mayor consciencia a la muerte, a la fragilidad propia y de quienes amamos. El hecho de no compartir tiempo brinda consciencia del tiempo no compartido y del tiempo «no vivido».

Sin embargo, el hecho de que las personas que vivimos en el extranjero tengan mayor posibilidad de experimentar crisis existenciales no es del todo negativo; al contrario, en su lado más positivo y útil, eso nos da la oportunidad de elegir vivir de una manera más plena. Nos ayuda a usar nuestra libertad para hacer lo que realmente queremos hacer, a que aprovechemos nuestra soledad para estar de una manera más positiva y presente con nosotras/os mismas/os y a conectar realmente con otras personas cuando estemos con ellas. Al igual que a potenciar nuestro sentido de vida para vivir plenamente y disfrutando el ahora sin perdernos en banalidades, y respecto al hecho de la muerte, a aceptarla como una realidad que nos motiva y empuja a disfrutar de la vida de una manera profunda y consciente en el aquí y en el ahora.

Aunque inicialmente pueden generar miedo, indefensión y frustración, las crisis existenciales que se viven en el extranjero pueden sumar en nuestra existencia, ayudándonos a descubrir una nueva perspectiva de la vida. Pueden ayudarnos a encontrar sabiduría y aprendizaje en el dolor y a construir mayor resiliencia, logrando aceptar lo que es y trascender desde el esfuerzo consciente, haciendo —pero disfrutando— lo que se hace y no enfocados solamente en llegar a una meta.

Crisis existencial sobre la responsabilidad de uno mismo/Libertad de la propia existencia.

El hombre está condenado a ser libre; porque una vez arrojado al mundo, él es responsable por todo lo que hace. Depende de ti darle un significado a la vida.

Jean Paul Sartre.

Como lo refería anteriormente, al estar lejos no nos queda otra opción más que hacernos cargo de nosotros mismos. La consciencia de que tenemos la libertad de hacer y elegir lo que deseamos y la total responsabilidad sobre nuestra existencia nos puede generar posiblemente una sensación de desprotección, la sensación de un mayor peso al cargar totalmente con nosotros, tal vez por primera vez. Ya no hay nadie más alrededor a quien se pueda culpar de lo que sale bien o de lo que sale mal, de los resultados de nuestras acciones y decisiones.

Nota: Esto puede no ser así en el caso de las personas que emigran por una relación y la pareja. Hablaremos de este punto en el capítulo del Peso del Sacrificio: La importancia de recordar la elección de vivir en el extranjero.

Aunque puede abrumar mucho el saber que cada cosa que se hace genera una consecuencia e irremediablemente nos haremos cargo de esa consecuencia, puede también ser una experiencia muy positiva. Justo uno de mis pacientes comentaba en una sesión: «Antes vivía como los demás querían, ahora ya no. Sí, tengo más responsabilidades, pero vivo a mi manera, y esa libertad no la sacrifico por nada», reflejando cómo el haber reconocido su libertad de elección gracias a su proceso migratorio le permitió tener una postura positiva ante elegir una vida más apegada a sus valores, expectativas e intereses. Muchas personas, incluso, se ven impulsadas por esta búsqueda de libertad a irse a vivir a otro país, considerando que es la única manera en la que verdaderamente podrán desprenderse de las imposiciones, juicios u opiniones de sus familias o sus seres queridos y es así que la experiencia de vivir en el extranjero termina siendo una vía para alcanzar esa libertad y, con ello, elecciones acordes al propósito vital personal.

Por otro lado, otra tema común respecto a la libertad en el extranjero, es que quienes están en pareja han llegado a experimentar la sensación de depender de sus parejas económica y emocionalmente, y esto los/as ha llevado a experimentar una crisis existencial ante la sensación de falta de libertad y responsabilidad sobre sus propias vidas:

No me gusta sentir que mis cosas dependen de alguien más.

Siento que dependo totalmente de él, suena como una tontería, pero ni siquiera tengo para comprarme mis cremas o mi maquillaje y cuando él se ofrece a comprármelo, lo recibo con mucha culpa.

Siento que, como no tengo a nadie más y no tengo un trabajo estable, mi pareja es lo único sólido que tengo.

Extraño la manera en la que vivía en México y la libertad que sentía de hacer cosas. Es cierto que ahora tengo esa libertad con respecto a la seguridad y tengo mucho tiempo libre, pero no tengo amigos para aprovecharla. A pesar de la libertad en tiempo y en tema de seguridad, no me siento aquí con la confianza de movimiento que te da el haber estado casi siete años a tu aire en una ciudad. Yo ya sabía cómo me gustaba vivir en México, y esa es la sensación que extraño aquí, el saber moverme, ser independiente. Saber lugares a donde ir a pasear, a comer, a qué médico ir si me siento mal, dónde comprar ciertas cosas, etc. Estoy feliz con mi relación aquí, pero ha sido difícil porque siento que dependo de mi pareja, que me recargo mucho en él, que le recargo cierta responsabilidad de mi bienestar, ante esa falta de libertad y esa soledad que siento viviendo aquí.

Igualmente, las personas que viven en el extranjero pueden vivir una falta de libertad y responsabilidad debido a sentir una obligación sobre la vida de otros. Por ejemplo, una paciente tenía muchas dificultades porque su familia le hablaba constantemente para contarle problemas familiares; ella se sentía muy comprometida a estar presente para ellos y tenía miedo a no ayudarles y perder dicha relación: «No les puedo decir que no me platiquen nada; me veo obligada a escuchar y me siento mala persona cuando intento dejar de meterme, me siento encadenada a lo que les sucede allá». En su proceso, elaboró la responsabilidad en sí misma y en otros, y comprendió que al final del día poner esa energía en otros y en lo que sucedía en otro lugar le impedía poner energía en ella y en su nueva vida en el extranjero: «Ahora entiendo que no es algo que yo pueda controlar y/o resolver, que no son cosas que estén en mis manos y que siempre me sentí con esa obligación de atenderles, pero ahora necesito estar más para mí y para mi familia aquí».

A veces, la distancia nos ayuda a tener una mayor perspectiva de lo que nos toca hacer y lo que no, de lo que es nuestro y de lo que es de otros. Pero, sobre todo, nos recuerda que tenemos la libertad de reelegir nuestras responsabilidades, de reordenar nuestra vida, vivir la vida que queremos vivir y mantener las relaciones que deseamos mantener. Todo desde la libertad y la responsabilidad en el dar y recibir.

Y no hay que olvidar que para aquellos que, si elegimos el vivir en otro país, la elección misma es justo un compromiso con nosotros mismos y con nuestra libertad de vivir la vida que queremos vivir.

Crisis existencial sobre la falta de sentido y significado de vida

El hombre es lo que decide ser.

(Jean Paul Sartre)

El sentido de vida va más allá de esta lista de cosas que creemos que «tenemos» que lograr hacer o alcanzar (terminar una carrera, casarse, hacer un máster o doctorado, escribir un libro, tener hijos, viajar por el mundo, tener una casa, conseguir el trabajo de tus sueños, tener estabilidad y seguridad económica, etc.) para sentir que hemos vivido plenamente y cumplido con nuestro propósito. El logoterapeuta y filósofo existencialista Viktor Frankl, refiere que «el sentido de vida se logra al hallar un propósito y al asumir la responsabilidad para con nosotros mismos y los seres humanos». Además, también dice que se logra construir un sentido de vida, cuando se tiene claro un «qué» y un «para qué» porque, cuando se tienen claros, los «cómo» son lo de menos. El sentido de vida para mí, es esa brújula interna que te hace saber que estás en el lugar apropiado o yendo hacia el lugar correcto, actuando congruentemente y encaminado/a hacia la dirección correcta.

El sentido de vida es esa sensación de que cada experiencia que eliges vivir te suma y que, a pesar de que el mundo exterior algunas veces no sea exactamente como quieres, dentro de ti tienes la certeza de que vives las cosas que necesitas y deseas vivir. El sentido de vida tiene que ver con la autorrealización personal, tiene que ver con hacer cada día cosas que nos llenen y no llenar el tiempo de cosas. Sin sentido vital es más probable que nuestra psique se vuelva más frágil y, por consiguiente, tengamos más probabilidades de tener ciertas dificultades a nivel mental y/o emocional.

El proceso migratorio es un fenómeno que conlleva cambios tan drásticos en cada una de las áreas de nuestra vida que por supuesto nos hace replantearnos las preguntas: ¿para qué estoy aquí? ¿Cuál es el sentido de mi existencia? ¿Cuál es mi misión en la vida y cómo quiero desarrollarla y experimentarla viviendo lejos de mi país? ¿El país al que emigré me permite desarrollar mi propósito vital? Migrar significa ver tu vida desde otro lugar, desde otra postura, desde otra perspectiva y desde otra realidad. Por supuesto que implica, por lo mismo, cuestionar nuestra existencia y posiblemente sufrir una crisis existencial con respecto a la falta, el cambio o la pérdida del significado que tenía nuestra vida en nuestro país de origen.

En mi caso, vivir en Argentina y en España me ha hecho replantearme la forma en que veo la vida. Estoy más segura de lo que sí deseo, me he hecho más consistente y congruente con para qué vivo y cómo vivo, y también sé mejor qué es lo que no quiero, qué no es importante y qué no requiere mi atención.

Como ya he mencionado, una de las vías por las cuales reflexiono sobre quién soy y construyo mi sentido de vida, es mi proceso de terapia psicológica. Desde México he tomado terapia y al estar lejos ha sido de vital importancia. Revisando un poco mis anotaciones y reflexiones a lo largo de este tiempo en el que he vivido en España, encontré algo que quiero compartirte:

Me siento con dos vidas, a ninguna de las cuales pertenezco totalmente, pero no quiero renunciar a ninguna de ellas. Siento que tengo una vida en México, pero que la vida que extraño ya no es la que hoy tendría—, y por el otro lado, siento que tengo aquí la vida de pareja que siempre he deseado, pero lo demás, de momento, no lo tengo. Tal vez, tengo que darme más tiempo para encontrar el verdadero sentido, sin anhelar el pasado ni tener expectativas del presente.

Es muy difícil, porque no soy ni de aquí, ni de allá, porque toda mi infancia, mis primeros recuerdos no los viví aquí y ahora tampoco soy completamente de allá. Me pierdo de mucho por la vida que ahora construyo aquí.

A veces siento que, como no tengo un camino claro, es como si estuviera dividida, como sentirme perdida en si mi destino es estar aquí o allá, en si mi destino verdaderamente necesita tener un lugar o no.

Como lo describo en estos extractos de mi diario personal, en un inicio, me sentí muy perdida, no solo era el hecho de empezar de cero, de construir vínculos, de encontrar mis nuevos lugares favoritos, de ejercer mi profesión; la sensación de sentirme perdida iba más allá, simplemente era cuestionar todo lo que a lo largo de mi vida había ido construyendo y cómo darle sentido y continuidad en un nuevo lugar. Porque, aunque el sentido de vida se puede ir transformando con el tiempo y según nuestras vivencias, el proceso migratorio cuestiona aún más hacia dónde vas y para qué vas para allá o eliges no estar en determinado lugar.

Y, aunque la finalidad y la meta sean las mismas, aún hay nuevas preguntas... ¿Aquí, para qué y no en mi país? Aunque las preguntas y las respuestas han ido cambiando, el propio proceso me ha llevado a un camino diferente. En lo laboral, por ejemplo, ejercer mi profesión ya no solo es darle continuidad a mi identidad y a mi antiguo sentido de vida profesional: poder ayudar a otros a desprenderse de su dolor, del pasado y de todo aquello que los limita de vivir una vida más plena; sino que ahora se ha transformado y tiene conexión con mi experiencia personal migratoria para, desde el entendimiento del poder de transformación personal de la migración, poder ayudar a las personas inmigrantes y a sus seres queridos a reconectar con su significado de vida y vivirla con un mayor sentido, independientemente del lugar del mapa en el que se encuentren.

En mi trabajo con las personas que han decidido llevar su proceso conmigo, he podido observar que las crisis de sentido de vida pueden ir desde lo más simple —como el hecho de volver a tener una rutina y actividades propias como se solían tener en el país de origen— hasta al hecho de sentir que necesitan una transformación en lo que hacen y en las actividades en las que invierten tiempo. Por ejemplo, Amanda, una clienta mexicana que emigró a Estados Unidos, decía que se sentía frustrada porque había pasado de tener un puesto en el gobierno, un trabajo en el cual no solo tenía una estabilidad económica, sino el cual disfrutaba y en el cual se sentía realizada, a dedicarse al trabajo del hogar: «Quiero sentir que hago algo productivo; me siento mal porque no salgo de mi casa, aquí para todo se necesita un coche. Necesito hacer algo más que encargarme de las cosas de la casa». El tiempo y su proceso de terapia le ayudaron poco a poco a sentir que su vida iba tomando sentido gracias a que comenzaba a tener cosas que hacer y medios para hacerlas: «Me siento menos triste, ya tengo trabajo, un carro con el cual moverme; siento que ya tengo otra vez una vida que me satisface».

Sin embargo, para otros clientes esta dificultad no solo se basa en lograr una rutina y tener actividades que hacer, sino en realmente sentir que lo que se hace tiene un significado y que logran conectarse con estas nuevas posibilidades y experiencias. Es decir, experimentan una frustración existencial que se da cuando el potencial humano que todos tenemos no puede ser realizado y eso duele profundamente. Por eso, nuestra tarea es buscar sentido y autovalía para el mundo y transformar la inutilidad en algo trascendente. A continuación algunas narrativas al respecto:

Me preocupa que mi hijo no solo no está logrando construir quién es él ahora, sino que tampoco se está permitiendo construir una nueva vida y nuevas metas en un lugar nuevo.

Estoy en China. Cuántos quisieran estar aquí y yo no estoy haciendo nada de nada, siento que no estoy logrando usar esta experiencia a mi favor. ¿Cómo le hago para ser consciente de las oportunidades que tengo al estar aquí?.

Antes tenía mucha certeza de a dónde iba; ahora me siento preocupada por estar haciendo lo correcto con mi vida y a correcto me refiero algo que de verdad sea valioso y tenga un impacto.

Siento que por mucho tiempo el sentido de mi existencia estaba basado en el rol y el papel que yo desarrollaba en mi familia en Ecuador, porque mi familia me ve como una persona que ha vivido fuera, que no fui la típica que se casó a los 20 años, que ha experimentado mucho y valoran mucho mi criterio; entonces yo soy la que los une, la que da consejos, la que guía y, claro, estando fuera eso a la distancia cambia.

Dejé de basar mi sentido en encontrar un trabajo y ejercer mi profesión. Me di cuenta de que, a través de mi presencia y mi cultura, también podía encontrar un sentido. Simplemente con entrar a una nueva familia y enseñarles a abrazarse y a tener contacto físico, ya mi vida estaba teniendo un impacto y un sentido en otro país.

Si las personas que viven en el extranjero elaboran y procesan esta crisis, vivir en el extranjero puede convertirse en una experiencia vital que sume a su sentido de vida. Y, ¿cómo resolvemos esta crisis? Cuando nos adueñamos de nuestra responsabilidad al ser conscientes de que tenemos la capacidad de responder y resolver lo que la vida nos pone enfrente; en este caso, a todas las circunstancias migratorias a las que nos enfrentamos.

Cuando estamos lejos de nuestra zona de confort, nuestro país, la casa en la que por mucho tiempo vivimos, las voces que más resuenan son las que nos cuentan lo que es verdaderamente importante para cada uno de nosotros, lo que le da verdaderamente, sentido a nuestra existencia. Escúchalas y conecta con tu sentido de vida o reconstrúyelo.

Afirmaciones positivas que te pueden ayudar a conectar con tu sentido de vida en el extranjero: «Elijo construir un sentido de vida que conecte con mi esencia», «Esté en donde esté, vivo con sentido y con conciencia», «Mi propósito vital me satisface plenamente», «Soy amorosa/o y compasiva/o en mi búsqueda de propósito vital».

Crisis existencial ante la soledad y el aislamiento

¿Por qué, en general, se rehúye a la soledad? Porque son muy pocos los que encuentran compañía consigo mismos.

(Carlos Dossi)

El aislamiento o la soledad existencial van más allá del hecho de sentirse solo/a físicamente hablando. Todas y todos los inmigrantes vivimos un inevitable período de soledad pues, aunque lleguemos junto con nuestra familia o tengamos una pareja en nuestro nuevo lugar de residencia, nos vemos obligado/as a construir desde cero otros vínculos y relaciones sociales. Este proceso puede ser duro, porque inicialmente podemos sentirnos completamente solitarios/as y psicológicamente aislados/as de la gente al no coincidir ni cultural, ni lingüística, ni socialmente. Al inicio puede ser difícil lograr conectar con personas que tienen una cosmovisión diferente a la nuestra.

Ahora que estoy viviendo en Polonia me ha sido muy difícil entablar relaciones, me siento aislada. Sí tengo amigas y hablo con ellas, pero no es lo mismo, no es estrecho, no es cercano. Y, por supuesto, esto me hace sentir que no estoy integrada totalmente en la sociedad.

La migración es un reto en la vida de cualquier persona, pues la orilla a que se conecte o reconecte con los lugares, las cosas, las personas y sobre todo consigo misma. Estemos solos/as o en compañía, la experiencia de vivir en el extranjero nos puede incluso despertar de un estado de desconexión o de letargo en el que anteriormente vivíamos. Tal vez, para muchos/as de nosotros/as, el vivir lejos de nuestra tierra representa un abrir de ojos, un despertar para poder conectar interna y externamente.

Mi experiencia sobre el tema del aislamiento y la soledad existencial ha ido evolucionando: primero, he tenido este sentimiento de no encontrar a nadie con quien conectar profundamente como con mis seres queridos y amigos de México. Después, fui consciente de que esa comparación —«como con mis amigos de México»— no me era útil, porque no iba a conectar de la misma forma en una cultura diferente, en un momento vital diferente y en un periodo de tiempo relativamente corto. Después, cuando dejé de buscar esa similitud, comencé a conectar y fue ahí cuando viví una segunda crisis: el conectar aquí, de cierta manera me desconectaba de mi gente en México, sentía que, al tener relaciones significativas y al invertir tiempo en ellas, dejaba de tener tiempo para mis relaciones de allá. Finalmente, en este momento me encuentro cuestionando con quiénes sí quiero estar conectada aquí y allá y no siento más esa necesidad de estar presente para los otros, sino más bien, presente para mí misma, en dónde estoy y con quién estoy en determinado momento. Así lo detallé en una reflexión que hice sobre la evolución de la sensación de soledad en mi proceso migratorio:

> Bien que mal, esta distancia y este aislamiento me recuerdan que estoy sola, que esa es y siempre ha sido mi condición en este mundo y parte inevitable de mi naturaleza humana. Y que, sin mi familia y mis amigos, sin esa vida que llamaba «mía» puedo seguir viviendo otra vida, la nueva vida, también mía, porque sigo sola, pero ahora presente y conectada conmigo.

Algunas personas que han trabajado el tema de la soledad conmigo en sus procesos de terapia refieren que experimentan un sentimiento de soledad al no seguir formando parte de la vida que dejaron y al ver cómo continúa sin ellos, una soledad producto de no pertenecer físicamente a la vida que han dejado en sus países de origen:

Todos viven algo y yo no estoy ahí; siento que ya no soy parte de la vida de nadie.

Aquí estoy sola y allá está mi mamá; yo me sentía más fuerte estando ahí, nos teníamos la una a la otra, era una de nuestras certezas.

Cuando llegué a España, odiaba estar encerrada todo el día sin salir, estaba acostumbrada a saltar libre por la arena y de repente me vi encerrada en un sitio del que no me dejaban salir y con gente que no conocía. Lloraba todos los días pidiendo que me devolvieran a mi casa con mi madre. Podemos decir que la sensación de soledad empezó desde ahí. No me dejaron volver a los campamentos nunca más. Y, con esa soledad, empezó una nueva vida en otro país.

Otras personas experimentan la soledad al sentir que no han formado una vida en el nuevo país de residencia, en muchos casos, también como efecto de una comparación con sus parejas y el nivel de conexiones, relaciones y/o actividades que ellas sí tienen:

Quiero despertarme en un lugar en el que sea necesaria y respetada. Siento que él ha seguido haciendo lo suyo, él tiene a toda su gente; yo, en cambio, no me siento acompañada aquí en Suecia.

Disfruto estar aquí (Francia)..., pero también sufro porque, al estar sola, me doy cuenta de que busco una pareja desesperadamente, como si ese fuera mi único salvavidas.

Yo no tengo amigos aquí; tengo algunos amigos en otras partes de España, en mi país, pero los que tengo aquí no son tan cercanos. En cambio, ella tiene a su familia y amigos. Muchas veces ella sale o tiene planes y siento que no me incluye o que no se da cuenta de que yo no tengo las mismas oportunidades que ella de hacer cosas con otra gente.

Por otro lado, la experiencia de vivir en otro lugar también nos ayuda a darnos cuenta de cuántas relaciones hemos mantenido anteriormente por miedo a la soledad, por llenar vacíos, por dependencia. Incluso, en un inicio, podemos vernos nuevamente atrapados en este tipo de dinámica en el nuevo país de residencia, cuando estamos en este proceso de crear una red y vínculos sociales y cualquier relación es mejor que nada.

Con base en lo anterior, en algunas ocasiones el problema no es saber estar con uno mismo o poder conocer gente, sino realmente pasar de la socialización superficial a una socialización profunda y en un nivel íntimo en donde logremos responder a la necesidad de encontrar conexión con otros. Debemos recordar que encontrar y construir este tipo de relaciones no es inmediato, ni sencillo. Primero necesitamos conocer gente; después, comenzar a abrirnos con aquellas personas que sentimos responden positivamente a nuestro interés por conocernos, convivir y conectar y luego queda el soltar y dejar que con naturalidad la relación evolucione como tenga que evolucionar. Como les digo a muchos de mis pacientes, en tu país de origen te movías en diferentes contextos: la escuela, el trabajo, actividades o cursos de algo, y poco a poco ibas creando una relación con quienes sentías cierta afinidad. En la expatriación sucede lo mismo, requiere cierto tiempo, requiere un proceso y una espera; muchas veces vale la pena tolerar la frustración inicial, que forzar relaciones en las que no nos sentimos del todo bien o rendirnos tempranamente y aislarnos.

Cuando logramos comenzar a vivir por y para nosotros/as mismos/as esta experiencia de residir en el extranjero es cuando verdaderamente nos salvamos del sentimiento de aislamiento y soledad existencial. Nuestras actividades y las situaciones en las que elegimos formar parte ya no las hacemos porque tenemos que hacerlas o por estar rodeados y conocer gente, sino porque deseamos hacerlas; las personas que nos rodean se convierten en espectadores, acompañantes y testigos de ello, pero ya no necesitamos más que sean protagonistas de esa experiencia.

Cuando comprendemos que nadie es necesario, ni quienes se quedaron en nuestro país, ni quienes conocemos en el nuevo país; cuando entendemos que la fusión solo nos da seguridad momentánea y que ninguna relación por más significativa que sea puede eliminar el aislamiento, es cuando pasamos de estar solos/as a estar con nosotros/as mismos/as. Seguimos siendo conscientes de los demás, capaces de relacionarnos, pero en libertad, sin necesidad ni dependencia, simplemente desarrollamos la habilidad de hacernos cargo de nuestra existencia, de nuestras carencias, nuestros miedos y nuestras necesidades y así, cuando nos relacionamos con otras personas es por gusto y desinterés, no por necesidad.

Ya no pienso en qué actividades no estoy participando o de qué situaciones me estoy perdiendo, ya esos pensamientos los dejé atrás. Estoy pensando en los lazos nuevos. Estoy tratando de enfocarme más en esa parte positiva, de ver la oportunidad de conocer más gente. En vez de restar, tratar de sumar. Pero, sobre todo, en este proceso he aprendido a estar para mí misma.

Recuerdo que previo a venirme a vivir a España decidí hacer un viaje por Asia y, a pesar de que era solo un viaje de dos meses, este viaje me tenía muy ansiosa. Estaba ceñido a varios cambios en mi vida como a una relación de 7 años cuyo ciclo había finalizado, el comienzo de otro reto profesional a miles de kilómetros de distancia de mi mundo, mi primer viaje sola y estar solo en mi compañía en países con culturas totalmente distintas; fue un momento en el que mis sentimientos estaban a flor de piel. Decidí leer *Come, reza y ama* de Elizabeth Gilbert, porque había visto la película y me habían encantado varios lugares y *spots* en donde se desarrollaba la historia, y recuerdo un párrafo que resonó demasiado en mi interior: «Subo las escaleras hasta mi apartamento del cuarto piso, sola. Abro la puerta de mi estudio diminuto, sola. Una vez dentro, cierro la puerta. Otra noche solitaria en Roma. Me espera otra larga noche durmiendo, sin nada, sin nadie con quien compartir la cama salvo un montón de glosarios y diccionarios de italiano. Estoy sola; estoy completamente sola. Estoy más sola que la una». Recuerdo que me sentí chiquita, reconocí mi diminuto lugar en el universo y sentí el todo y la nada al mismo tiempo en el pecho. Hace mucho tiempo que no estaba sola conmigo y por primera vez viajaba sola a lugares de los cuales no conocía ni el idioma. Por un momento, lo que me mataba de emoción y llenaba mi espíritu aventurero me atemorizó porque, aunque sabía que una parte de mí lo necesitaba y deseaba, la otra parte desconocía lo que encontraría en la soledad.

Crisis existencial ante el miedo a la muerte

Si bien la muerte, su fisicalidad, nos destruye, la idea de la muerte puede salvarnos.

(Irvin Yalom)

Yalom ha sido para mí un gran maestro de vida y también un gran maestro de muerte. Él refiere que, cuanto menor es la sensación de una vida plena, mayor es la ansiedad de morir. Los inmigrantes muchas veces, sobre todo al inicio, nos enfrentamos a situaciones que atentan o dificultan nuestra sensación de plenitud y por lo mismo podemos llegar a tener constantemente ansiedad ante la muerte y miedo a morir.

Además, el duelo no solo nos hace enfrentarnos al sufrimiento y al dolor ante lo que hemos perdido, sino que también cada duelo nos enfrenta a la posibilidad de perdernos a nosotros mismos o a quienes queremos, es decir, indirectamente e inconscientemente el duelo migratorio nos enfrenta a la realidad del fin de nuestra existencia, nos recuerda que hasta nosotros tenemos un fin. Algunas narrativas y experiencias de otras personas inmigrantes respecto al miedo a morir:

Desde que estoy aquí, pienso mucho en la muerte. Cuando mi esposo se va a trabajar, pienso que algo le va a pasar y se va a morir, y me preocupa qué pasaría conmigo, qué va a ser de mí estando en otro país.

Antes me encantaba viajar, hacía todo lo posible por hacerlo, pero desde que me vine a vivir a Alemania, tengo terror a volar. Hubo un año que tuve que hacer 7 viajes a mi país por procedimientos de mi permiso migratorio y fue muy desgastante. Además, cada vez que iba a México me deshacía de mis cosas; todo eso hizo que tenga miedo a morirme y no pueda disfrutar la vida.

La muerte de mi amiga me duele porque la perdí a ella, pero también porque me recuerda que no estoy allá y la vida que pierdo todos los días.

La expatriación muchas veces conlleva el desapego con nuestros vínculos vitales más básicos, como nuestra madre y/o nuestro padre y con ello, simbólicamente, la pérdida de aquello que nos ha dado la vida. En mi trabajo con inmigrantes, he podido constatar que uno de los mayores y más compartidos miedos es a la muerte, ya sea la propia o de a quienes más se quiere. Además, a este temor se suma la sensación de estar lejos y no poder hacer nada.

Mi mamá y mi hermana son mi todo en México. Si les mando un mensaje y no me contestan pronto, ya me estoy imaginando lo peor. Me muero si algo les pasa, me muero si una de ellas se muere.

Mi mamá está enferma del corazón y hubo una vez que tuvo un ataque y yo estuve ahí y pude llevarla a urgencias, si yo no hubiera estado ahí, ella estaría muerta. Y ahora pienso a veces que no estoy ahí, estoy lejos; si algo pasa, se va a morir porque yo no estoy ahí.

Como comentaba en el punto anterior, mi primera crisis existencial —al menos aquella de la que soy consciente— sucedió antes de venirme a vivir a España. No sé si el hecho de saber que mi vida cambiaría y no saber qué me deparaba exactamente esta experiencia en el extranjero me despertó o qué fue, pero recuerdo que, por dos meses aproximadamente, viví pensando constantemente en que moriría pronto. Si me encontraba a alguien en la calle, pensaba que era porque tenía que despedirme de esa persona; si me subía a un coche, no paraba de tener en mi mente que chocaría; si comía, una voz dentro de mí me susurraba que me atragantaría. Me daba miedo dormirme, porque no sabía si iba a despertar. Fue una época horrible, en donde el miedo estaba a flor de piel en cada situación. Fue así como llegué a conocer el trabajo de Irvin Yalom y en mi proceso de terapia comencé a trabajar el miedo a la muerte y poco a poco a transformarlo en una fuerza potente para vivir la vida.

Actualmente, no puedo decir que estoy totalmente libre del miedo a morir. Creo que, una vez que llegó a mí, llegó para quedarse, pero intento enfocarlo a modo de consciencia y de recordatorio de cómo quiero vivir el tiempo que tenga de vida. Uno de los miedos que persisten pese a haber perdido a mi abuelo recientemente es a lidiar con las pérdidas en la distancia. Cada vez que alguien me llama desde México, sobre todo por la noche, mentiría si digo que no pasa por mi mente la posibilidad de que sea una mala noticia. Y aunque sé que es una realidad, algo que puede pasar en cualquier momento —porque la vida se está acabando todo el tiempo y todos vamos para allá—, no deja de ser angustiante pensar que viviré más procesos de duelo en la distancia. Muchos pacientes han referido tener este mismo temor y esta angustia hacia la muerte de algún ser querido:

Yo sé que me voy a morir aquí..., pero es difícil, tú me entiendes. Me gustaría que me dividieran en dos, que me entierren aquí con mi pareja, pero que también me entierren allá con mi familia.

Mientras escribía este capítulo, me vinieron a la mente tres personas; la primera vivió el duelo de una amiga que murió de cáncer:

Su muerte me hace pensar que no quiero morir, que me da miedo no hacer nada de lo que quise hacer, ni vivir lo que tenía que vivir... Me duele simplemente pensar que ya no va a estar ahí para que sigamos compartiendo las tres nuestras vidas.

Lara había llegado a la terapia con una demanda de falta de sentido de vida en España. Debido a que se enamoró de una personal local y tuvo hijos con él, decidió quedarse en el extranjero para que sus hijos no estuvieran lejos de su padre, sacrificando su deseo de continuar su vida en los Estados Unidos de América, su país natal. No solo vivía un duelo migratorio al desear vivir nuevamente en su país de origen, sino también una crisis existencial de sentido de vida al no haber tenido el tiempo de escribir su libro, un sueño de toda la vida. Su «yo escritora» moría en el intento día con día, mientras su «yo madre» vivía en otro país por el bienestar de sus hijos. Recuerdo que tuvimos una sesión muy emotiva en donde hablamos sobre una amiga suya que sufría cáncer:

> Lo más doloroso es sencillamente no estar ahí para ella, justo cuando más me necesita, pero también no estar allá cuando más quiero estar. Su muerte me recuerda mi renuncia a estar en mi país, con mi gente, en lo que sigo considerando mi vida.

A la par de la ausencia en el proceso de muerte de su amiga, también vivía el temor a la muerte de sus dos hijos, quienes sufrían ataques de pánico y que, al igual que ella, experimentaban temor a morir. Lara no solo se veía impedida de estar en su país para acompañar a su amiga en el lecho de muerte, sino que se veía orillada por sus hijos y limitada ante la gran necesidad que estos exigían de ella, requiriéndola presente y atenta constantemente. Todo esto despertó su conciencia de querer retomar su tiempo, de querer retomar la vida que sentía le estaba siendo arrebatada, de dejar de cuidar la vida de los demás y aceptar que no podía realmente salvarlos ni de su muerte, ni del miedo a su muerte y que solo podía salvarse a ella misma, siendo consciente de que su tiempo es limitado y adueñándose así nuevamente de él. Trabajamos las pérdidas: la pérdida de una parte de sí misma al convertirse en madre, la pérdida de su capacidad de poder estar físicamente para su amiga, la pérdida y la reconexión con su yo escritora. Lara aceptó que el no responsabilizarse totalmente de todo lo que le pasara a sus hijos no la hacía mala madre y que era necesario que también viviera para sí misma y no solo cuidando de otros. Lara sigue trabajando conmigo en reconstruir una vida social y en lograr retomar el proyecto de escribir un libro, y así volver a vivir su vida sin temor y con un sentido de mayor autorrealización.

Leticia, una mujer que comenzó a vivir síntomas de ansiedad después de la muerte de su abuelo —la cual sucedió al poco tiempo de haberse mudado a otro país—, no solo vivía un duelo migratorio porque aún no podía trabajar, vivía el duelo por la pérdida de un ser querido y un duelo ante la pérdida de su identidad. El tema de la pérdida y su temor a la muerte lo experimentaba a flor de piel en diferentes esferas y áreas de su vida.

La muerte de mi abuelo destapó cosas, y por eso tengo miedo porque, si a él le pasó, me recuerda que a mí también puede pasarme.

Pienso que si me regreso a México me sentiría más tranquila, allá están mis doctores y sería más sencillo escuchar un diagnóstico porque me conocen.

Leticia decía que desde la muerte de su abuelo comenzó a tener ataques de pánico y crisis de ansiedad, que se le adormecían ciertas partes del cuerpo y que en general sentía una falta de control sobre su cuerpo y sobre la vida misma. Trabajamos el tema de la muerte, todas las situaciones de muerte que había experimentado en el pasado, además de la pérdida de su abuelo, y los pensamientos que tenía recientemente sobre el hecho de morir. Cuando Leticia logró aceptar la finitud de las cosas, de las experiencias, de etapas en su vida y su propia muerte, comenzó a sentirse no solo mejor y mucho más tranquila, sino con mayor consciencia de la vida y con capacidad para disfrutar el presente.

Pienso qué diferente es cuando sabes que tienes los días contados y siento que he desaprovechado mi tiempo con el miedo y futureando sin evidencia alguna... Tengo ahora más libertad; antes vivía como los demás querían, ahora ya no. Me doy cuenta de que los problemas de los demás no son algo que yo pueda controlar y/o resolver, siempre me sentí con esa obligación de atenderles, ahora me siento más viviendo mi vida y sin miedo de hacerlo.

Por otro lado, Rodolfo, un mexicano que estudiaba en el extranjero un posgrado, refería que, ante la presión de no perder la beca que le había sido otorgada, mezclada con el sentimiento de estar solo tan lejos de su país y sentirse aislado, más alguna situaciones en donde había vivido una pérdida simbólica y real, había comenzado a sentir mucho temor a morirse, manifestado en recurrentes ataques de pánico e hipocondría:

Llevo un mes sin poder parar de pensar en los lunares que tengo. Tuve un tío que falleció de cáncer de piel. Y, aunque ya fui al médico y ha dicho que no es nada, no siento la misma seguridad. En cuanto empiezo a pensar en los lunares, siento mucha ansiedad, el pecho me brinca, me siento intranquilo y después no puedo dormir.

El trabajo terapéutico de cualquier persona en el extranjero es similar al de cualquier persona que lucha con el miedo del fin de su existencia. Cuando la persona finalmente enfrenta su temor a la muerte, se da cuenta de que su malestar no pospone su existencia. La idea de muerte nos transforma porque nos ayuda a reconocer que nuestro tiempo es finito y, con ello, que al otro lado del miedo se encuentra la conciencia de vivir profundamente, la motivación de aprovechar nuestro tiempo y de valorar cada día y cada oportunidad. Y en los inmigrantes, sobre todo, de realmente permitirnos caminar en ese nuevo destino que hemos elegido, desde la integridad y la gratitud, y no desde la culpa de haber elegido un camino lejos de lo que algún día fue nuestra «casa».

Desde la visión existencial de la inmigración, el vivir en el extranjero es una experiencia que nos da la posibilidad de estar parados en otro lugar del mundo para ver con otros ojos nuestra existencia. Al mismo tiempo, esta posibilidad de ver las cosas desde otra perspectiva nos ayuda a analizar y reflexionar sobre nuestras actitudes y creencias acerca del mundo —la vida— que anteriormente no eran cuestionadas y se daban por hecho y/o se aceptaban como una realidad incuestionable. Esta reflexión, a su vez, da lugar a nuevas posibilidades en el diseño de un proyecto de vida que responde a esa apertura y esa ampliación del panorama de la vida y de uno mismo.

Reflexión sobre las crisis existenciales en la migración

1. Muchas veces olvidamos que la elección de emigrar era una forma de darle sentido o buscar un significado en nuestra vida. Te invito a hacer una revisión histórica de tus elecciones. Dependiendo qué tan profundo quieras hacer este ejercicio, puedes decidir irte 1,3, 5, 7 o 10 años atrás. Recuerda cuáles han sido tus elecciones/decisiones importantes desde ese momento, qué parte de ti estabas eligiendo en cada una de ellas, qué estabas deseando encontrar o darte con cada elección tomada y poco a poco acércate al momento presente y pregúntate: ¿qué me ha llevado hasta aquí? ¿Qué representa en mi vida estar aquí? ¿Qué me enseña? Si esta experiencia fuera una brújula, ¿qué camino me indica tomar? ¿Qué parte de mí estoy eligiendo al mantener la decisión de vivir en el extranjero?
2. Piensa en qué cosas te hacen sentir realmente vivo/a y cómo puedes hacerlas de manera más cotidiana y continua.
3. A lo largo de un mes o un periodo de tiempo que establezcas, pregúntate día con día: ¿para

qué estoy aquí? Cada día anota aquello que venga a tu mente. Sin juzgarlo, sin cambiarlo, simplemente escríbelo tal cual. No te esfuerces, que salga natural.

SÍNDROME DEL EXTRANJERO INFINITO: NI DE AQUÍ, NI DE ALLÁ

Uno no es el mismo cuando ha visto la luna desde otra parte del mundo.

(Claudia Salcedo - Muy Intercultural)

Como se mencionó en la descripción del duelo migratorio, las personas que emigramos sentimos constantemente la ambivalencia y la dualidad.

Muchas veces esta dualidad la vivimos no solo externamente, sino internamente. Sentimos que no pertenecemos al lugar al que hemos llegado, nuestros rasgos físicos son diferentes; muchas veces la forma de hablar o hasta el idioma; vemos que tenemos una cultura diferente a en la que fuimos criados; una visión de las relaciones y la vida muy distinta, etc. Pero también, en nuestra búsqueda por adaptarnos, dejamos de pertenecer a nuestro país de origen, ya no somos los mismos, ya no vemos nuestra propia tierra con los mismos ojos. Y es cuando aparece ese sentimiento de no ser «ni de aquí, ni de allá», de ser continuamente el o la diferente, esa sensación de no terminar de pertenecer totalmente ni a un lugar, ni al otro. Algunas narrativas sobre la sensación de no ser ni de aquí, ni de allá:

Me siento un poco atrapada. Si yo regreso a México no tengo nada..., aquí empiezo a tener un poco.

A veces me quiero ir a mi país y a veces también quiero estar aquí.

Soñé que estaba en un bote llegando a un muelle, veo a un hombre que me dice que tengo que cambiarme de lancha. Yo quería quedarme en donde estaba y él me decía que no era saludable: ¿Puedes ver cómo esa lancha está llena de dolor y esta está vacía?

Siento que la lancha simboliza esa vida pasada a la que me aferro y que no me deja avanzar a esta nueva lancha, en donde tengo una nueva oportunidad, en este nuevo país en el que estoy construyendo una nueva vida.

Me siento completamente dividida, no solo en lo que siento y en lo que pienso, sino yo, sobre quién quiero ser y en dónde quiero estar.

No siento que estoy al 100 por ciento, ni en Bélgica, ni en México.

Esta dificultad para sentir que se es de un lugar y para generar un sentido de pertenencia también suelen vivirlo aquellas personas que viven múltiples migraciones, pues son tantos los cambios, que también se vuelven muchas las pérdidas y los duelos que quedan a medio a elaborar. Como el caso de Amalia, una paciente que actualmente radica en Suiza, pero que ha vivido en más de 5 países y que además proviene de una familia multicultural:

Yo creo que yo tengo una acumulación de migraciones sin resolver; lo más que he durado viviendo en un país han sido 5 años. Todo eso se refleja en que ahora esté paralizada y ya no sepa para dónde ir ni qué hacer, porque nunca me he sentido ni de un lugar, y tampoco mía, siempre he decidido conforme a mi familia y amigos.

En el trabajo con esta paciente, uno de los objetivos fue guiarla para que encontrara su voz y un rumbo propio, a reconectar con esa parte de sí misma que se sintió confundida y perdida entre tantas mudanzas y cambios de países, y ayudarla a encontrar primero un sentido de pertenencia interno.

Igualmente, Mariana, una paciente que estaba a punto de mudarse por tercera vez al extranjero, se sentía extremadamente vulnerable porque sus experiencias migratorias pasadas no habían sido positivas. Esos duelos no elaborados le hacían temer que su actual proyecto migratorio junto con su familia la volvieran a hacer perderse por años y hundirse en la ansiedad y la depresión. En su trabajo terapéutico y con el taller Migración Consciente, sanó el pasado y logró sentirse preparada para este nuevo viaje, soltando el equipaje emocional que le dificultaba avanzar y dando espacio para, esta vez, llevar con ella ilusión y objetividad, pero, sobre todo, conexión consigo misma.

6.1 ACULTURACIÓN Y ESTRÉS POR ACULTURACIÓN

Cuando me fui a Chile, 3 meses antes yo ya estaba visualizándome, yo ya estaba allá, solo me faltaba estar ahí. En cambio, para España, yo no me había preparado mentalmente, no estaba preparada para estar aquí. Al hacer los módulos del taller (Migración Consciente) me di cuenta de que hasta que no soltara México no iba a poder adaptarme y hacer una vida aquí.

Esta casa que estoy comprando, por un lado, me hace sentir ilusionada y que tengo mi lugar aquí; pero, al mismo tiempo, siento que me ata aún más y que cada vez hago más lejano mi regreso a Estados Unidos.

La manera de transformarse y pasar de ser «un/a inmigrante infinito/a» a ser una persona que vive y es a través de dos o más culturas es logrando el desarrollo de la aculturación: es un proceso a través del cual las personas adquieren e incorporan comportamientos, estrategias de interacción y otros elementos de una nueva cultura a su identidad y a sus esquemas cognitivos y psicosociales. Esta integración cultural irremediablemente genera un cambio de identidad en mayor o menor medida.

La aculturación conlleva, primero, ser capaz de observar y darse cuenta de las diferencias que existen entre las culturas, la o las de origen, la de acogida y las de convivencia, ya que cada vez es más común que vivamos en ambientes multiculturales. También conlleva un proceso de resocialización y transición de la cultura de origen a determinados aspectos base de la cultura de acogida. Es decir, para integrarnos, requerimos reorganizarnos interna y externamente, y comenzar a vivir y actuar bajo las «reglas» de la nueva cultura y soltar «premisas» que anteriormente nos hacían sentido y nos servían, pero ahora no. Además, en este proceso no solo somos las y los inmigrantes los que nos adaptamos, también aportamos: nuestra cultura es algo vivo que compartimos e intercambiamos a través de ser quienes somos.

Sin embargo, aprender a vivir entre dos culturas genera estrés, resistencia y miedo, sobre todo al comienzo, debido a las incompatibilidades y diferencias culturales. Los conflictos que estos antagonismos generan en los inmigrantes en su búsqueda de integración y adaptación y al hecho de que se tiene que soltar todo lo que se conoce.

El estrés por aculturación es el estado emocional generado ante la falla en la funcionalidad de nuestros mecanismos de afrontamiento y de nuestros recursos internos ante un proceso de aculturación. Y hay factores tanto de la población migrante como de la sociedad receptora, así como factores individuales —como la edad, el género, el nivel educativo, estatus económico y las razones de la migración— que influyen negativa o positivamente en la aculturación y hacen menos o más propenso sufrir estrés. Cuanto más extremas sean las diferencias culturales entre el país de procedencia y el de acogida, mayor es el estrés por aculturación; por el contrario, si las diferencias culturales son mínimas, menor es el cambio y menor es el estrés ante el proceso de adaptación. Por ejemplo, mayor será el estrés por aculturación de un musulmán que se va a un país muy católico, que un musulmán que se va a otro país en donde se practica el islam o que al menos tiene apertura y diversidad de credo.

ETAPAS DEL ESTRÉS DE ACULTURACIÓN

1. Idealización. Sucede cuando las personas inmigrantes consideran su proceso migratorio y su país de acogida como un modelo de perfección ideal que no se corresponde con la realidad porque se exageran las ventajas y se niegan los defectos. El problema de esta etapa es que le impide al inmigrante ver de manera objetiva a su país de acogida, y esto, después, puede generar desilusión y dificultar su adaptación.

2. Frustración. Se experimenta cuando la persona inmigrante cae en cuenta de la realidad y comienza a sentirse frustrada, la envuelve un sentimiento de engaño o de rechazo: «No es lo que esperaba». «Lo que más me ha costado integrar ha sido la cultura laboral alemana; yo soy español y aquí es trabajar y trabajar y nada más que trabajar, es frustrante».

3. Añoranza. Se presenta cuando la persona inmigrante echa en falta el país de procedencia y su situación en el contexto de origen. Si no se resuelve esta fase, es cuando se buscan los retornos, y si eso sucede, muchas personas se enfrentan al choque cultural inverso, el proceso de reajuste ante el retorno. «En Siria tenía mejores amistades que aquí y, pues, a ver, lo tengo, pero no lo tengo como allí... Igual la comida es un problema, me he adaptado, pero prefiero la comida siria... Extraño mucho Siria.»

4. Aceptación. Las personas inmigrantes logran la aceptación cuando se abren al proceso de mantener la identidad cultural de origen, a la par que logran responder afirmativamente al contacto intercultural con la cultura de acogida, por así decirlo, hay un equilibrio, porque se logra estar, sin dejar de estar. Esta etapa da paso al desarrollo de una identidad bi o multicultural y es la situación ideal para toda persona inmigrante.

Es decir, el fenómeno de la aculturación es el cruce de dos procesos, uno es el del mantenimiento de las costumbres y tradiciones de la cultura de origen de la persona inmigrante y el otro proceso es la adquisición de costumbres y tradiciones de la cultura de acogida que son valoradas interna y externamente. Este proceso por supuesto requiere cierto distanciamiento por parte de los inmigrantes de su cultura y grupo de origen para poder integrarse en la sociedad de acogida.

TIPOS DE ACULTURACIÓN

1. ASIMILACIÓN. La asimilación se da cuando las personas buscan de cierta manera copiar la cultura de acogida para integrarla, sentirse parte de ella y, por lo tanto, ser reconocidas. Esto implica un desprendimiento total o casi total de la identidad cultural de origen.

2. SEPARACIÓN. La separación se da cuando los inmigrantes no aceptan la cultura de acogida, no hay relación con ella e incluso hay resistencia y, por lo tanto, se busca distancia para mantener la identidad cultural de origen. Esta forma de aculturación es la que se refleja, en particular, en los guetos. Un gran ejemplo de esto son los grupos judíos ultraortodoxos o jasídicos de Brooklyn, como se muestra en un documental llamado *One of Us* o en la película *Unorthodox*. La separación puede producirse por parte del grupo local, por voluntad propia del grupo no nativo o por parte de ambos. Si es impuesta por el grupo local o nativo, se le llama segregación.

3. MARGINALIZACIÓN. La marginalización se da cuando las y los inmigrantes no logran adaptar su cosmovisión y su comportamiento a los del país de acogida, pero tampoco de la cultura de la que provienen. Es decir, por un lado, experimentan un alejamiento cultural y psicológico con respecto a la cultura de origen; y, por el otro lado, experimentan un rechazo a incorporarse a la cultura y la sociedad de acogida.

Las personas inmigrantes que viven en marginalización se retraen, se aíslan, y al mismo tiempo pierden su identidad. Muchas veces la marginalización puede provenir por parte de los miembros del país de acogida, si estos perciben a la cultura de dicho grupo inmigrante como una amenaza y no logran ver su aportación o su riqueza y, por lo tanto, no consideran obtener ningún beneficio de su integración.

4. INTEGRACIÓN. Es pasar de «no ser ni de aquí, ni de allá» a «ser de aquí y de allá». La integración se da cuando las personas inmigrantes logran un equilibrio al acoplarse en la sociedad de acogida, pero manteniendo su identidad cultural y preservando aspectos de su país de origen que consideran valiosos. Podríamos decir que, de las 4 formas de aculturación, este es el tipo ideal para un bien vivir de las personas inmigrantes. La integración depende de las personas inmigrantes, pero también depende de la sociedad receptora, quien debe facilitar la integración, mantener una perspectiva libre de prejuicios y con actitudes positivas hacia los grupos foráneos y hacia la diversidad cultural, desde políticas migratorias, estructura y organización social, flexibilidad de sus integrantes frente a la diversidad cultural, etc. Países como Canadá o Singapur son un gran ejemplo, ya que logran tener un elevado nivel de integración gracias a su visión social intercultural. «Estoy reiniciando mi vida. Por fin quité el freno que tenía puesto totalmente, ahora sí estoy avanzando en todo, ahora sí me estoy abriendo».

En el proceso de aculturación, influyen aspectos como, por ejemplo, si provengo de una cultura y una sociedad colectiva o individualista y/o si llego a una cultura y una sociedad individualista o colectivista. Igualmente, si la sociedad a la que llego es una sociedad receptora que haya logrado la equidad de género o no y/o si es una sociedad acogedora, abierta y flexible. Asimismo, nuestros recursos personales influyen —nuestras características demográficas y sociales—, así como también nuestras características psicológicas. Como refiere Achotegui en su libro *Inteligencia migratoria*: «La vulnerabilidad es el conjunto de limitaciones que posee un sujeto y los estresores serían las barreras que se encuentran en el país de acogida. Ambos dificultan el éxito del proceso migratorio», es decir, el poder lograr una adaptación.

En este sentido, podemos aprender de la naturaleza y el mundo en el que vivimos; volvámonos abejas. Las abejas polinizan, permitiendo que las plantas y las flores se reproduzcan, y con ello incrementan la biodiversidad de los ecosistemas. La biodiversidad es responsable de garantizar el equilibrio y que todas las especies podamos sobrevivir. La diversidad cultural no es un peligro, sino una oportunidad de crecimiento y mejora.

Me gustaría invitarte a reflexionar: ¿hasta dónde tener los colores de la bandera bien puestos es sano y útil? ¿Hasta dónde el patriotismo es benéfico? Considero que el patriotismo es un reflejo del orgullo de la identidad de toda persona, de sus raíces, de dónde es y por qué es quien es. Pero, en extremo, puede ser un cuchillo de doble filo para la interculturalidad y la multiculturalidad, la diversidad, la migración, y la integración de los migrantes. Ya que puede provocar temor a la pérdida de identidad cultural o nacional, tanto en las personas extranjeras, como en las nativas. El objetivo es desarrollar patriotismos flexibles que nos permitan ver las cualidades y fortalezas de otros países y otras culturas.

REFLEXIÓN Y EJERCICIO SOBRE ACULTURACIÓN Y ADAPTACIÓN

- **Algunas afirmaciones positivas que puedes practicar para manejar mejor tu proceso de aculturación: *Vivo la diversidad sin temor, Elijo llevar conmigo lo que me fortalece y soltar lo que me pesa o no me sirve más, Adaptarme no significa dejar de ser yo o perderme, significa crecer y expandirme.***

6.2 REESTRUCTURACIÓN E INTEGRACIÓN DEL SIGNIFICADO PERSONAL DE UNO MISMO: LA IDENTIDAD DESPUÉS DE LA ACULTURACIÓN

No era tanto querer explorar detenidamente esos países, porque eso ya se ha hecho. Era más bien querer explorar detenidamente un aspecto de mí misma, con el telón de fondo de cada país en cuestión.

Come, Reza, Ama.

Muchas veces nos vamos para encontrarnos —como lo plantea Gilbert en su libro—; otras veces nos encontramos yéndonos, y otras veces nos vamos y por un tiempo nos perdemos para después reencontrarnos. Algunas narrativas sobre el significado personal de uno mismo:

No quiero renunciar a quien era, quiero seguir siendo esa mujer, pero parece que aquí no puedo serlo.

Siempre me voy a sentir como un extraterrestre aquí; no pertenezco a este lugar, no puedo ser yo aquí.

En México soy un pez en el agua, fluyo. Pero aquí soy como un pez en el lodo, me cuesta tanto avanzar y moverme.

¿Quién era y quién soy ahora? Nos preguntamos los inmigrantes cuando recordamos esa imagen de nosotros en nuestra cotidianeidad en el país de origen y la comparamos con quienes somos y con lo que hacemos ahora en una tierra extraña a miles de kilómetros de nuestro país.

No se aún cómo cuadrar e integrar mis dos vidas. Muchas veces tengo miedo de cómo va a reaccionar mi familia de origen, a veces pongo de pretexto la regla para no rezar. Por respeto, adecúo mi forma de vestir cada vez que voy a su casa, porque es su casa, son sus reglas, pero, por el otro lado, cuando estoy fuera yo ya tengo otra vida, yo ya soy otra. Me da miedo lo que ellos van a pensar de esa vida, de esa yo. Mi madre me dijo que no le gustaría que yo saliera con un español y no con alguien de mi religión y mi cultura musulmana.

Cuando era adolescente, estaba en medio, no sabía a quién gustarle: si a mi familia, a la que le gustan las cosas árabes, o a los españoles, que les gustan las fiestas y eso.

Me comparo mucho con quien era antes y lo que hacía antes y eso es lo que me hace sentirme frustrada, que no puedo hacer las mismas cosas y siento que no soy yo.

El proceso de reestructurar nuestra identidad y pasar del «ni de aquí, ni de allá» al la/el «de aquí y de allá» es sumamente importante. La deconstrucción para dar paso a una nueva identidad —a una identidad bi o multicultural, según el caso—, se refiere a conseguir definirnos de una manera en la que integramos quienes éramos con quienes somos, y logramos ser quien queremos ser. Esta elaboración nos permite incluir la interculturalidad en la definición de nosotros mismos.

Entender que ya no estoy ahí y que la vida sigue, pero que, aunque no esté ahí, sigo siendo de ahí, me ha ayudado.

Cuando siento que mi entorno o mi pareja intenta imponer algo digo no porque esa no soy yo. Porque no quiero volverme francesa, sino mantener esa colombiana en mí, con mi acento, pero intentando mejorar mi francés para adaptarme mejor y ser parte de la sociedad francesa, pero continuando con mis actitudes latinas que me recuerdan a mi tierra. Porque soy una latina en Francia, no una francesa.

La identidad bicultural es el resultado que logran las personas que han interiorizado profundamente dos esquemas culturales. Y la identidad multicultural es el resultado que logran las personas que han interiorizado profundamente más de dos esquemas culturales. ¿Qué es un esquema cultural? Es un conjunto de conocimientos acerca de los valores, normas y creencias de una cultura determinada.

Una persona con identidad bicultural o multicultural tiene la habilidad de ser competente en ambas o más culturas. Por eso, es sumamente importante que nosotros como inmigrantes logremos desarrollar una identidad bicultural, porque de ella dependerá que logremos experimentar nuestro día a día sin obstáculos y sin rigidez. Pudiendo ser nosotros/as mismos/as, independientemente del contexto cultural en el que nos encontremos, pero, sobre todo, como lo refiero en mi Taller Migración Consciente, no lograr esa reconstrucción de identidad es «como tener un barco sin capitán, un barco que no tiene quien lo dirija y lleve el timón y obviamente un barco que no tiene quien lo maneje es un barco que se pierde, que no tiene rumbo y no puede llegar a su destino».

Si no se sabe quién es uno, no se puede saber qué se quiere de la vida, ni en su vida en el extranjero.

CONFLICTOS RESPECTO A LA IDENTIDAD CULTURAL

RACISMO

ACNUR, la Agencia de la ONU para los refugiados, refiere que el racismo es un tipo de discriminación que se produce cuando una persona o grupo de personas siente odio hacia otras por tener características o cualidades distintas, como el color de piel, idioma o lugar de nacimiento.

Y también refieren que existen 4 tipos de racismo, a través de los cuales las personas pueden ser discriminadas o ser víctimas de desigualdades:

- **Racismo aversivo.** Es un tipo de racismo sutil porque generalmente es empleado por personas que están abiertamente en contra del racismo y de los comportamientos racistas. En el racismo aversivo se pretende la igualdad de derechos y la libertad para que cada grupo viva su propia cultura abiertamente. En cambio, las actitudes racistas se producen mediante la **distancia con la otra persona, falta de empatía o mostrando frialdad**.
- **Racismo etnocentrista.** Este tipo de racismo está basado en la creencia de superioridad cultural del propio grupo, por lo que este asume que otros grupos diferentes suponen una amenaza cultural. En este tipo de racismo no hay derecho a la igualdad y se cree que las personas que son de una raza diferente a la propia deben someterse al grupo predominante. El **rechazo de costumbres, creencias, comportamientos, religiones o lenguas** de otros grupos étnicos son actitudes recurrentes en este tipo de racismo.

- **Racismo simbólico.** El racismo simbólico aboga por el derecho a ser iguales, pero con matices: el derecho a ser iguales existe, pero para ámbitos puntuales o ciertas situaciones. Un ejemplo que explica el racismo simbólico es la libertad que tiene cada grupo para vivir como quiera, pero en áreas limitadas para dicho grupo. Estas actitudes provocan una **segregación cultural entre los distintos grupos**, lo que, a su vez, produce distanciamiento entre sus miembros.
- **Racismo biológico.** Es el tipo de racismo menos tolerante. Se cree que una raza es biológicamente superior a las demás, que amenazan con degenerar la raza que es considerada principal. El racismo biológico **no cree que los miembros de otras razas deban tener ningún derecho, piensa que deben ser excluidos totalmente e incluso apuesta por la segregación física**. Un ejemplo de este tipo de racismo fue el llevado a cabo por el régimen nazi en los años 30 y 40: consideraban la raza aria como una raza pura y superior.

Algunas narrativas y experiencias sobre racismo:

Es que la verdad no creo que sea el país; yo creo, yo pienso que es más una cuestión de la ciudad, que la ciudad es muy, muy nueva y aún no están acostumbrados a muchas cosas. Entonces, por ejemplo, yo creo que lo más difícil ha sido ser extranjero, porque las personas no están acostumbradas a ver a tantos extranjeros. Entonces, si es la capital, aquí están todas las embajadas, claro, y hay bastantes extranjeros, pero el día a día no lo hacen con extranjeros. Entonces, por ejemplo, llevo aquí ya viviendo 3 años y en esos 3 años he conocido creo unas 100 personas y de esas 100 personas yo creo que por lo menos de unas 40 soy el primer extranjero que conocen, y entonces es medio difícil, porque si te enfrentas a muchos estereotipos y a mucha desinformación, entonces sí ya he escuchado muchísimos comentario, como: «Ah, eres mexicano y viniste aquí a trabajar para tener más dinero, porque en México no hay dinero, ¿no?» o «Ah, eres mexicano; los mexicanos son buenos para brincar los muros, ¿no?» ¿Sabes? Cosas así que es difícil. Al principio me volvía muy loco con eso, mucho, mucho, mucho y la pasaba muy mal y llegaba a la casa superdeprimido, porque no podía creer que hubiera tantas personas con tantos prejuicios.

(Testimonio del pódcast Muy Intercultural)

Siempre me he esforzado mucho en la escuela, porque si yo saco las mejores notas, ya no me van a juzgar por ser refugiada, ya me van a ver por mis capacidades, por otra cosa, van a dejar de enfocarse en de dónde vengo.

Desde el colegio siento que la gente no me habla, la gente tiende a marginar a los que somos de otro lado. Me acuerdo que alguien en la ESO, cuando repartieron un cartel para ayudar a los refugiados, me dijo: «Y a ti, ¿qué te traigo?»; yo simplemente me sentía avergonzada.

Siento que me ven morena y latina y, por ejemplo, en los bares hay señores que, por verme así, creen que los voy a pelar y son raboverdes. Como si por cómo me veo pudiera ceder más fácil.

Otras veces no es la sociedad o cultura de acogida la que tiene un conflicto respecto a la identidad cultural, sino que, internamente, las personas inmigrantes pueden llegar también a tener una dificultad para procesar la interculturalidad; por ejemplo, sentirse parte de una minoría o de un grupo discriminado o vivir con confusión y/o malestar el hecho de ser bicultural o binacional, o multicultural o multinacional.

A veces siento que estoy fingiendo, yo jamás diría «me cago en la puta» o «el gilipollas este»; en mi cultura no decimos groserías, para nosotros los musulmanes es impensable, decir «tonto» ya es demasiado y, bueno, delante de mi padre. Ufff, me pegaría. Pero aquí en España lo hago y no sé si es que ya se ha vuelto parte de mi forma de ser y de mi nueva personalidad o si lo hago por copiar a los demás, porque veo que es común y que lo hacen todo el tiempo. A veces me veo haciendo cosas que no termino de entender si son parte de mí o si lo hago para pertenecer y no sentirme rara o fuera de lugar.

Igualmente, las personas inmigrantes pueden abandonar y negar o estar confundidas respecto a su identidad cultural y/o incluso, sentir una diferencia cultural respecto a sus familias de origen y a tener conflictos en la construcción de nuevas identidades en parejas mixtas y en las familias multiculturales que quieren tener. Este aspecto lo abordaremos con mayor profundidad en el apartado de las relaciones de las personas inmigrantes.

Sin embargo, muchas otras veces, nuestra identidad se ve reforzada, nutrida y puede ser reconstruida de manera positiva:

Me ha gustado saber quién soy, fuera de mi país, lejos de mi familia y sin la influencia de mi madre.

Si no me hubiera ido, jamás hubiera tenido la objetividad que tengo ahora para ver cosas de mi entorno, de mi familia y de mí que generaban que mi relación conmigo misma y con otros fuera poco efectiva.

La experiencia de vivir en Irlanda, en mi caso, ha sido de las mejores decisiones que he tomado en mi vida. Si hay algún momento en el que recuerdo cuándo he sido la más feliz, ha sido durante esa época. Me regeneré totalmente, me encontré a mí misma, recuperé la confianza que había perdido y encontré nuevamente el amor. Ahí fue que conocí a mi actual pareja y futuro esposo.

Como conclusión, sí, todas las personas que hemos emigrado tarde o temprano experimentamos una reestructuración de nuestra identidad. Es inevitable que las nuevas experiencias, las diferencias culturales y nuestro proceso de duelo y aculturación no transformen quienes somos. Y, aunque en un inicio da miedo soltar esa versión antigua, cuando soltamos y confiamos, reconectamos con nosotros/as de manera más consciente y más profunda.

Lo que nuestros ojos ven, lo que nuestro corazón siente y lo que nuestro ser experimenta en otro lado del mundo, conlleva siempre transformación. Por ello es muy importante que estemos en donde estemos y vayamos a donde vayamos seamos conscientes del equipaje emocional que cargamos, tanto de las experiencias psicológicas que conlleva nuestra migración, como de aquello que ya llevamos cargando desde antes. Así, nuestro viaje no solo sumará y acumulará sellos en nuestro pasaporte, sino que añadirá viajes internos y reencuentros con nosotros/as mismos/as.

Reflexión sobre la identidad en el extranjero:

1. **¿Quién fui? ¿Qué roles ejercía? ¿Qué hacía?**
2. **¿Quién sigo siendo? ¿Qué roles sigo ejerciendo? ¿Qué hago ahora?**
3. **¿Quién quiero ser? ¿Qué roles quiero ejercer? ¿Qué quiero verme haciendo?**

4. **¿Qué cambia de quien soy y de lo que hago? ¿Qué pensamientos han cambiado? ¿Qué sentimientos han cambiado?**
5. **Afirmaciones Positivas para elaborar una identidad bi o multicultural:** ***Soy todos los suelos que he caminado, todas las personas que he conocido, soy todas las experiencias que he vivido. Cada lugar y cada experiencia forman parte de mí, me permiten ser y crecer como persona.***

6.3 PAUTAS PARA UNA INMIGRACIÓN RESILIENTE Y CREATIVA

CREATIVIDAD PARA LA RESOLUCIÓN DE CONFLICTOS Y CRISIS EN LA MIGRACIÓN

Marcela Lagarde, antropóloga mexicana, dice que cada persona reacciona de manera creativa al resolver su vida y que, al resolverse, elabora los contenidos asignados a partir de su experiencia, sus anhelos y sus deseos. Coincido con ella: creo que muchas veces al vivir en el extranjero, nos sorprendemos a nosotras/os mismas/os a la hora de resolver retos y obstáculos. De cierta manera, nos damos una lección de cosas que ni nos hubiéramos imaginado haciendo o de cambios internos que no nos hubiéramos esperado.

Una paciente que trabajaba su autoestima en su proceso terapéutico conmigo mencionaba cómo su relación con una persona de otro país y el haber salido de la cultura mexicana le había permitido sentirse valiosa y verse a sí misma con otros ojos. En cierto modo, su manera de resolver sus pérdidas fue enfocándose en cómo el hecho de vivir fuera le había hecho perder muchas relaciones, pero le había permitido recuperar la suya consigo misma:

La primera vez que me sentí valorada por quién yo era —como mujer— fue cuando me lancé sola a Londres y ahí conocí a un muchacho. Lo nombro porque, aunque la relación nunca trascendió, me sentí no discriminada como normalmente me pasaba en México: por no ser la típica niña de rasgos pseudo-europeos o de una familia de cierto nivel social, yo no era material de noviazgo. Después de este chico de Londres, mi perspectiva sobre mi persona se fue transformando. También, durante mis años de universidad, tuve la oportunidad de irme de intercambio a España. Madrid fue el sitio que elegí y creo que, por muy básico que suene, vivir en esa ciudad fue una de las experiencias que terminó de transformarme en varios aspectos.

Muchas veces, la situación por sí sola no nos permite llegar a vernos beneficiados directamente ante los cambios. Por ello, mi recomendación de llevar un proceso de reflexión y de escucha que te permita reflexionar sobre tu experiencia de una manera diferente, desde la voz de la resiliencia y la creatividad.

Tomar terapia te puede ayudar por un lado a recordar tu «historia heroica», algún momento en el pasado en el que, a pesar de las dificultades y los obstáculos, e incluso de las pérdidas, hayas logrado salir adelante y no solo eso, sino empoderada/o y fortalecida/o. Recordar nuestras propias historias de éxito puede ser de mucha utilidad para retomar habilidades y estrategias que puedan ser adaptadas y aplicadas en el presente. Sea o no una migración anterior, el recordar qué tipo de mentalidad te ayudó a mantenerte positivo/a, qué estrategias de autocuidado ante el estrés llevaste a cabo y simplemente cuáles son los motores que te movilizan a avanzar; son grandes respuestas y claves que vienen de tu propia historia de vida y que, además, te recuerdan tu propia fortaleza y sabiduría.

Asimismo, un proceso de terapia no solo te ayuda a recordar los éxitos y las fortalezas personales, también es de mucha utilidad para que trabajes los procesos mentales que dificultan tu adaptación y tu elaboración de las pérdidas. Igualmente, te puede ayudar a reconstruir y readaptar tus relaciones y tu identidad en tu nueva realidad, a procesar todos los cambios y a ayudarte a permitir la transformación sin resistencia o malestar emocional.

Del mismo modo, la psicoterapia en el caso de los inmigrantes y/o las familias y las parejas bi o multiculturales fomenta la salud mental a través de la enseñanza de herramientas que incrementan la competencia cultural. Igualmente, la normalización de los fenómenos y experiencias de la migración a través de la psicoeducación influye en un manejo más efectivo y preciso a las necesidades de los inmigrantes.

Gracias a mi terapia, he logrado encontrarme mejor aquí, pero, sobre todo, siento que estoy, paso a paso, más cerca de estar en paz conmigo misma.

He luchado tanto... Primero, sintiendo que ante cada frustración o malestar de mis familiares tenía que regresar corriendo a Bélgica; al mismo tiempo, cuestionando en todo momento si de verdad tenía que estar aquí; y ahora estoy bien, ya sé exactamente lo que no quiero. Es que en Bélgica ganaría el triple, pero no tengo la calidad de vida que tengo aquí, de agarrar el coche y estar en nada en una playa virgen. Me siento afortunada, pero, sobre todo, feliz de poder ser consciente de ello.

La terapia fomenta la creatividad y la resiliencia porque, así como las personas transfieren sus situaciones y los acontecimientos de su migración a conversaciones y narraciones dentro del consultorio, estas mismas conversaciones se transfieren y retornan a la vida cotidiana de las personas en otras formas y como nuevas posibilidades. Hablar del proceso migratorio, desmenuzarlo y reflexionarlo, permite entender las experiencias, cómo se habla de ellas y con ello, cómo son vividas y experimentadas, y después, permite elegir cómo cambiar el cómo se narran, para cambiar también cómo son vividas. Como refiere Harlene Anderson, psicoterapeuta narrativa, en su libro *Conversación, lenguaje y posibilidades: Un enfoque posmoderno de la terapia*: «los cambios en el mundo requieren cambios en el lenguaje, y los cambios en el lenguaje afectan lo que somos capaces de comprender y hacer en el mundo». En ese sentido, la terapia para las personas inmigrantes resulta en una búsqueda de nuevas formas de hablar sobre nuevas situaciones, experiencias y contextos, de forma que comprendamos más el lugar en donde vivimos y a nosotras/os mismas/os en esta nueva realidad. Anderson también refiere que «Los significados que atribuimos a las cosas, la gente y los sucesos —la forma en la que hablamos sobre ellos— nos permiten conectarnos con otros o desconectarnos con ellos». En ese sentido, la terapia representa una posibilidad de generar nuevos significados para lograr una conexión, una integración y una adaptación.

Beneficios de llevar un proceso psicoterapéutico al emigrar:

1. Permitir el desahogo emocional de las y los migrantes y la elaboración de los sentimientos producto de su duelo y el estrés de aculturación.
2. Ayudar a que las y los inmigrantes normalicen emociones, reacciones y logren un diagnóstico diferencial.
3. Permitir que las y los inmigrantes puedan tener un espacio y un tiempo para externar los conflictos ante el choque cultural sin culpa y sin prejuicios.
4. Fomentar el desarrollo de estrategias de afrontamiento e interpretación más adecuados.

5. Fortalecer la autoestima y el sentido de autoconfianza.
6. Sanar experiencias del pasado que generan un peso extra a las dificultades del proceso migratorio.
7. Elaborar objetivos y planes de acción que movilicen a las y los inmigrantes a retomar y reconstruir las áreas más importantes de sus vidas en el nuevo país de residencia.

6.4 EL PROCESO DE REGRESAR A CASA

El regreso del emigrante es un nuevo cambio que tiene a su vez su parte de duelo. Nunca se vuelve, siempre se va.

(Joseba Achotegui)

¿Qué ocurre cuando, como inmigrantes, emprendemos el viaje de retorno a nuestro país de origen? Pese a que volvemos al país en el que nacimos e incluso en el que vivimos por varios o muchos años de nuestra vida, el hecho de habernos ido, de haber creado una vida en un nuevo lugar, estudiado, trabajado, hecho amigos y ahora tener que reiniciar, aunque no sea desde cero o del todo como lo hicimos la primera vez, cuando nos fuimos; pero el tener que retomar todas estas cosas por supuesto implica un proceso de reajuste y readaptación interno y externo.

Tenemos que tomar en cuenta que hasta ahora se había hecho un gran esfuerzo por integrar una nueva cultura. Esto, por supuesto, causó cambios en nuestros esquemas, nuestras costumbres diarias, nuestra manera de relacionarnos, en nuestra identidad. Como lo mencionamos en el capítulo sobre identidad, es imposible mantenerse igual, el vivir en otro país nos transforma. Esta transformación y adecuación vuelve a tener un peso cuando regresamos a nuestro país y es cuando experimentamos el choque cultural inverso.

Al igual que el duelo migratorio, el choque cultural inverso es un proceso personal y subjetivo, es decir, cada persona lo vive de distinta forma. En gran parte, dependerá del motivo y la forma del retorno: si, por ejemplo, fue una decisión propia o si la persona se vio obligada a regresar por una cuestión familiar o algún problema que tiene que atender. Al mismo tiempo, dependerá de las condiciones en las que vivía en el extranjero y si ya había logrado una adaptación o no. Tal como Achotegui refiere en su libro *Inteligencia Migratoria*, «si el regreso habiendo tenido éxito en el proyecto migratorio es un proceso psicológicamente complejo, el regreso con una sensación de fracaso lo es aún más».

El choque cultural inverso tiene diferentes fases y maneras de experimentarse. Algunas personas viven una fase inicial de alegría y entusiasmo por volver a casa, como, por ejemplo, es el caso de una paciente que refería que estaba muy emocionada por llevar a su país, a su día a día y a sus relaciones, todo lo que había aprendido de sí misma y de la vida en su proceso migratorio. Pues, aunque una experiencia migratoria por supuesto tiene sus retos, también tiene un impacto muy importante en el crecimiento y la transformación personal. Sin embargo, si el retorno es forzado, las personas pueden experimentar frustración y desesperanza de soltar la vida que tanto les costó construir. O, en algunos casos, sentimientos ambivalentes: por una parte, quieren regresar por estar cerca de los suyos y disfrutar nuevamente de su país, pero por otra, tienen temor o resistencia a soltar todo lo que habían logrado y aquello que les gusta de su vida en el extranjero, ya que ahora se experimenta un duelo ante la pérdida de esa vida en otro país.

Más adelante, pueden experimentar sentimientos de confusión y extrañeza, producto de encontrar algo diferente a lo que estaban acostumbrados o a lo que esperaban siguiera siendo como era antes de irse y/o como lo recordaban y/o lo que deseaban encontrar.

Otra fase que se puede experimentar es la de la frustración e incluso el enojo al tener que volver a hacer un esfuerzo por adaptarse nuevamente, y ahora, como si no fuera suficiente, en su propio país. Lo que genera un malestar añadido porque es como si este proceso de hacer un esfuerzo por pertenecer fuera interminable, incluso en un lugar en donde se supondría sería más fácil o más natural estar.

En general, las diferentes maneras de experimentar este retorno dependerán de la cantidad de años que hemos estado fuera, de la aculturación lograda en el extranjero y también influirá nuestra situación personal en el país en el que vivíamos, así como también en nuestro país de origen. Por ejemplo, la madre de un paciente mío retornó a España porque su esposo había fallecido y, aunque había vuelto a su país, en donde estaba su red de apoyo y en donde se supondría que debido a las facilidades sociales sería más fácil ser la cabeza de la familia, el hecho de regresar ante un suceso inesperado y traumático y sin haberlo planeado generaba un gran peso e incrementaba el malestar ante el choque cultural inverso y su duelo.

Además de las razones de nuestro retorno, de si volvemos por decisión propia o si volvemos obligados por alguna situación o dificultad, también influye mucho la capacidad de resiliencia y de adaptación de cada persona.

CHOQUE CULTURAL INVERSO

Es un proceso de reajuste psicológico, readaptación física y resocialización que experimentan las personas al regresar a su propio país y cultura, después de haber vivido en el extranjero por un tiempo significativo.

Suele generar mucha confusión, pues las personas se encuentran en su propia tierra, pero con la dificultad de no sentirse como en casa y de no poder dar continuidad al estilo de vida que habían logrado en otro país, al estilo de vida que les es posible tener en su país de origen. A mayor aculturación y adaptación, más intenso se vive el choque cultural inverso.

Quienes hemos vivido en el extranjero, hemos hecho un esfuerzo por adaptarnos e integrar formas de actuar, reglas culturales, pensamientos y creencias, estilos de vida; y este proceso de adaptación se vuelve a experimentar al regresar a nuestra sociedad y cultura de origen.

Varias fuentes lo llaman también el síndrome del expatriado, ya que, al volver, muchas veces la persona se topa con el hecho de que el lugar del que provenía ya no es el mismo: no solo él o ella han cambiado, sino que el país o su ciudad también lo ha hecho. Las personas, las calles, los lugares, la situación política y económica. Y estos cambios pueden también generar ciertos retos en la readaptación de las y los inmigrantes que regresan, hasta que vuelvan a sentirse familiarizados a ese lugar; en pocas palabras: hasta que dejen de sentirse extranjeros en su propio país.

¿Cómo reconocer si se está viviendo un proceso de reajuste cultural o choque cultural inverso?

Síntomas comunes que pueden experimentar las personas que retornan a su país y a su cultura después de haber vivido en el extranjero:

- Irritabilidad
- Tristeza
- Nostalgia
- Ambivalencia, es decir, por un lado, felicidad por estar de vuelta en casa, en su entorno y con su gente; pero, al mismo tiempo, tristeza o frustración de no hallarse a sí mismos/as y de anhelar ciertas cosas del país al que se había emigrado.
- Ansiedad
- Confusión: *No sé si quiero estar aquí o no. ¿Me regreso o no? ¿Por qué me siento así? Me siento dividida/o. Creo que fue mala idea regresar. A veces pienso que hubiera sido mejor haberme quedado.*

- Sentirse poco comprendidos por las personas y seres queridos que les rodean
- Depresión
- Aislamiento
- Dificultad para reintegrarse en las dinámicas familiares y sociales o dificultad para entender por qué los familiares y seres cercanos también tienen dificultades para integrarles de nuevo y acostumbrarse a tenerles otra vez ahí.
- Cansancio

La intensidad, cronicidad y gravedad de estos síntomas dependen —como mencionamos anteriormente— en el motivo de retorno y la forma en que cada persona vuelve a su país. No es lo mismo retornar deseándolo, preparándolo, haciendo un cierre y porque el proyecto migratorio era temporal y ha llegado a su fin, que retornar forzada y/o inesperadamente y cuando, además, hay una valoración alta del nivel y estilo de vida que tenían en sus países de acogida y residencia. E incluso tampoco es lo mismo cuando solo se regresa de visita y vacaciones y este proceso se vive en menor grado e intensidad.

Recuerdo una de mis visitas a México en 2018, en donde viví una miniexperiencia de choque cultural inverso. Me sentí extraña; no todo el tiempo, pero sí a veces, siento que no me moví con la misma libertad y facilidad con que antes lo hacía y ya no por miedo a la inseguridad, sino porque sentí que ya no tenía la certeza que tenía antes de a dónde ir y cómo ir, como si fuera una foránea en mi propia ciudad. También me pasó que, por primera vez, dejé de idealizar algunas cosas de mi país: en las anteriores veces que había regresado era como una enamorada adolescente, todo era perfecto, pero esta vez era como si mi amor fuera más realista, menos idealizado, más maduro, veía los defectitos y los peros de ese rinconcito del mundo que tanto anhelaba estando lejos. Porque, aunque México siempre será en mi corazón el mejor lugar del mundo, me di cuenta de que también en donde estaba ganaba muchas cosas y tenía ciertas comodidades y varias ventajas que no tenía en mi país de origen. No sé si fueron los dos temblores que me tocaron en los primeros días de mis vacaciones, si fue que me robaron el celular, o si fue que vi a ciertas personas para cerrar ciclos y hablar cosas que sentí inconclusas al estar lejos, pero algo de eso o todo, sumado a mi avance en la adaptación en España, me generaron un sentimiento de que no era tan malo vivir en el extranjero después de todo.

Así que sí, depende de las experiencias que nos toquen vivir durante nuestra estadía fuera, el motivo de regreso.

Si, por ejemplo, es por la muerte de un ser querido o un evento emocionalmente estresante, o si es un retorno que viene con mucha ilusión y como parte del proyecto de vida de cada persona. E igualmente, de qué cosas y situaciones nos ocurran al llegar, si nuestras expectativas se cumplen, si llegamos a un contexto que permite nuestra reinserción o no. Algunas narrativas sobre el retornar a nuestro país de origen y el choque cultural inverso:

Yo no estaba lista para regresar, los últimos días solo pensaba que se me acababa el tiempo y no sé cuando voy a volver.

Como que mi colchón y mi alivio, siempre había sido pensar en regresar a mi país, pero ahora que estuve allá, pensé que realmente no quiero regresar a eso.

Al regresar, como que extrañamente empecé a notar cosas buenas que siempre estuvieron ahí. Fue en ese momento en donde empecé a construir una etapa de mi vida, con sus cosas buenas y sus cosas malas, pero una etapa mía.

Llegué de nuevo a México y no me caía el 20 de que ya me casé, al principio fueron como dos realidades alternas. Verme en México es ver que tengo una vida aparte y que podría tener esa vida. Siempre está esa miniposibilidad de un mundo alterno, de una vida diferente a la que he formado.

Me da cosa que al regresar a Guadalajara otra vez vuelva a retroceder en todo lo que he trabajado en mi proceso de terapia y en el hecho de vivir en el extranjero, en lo mucho que he avanzado en cuidarme y hacer las cosas que quiero hacer y que he aprendido al estar tan lejos.

Al regresar a mi país, tendré el reto de mantener el progreso que he logrado al estar a la distancia en la relación con mi familia, tengo el reto de mantenerme en el rol de hija y no seguir ocupando el lugar de mi mamá. En la distancia ha sido más fácil poner límites, pero al regresar necesito mantener lo que aquí he logrado reconocer y hacer.

Había regresado anteriormente cuando me había ido a una estancia de intercambio, pero esta vez fue diferente, aunque vi a mi familia, siento que viví un gran shock al ver el contraste de donde vivo ahora y lo que es México.

Como lo mencioné anteriormente, muchas veces la dificultad viene a nivel relacional, cuando nosotros hemos sido los que hemos cambiado y los otros no, o simplemente no se adaptan a nuestro cambio y la dinámica que algún día funcionaba no fluye ante nuestra transformación:

Al regresar y estar con mis padres, es como si los demonios se despertaran, porque los patrones de relación ahí siguen. Tal vez por eso me gusta estar afuera, porque, si estoy aquí, quiero hacerme cargo del malestar emocional de ellos y no puedo.

Yo fui con mucha ilusión porque, después de 3 años fuera, era la primera vez que volvía. Mi relación con mi padre parecía que se había transformado completamente y estaba deseando verle. Sin embargo, al llegar allí me sentí de nuevo exactamente igual como cuando vivía allí.

No puedo estar aquí en Mexicali, siento que me ahogo y no precisamente de calor.

CONSEJOS PARA MANEJAR EFECTIVA Y ASERTIVAMENTE EL CHOQUE CULTURAL INVERSO

- Sé paciente en el proceso.
- Busca retomar las actividades, relaciones, cosas y lugares que tanto extrañaste estando lejos.
- Mantente activa/o y busca retomar tus actividades profesionales y/o sociales.
- Integra de tu vivencia en el extranjero las cosas que puedas seguir haciendo, no tienes que renunciar a todas tus ganancias y aprendizajes. Puedes continuar alguna tradición o tener algo que te recuerde lo que aprendiste y lo que viviste, puedes seguir haciendo algún platillo típico del país en el que viviste, etc. Es decir, no suprimas/olvides/omitas la experiencia de haber vivido afuera, ya que ahora forma parte de tu personalidad, de tu identidad, de tu percepción y cosmovisión y de tu historia de vida.

- Recuerda que adaptarte es un proceso por el que ya pasaste y que tienes herramientas y habilidades para volver a hacerlo.
- Enfócate en el ahora y en el presente, ahora estás aquí de nuevo, no le des más atención a lo que no tienes ya o a lo que has dejado atrás; pon tu atención en lo que ahora sí tienes, vívelo y disfrútalo.
- Si tienes dificultades y pasa un tiempo mayor al que esperabas para volver a sentirte en casa o incluso si quieres llevar tu proceso de reajuste con un apoyo profesional, pide ayuda. Acude con un psicoterapeuta, que te asesore y te brinde herramientas para manejar mejor el cambio y el duelo, comprender tus emociones y que de esta manera puedas reconstruir e incluso, crear una nueva vida en tu país de origen.

¡No te preocupes, el malestar y las dificultades pasarán! Al igual que el duelo migratorio, el choque cultural inverso es un proceso y como todo proceso tiene etapas. Si lograste vivir en el extranjero, también puedes volver a casa y lograr readaptarte. La clave está en aprender a estar presente en donde estés.

Si justo esta es tu situación, quiero que recuerdes que lo más difícil ya lo has hecho: saliste de tu zona de confort y de la vida que conocías. De cierta manera, el camino ya lo conoces, ya tienes una experiencia previa y este conocimiento de estar lejos te puede ayudar a estar de vuelta. ¡Suelta, comienza y reconecta!

LAS FRONTERAS DEL AMOR

VII. EL MUNDO RELACIONAL E INTERPERSONAL DE LAS Y LOS INMIGRANTES

Siempre existe en el mundo una persona que espera a otra, ya sea en medio del desierto o en medio de una gran ciudad. Y cuando esas personas se cruzan y sus ojos se encuentran, todo el pasado y todo el futuro pierden completamente su importancia y solo existe aquel momento.

(Paulo Coelho)

Las parejas y las familias multiculturales son cada vez más frecuentes en el mundo. Debido a la globalización, se ha vuelto totalmente común que las personas viajen o vivan en otro país, ya sea por conocer otras culturas, para estudiar o para trabajar; y es así como se incrementan las posibilidades de que terminen involucrándose y construyendo una relación de pareja con una persona de un país y una cultura diferentes.

Es así que muchas personas emigran o amplían su proyecto migratorio por amor. Los retos que individualmente viven las y los inmigrantes también influyen en sus relaciones de pareja. Por ello, consideré importante añadir un apartado que hablara sobre las parejas bi y multiculturales, los choques culturales dentro de una relación, los retos que enfrentan estas parejas..., pero también las ventajas que se ganan a la hora de relacionarse con una persona de una cultura diferente. La relación de pareja es uno de los vínculos más importantes para cualquier persona, inmigrante o no.

7.1 PAREJAS BI O MULTICULTURALES

El amor entre dos culturas es navegar entre aguas de diferencia y lograr embarcar en las similitudes.

Es mezclar rituales y costumbres, hasta generar los comunes: espacios de encuentro, unión y celebración.

Es tener que explicar una frase o una palabra a media conversación y muchas veces terminar perdiéndose en esa explicación y olvidarte de la conversación o tema original.

Es reconocer en el tono de piel o en los rasgos de la pareja, una raza y origen diferente a la tuya, pero encontrar en la mirada todo un universo compartido.

Es buscar en Google o en Wikipedia datos para sustentar parte de tu historia o anécdota.

Es intentar encontrar en otro idioma la palabra que describa exactamente tus sentimientos y sensaciones.

Son esas risas de complicidad que ninguno de nuestros idiomas y modismos pueden terminar de traducir y descifrar.

Es crear la mejor comida fusión, incluso mejor que la de cualquier restaurante con estrellas Michelín.

Es ver las situaciones desde dos coordenadas geográficas y mentales.

Es enfrentarte al reto de construir puentes que les permitan seguir conectados y unidos pese a sus fronteras: los desacuerdos.

Es buscar ofertas de vuelos para encontrarnos en algún punto del mundo o para seguir en contacto con mi mundo, si es que se vive en el país del otro.

Es ese te amo de buenas noches que te recuerda que, por muchas diferencias en estilos de vida y visiones, tienen ese espacio y ese lugar en común: su relación.

Y, muchas veces, es dejar toda una vida, empacar una maleta llena de sueños, para dar paso a construir un nosotros.

Y para ti, ¿qué más es una relación multicultural?

Las parejas biculturales pueden definirse como el vínculo amoroso formado por dos personas de diferente nacionalidad y cultura, y las parejas multiculturales se caracterizan por ser un vínculo formado por dos personas de diferente nacionalidad y cultura, en donde al menos una de ellas tiene más de una raíz u origen cultural (doble nacionalidad, nacido en un país pero residente en otro o cuyos progenitores son de diferente nacionalidad). Además de estas características, se suma el hecho de que al menos uno de sus miembros vive fuera de su país, o ambos, si viven en un tercer país. Igualmente, al menos uno de sus miembros ha vivido un proceso de duelo migratorio y de aculturación, o ambos, si viven en un tercer país. Además, las parejas bi o multiculturales, al provenir de diferentes culturas, tienen como característica principal la diferencia en sus creencias religiosas y/o en sus tradiciones y/o en el idioma, y por lo tanto, diferentes maneras de entender al mundo.

A continuación, abordaremos ambos escenarios:

Ventajas y beneficios de las parejas bi o multiculturales

- La visión y percepción del mundo, de la vida, de las relaciones y de nosotras/os mismos se enriquece y amplía al integrar otra cultura en nuestras vidas. Nos sorprendemos y aprendemos constantemente del otro, de su país y sus tradiciones y esto hace que la relación sea más interesante.

- Igualmente, se amplía la manera en la que nos comunicamos y expresamos. Muchas veces, puedes aprender otro idioma, e incluso si nuestra pareja habla el mismo idioma, terminamos aprendiendo palabras y expresiones totalmente diferentes a las de nuestro país, ampliamos nuestro vocabulario y la forma de expresarnos. Por ejemplo, jamás he sabido explicarle a mi pareja por qué decimos «me estás dando el avión» o en el caso de la frase «me hace lo que el viento a Juárez», que surge de un contexto histórico, hay que explicar el trasfondo a quienes no son de México . El lenguaje es muy complejo y tiene una base cultural, por eso, aprenderlo y compartirlo es enriquecedor, pues a través del lenguaje entendemos la cultura, la historia y cosmovisión del otro. A través de la comunicación también nos relacionamos, así que estar con una persona de otra cultura nos puede dar muchas herramientas para entender, aprender y relacionarnos.

- Enriquecemos mutuamente nuestras culturas. Ritos, tradiciones y costumbres se comparten y mezclan dentro de la vida cotidiana de una pareja. Muchas veces entre estas mezclas surgen nuevas formas de vivir, nuevas prácticas, nuevos ritos y formas de celebrar, nuevas recetas de comida, y nuevas formas de experimentar determinada fecha o festividad. La mezcla cultural enriquece a los miembros de una pareja en su día a día y también a quienes les rodean, amigos y familias. En la música, las celebraciones y los bailes, uno/a siempre amplía su repertorio.
- Construir una relación y convivir con una persona de otra nacionalidad abre nuestra mente, se rompen paradigmas de cómo suponemos que DEBE ser la vida y el mundo al conocer los estilos y formas de vida de otros lugares y otras personas. Eso nos vuelve más flexible y más abiertas/os a experimentar, reconstruir y resignificar. Por ejemplo, aunque es un algo muy básico y de la vida diaria, para mí era impensable que las farmacias o ciertos servicios estuvieran cerrados los domingos. En la Ciudad de México, donde he vivido la mayor parte de mi vida, hay supermercados y farmacias que funcionan las 24 horas del

día y los 7 días de la semana. Cuando llegué a España por poco me da el patatús porque casi todo estaba cerrado en domingo, pero he aprendido que eso a lo que estaba acostumbrada no es una «regla de oro», ni la única manera o la manera correcta de funcionar y, aunque por un lado valoro que en mi país todos los servicios —súper, farmacias, tiendas, etc.— estén disponibles en fin de semana y 24 horas, ahora también me hace sentido que la gente descanse, tenga un día para no trabajar sí o sí y que haya horarios establecidos bajo los cuales todo el mundo se organiza para no quedarse sin comida, medicinas o productos de necesidad básica.

Bueno, mi esposo es rumano, pero él y su familia se fueron a vivir a España antes de que él viviera en Alemania. Así que él tiene partes de todo, tiene ciertas costumbres rumanas, que es gente más de campo que vive al día, pero también tiene ciertas costumbres españolas y tú sabes, la cultura española es muy open. Y bueno, vivimos aquí, que aquí en Berlín hay de todo: yo tengo una amiga trans y tanto la relación con mi esposo, como vivir aquí me ha abierto la mente, porque mi familia en México era muy conservadora.

- Conoces su país y él/ella conoce tu país no como un turista, sino de una manera más auténtica y profunda, es decir, podemos vivir la realidad del país de nuestra pareja casi o incluso como una persona local. Uno adopta ese segundo país, le toma cariño, pues se tiene la oportunidad de conocer rinconcitos que poca gente tiene la oportunidad de conocer, solo los autóctonos, hasta convivir con la gente de una manera cotidiana y presenciar la realidad social y cultural de un país ajeno al nuestro.
- El sentido del humor se amplía: muchas personas que hemos formado una relación bi o multicultural coincidimos en el hecho de que ya no solo nos da risa nuestro humor. En mi caso, aunque sigo sin entender todos los chistes sevillanos y españoles, me doy cuenta de que para mí son súper chistosos, cosa que al enseñárselos a mis amigos y familia en México no les causa gracia alguna o simplemente no entienden nada. Empiezas a entender las bromas locales y eso se resume a que amplías el humor más allá de tu contexto de origen y, con ello, tu capacidad de disfrutar de la vida.

- Ganamos independencia y resiliencia, sobre todo el miembro de la pareja que se mueve de su país de origen o ambas partes si viven en un tercer país. El irnos a vivir a otro lado nos ayuda a desarrollar desapego al dejarlo todo, salir de la zona de confort al empezar de nuevo en otro país y nos volvemos más autónomas/os e independientes al darnos cuenta de nuestra responsabilidad sobre nosotros mismos/as. El mudarnos a otro país o aventurarnos a situaciones nuevas genera mucha fortaleza y crecimiento personal.
- Estar con una pareja de otra cultura y en su país o en un tercer país nos hace valorar más nuestro país. La comida se vuelve un manjar, la música es más que una simple melodía, cada encuentro con nuestras familias y amigos lo vivimos y disfrutamos más, valoramos las cosas buenas de nuestro país, nos damos cuenta de que lo que veíamos negro, no es negro, sino diferente. Nos hacemos tiempo para los Skypes, que son momentos sagrados en el día o en la semana. Estar fuera nos hace vibrar la patria. Nos volvemos mucho más ahorrativos porque sabemos que hay que aprovechar cada oferta de vuelo que nos permita ir a tomar energía y experimentar esa sensación indescriptible de estar en casa.

Enseñarle holandés me recuerda lo mucho que me gusta mi idioma y me hace pensar muchas veces por qué se dice de una manera o de otra a diferencia del español.

Vivir aquí me ha hecho ver con otros ojos a mi país, he podido percibir cosas que no hubiera sido capaz si hubiera vivido siempre ahí. Y cada vez que alguien me pregunta de dónde soy, lo digo con más y más orgullo, es como si me hubiera adueñado de verdad del hecho de ser mexicana, es como un patriotismo más consciente.

- Se gana una nueva familia. Cuando tenemos una relación, no solo se inicia un vínculo con una persona de un país diferente, también se comienza una relación con su familia y amigos. Muchas veces se tiene la suerte de contar con apoyo y de que esas personas tengan un interés no solo por ti como persona, sino por tu país, tu cultura y tus tradiciones. Esto nos enseña a valorar la diversidad en todos los aspectos, aprendemos a aceptar las diferencias y otras formas de vida, nos volvemos flexibles y abiertos.
- Cuando tienes hijos/as y formas una familia, ellos/as crecen aceptando la diversidad como una realidad y como algo natural. Las y los hijos de parejas multiculturales tienden a respetar más

las diferencias y ser tolerantes y flexibles con las personas de otras culturas. Además, los niños que crecen dentro de una familia bi o multicultural tienen una visión más amplia del mundo y de los demás. Son niños que crecen hablando al menos dos idiomas, siendo parte de dos países, de dos culturas, su repertorio de tradiciones y costumbres es más amplio y su identidad personal se enriquece. Son flexibles al cambio y adaptables a la novedad.

Retos y dificultades a los que se enfrentan las parejas multiculturales

- El reto de la distancia geográfica. En varios casos, al inicio de la relación de pareja, algunas personas tienen que ir y venir de un país a otro hasta que toman la decisión de establecerse en el país de alguno/a o en un país intermedio. Los aeropuertos y aviones son nuestras segundas casas, la ilusión de las bienvenidas y la tristeza de las despedidas son sentimientos constantes. La inversión económica para ir y venir a veces llega a pesar. Igualmente, se convierte en un reto el hecho de vivir «dos vidas», al mismo tiempo, en dos lugares diferentes del mundo, con diferencias de horarios, etc.

Estuvimos a distancia mucho tiempo. Yo decidí estar más cerca y buscar una maestría en Europa, pero aun así la distancia pesaba y cuando yo ya estaba en la maestría, ella me dijo «Voy para allá», pero yo no estaba del todo seguro de que quería que viniera a Alemania, valoré y aprecié su esfuerzo, pero no le dije que no.

Otra cosa que influye en cómo me siento, es que tengo una relación a distancia. Tengo un novio en Argentina con el que llevo 3 años. Él me dijo en un inicio que cuando yo me viniera de aupair para Estados Unidos la relación se terminaba, pero al final hemos estado juntos. La última vez que fui a Argentina de visita, me decía que me quedara, que por favor me quedara, pero yo estaba reconvencida de querer venir y no quiero fallarme a mí misma.

- El reto de sacrificar «la vida que se tiene». Quien toma la elección de irse al país de su pareja, sale de su zona de confort y abandona lo que conoce, lo familiar, lo amado, lo que ha construido a lo largo de años. Suele haber procesos de duelo e incluso también puede significar un reto importante el lidiar con el hecho de ser quien «renunció» y quien, por así decirlo, se sacrifica por estar juntos. Como ya se ha mencionado anteriormente, el duelo migratorio, es un proceso de adaptación a la pérdida de «la identidad», a la distancia, al renunciar al «origen de uno mismo» y experimentarlo, puede generar resentimiento o frustración con la pareja. Como lo comenté en el Taller de Parejas Multiculturales que realicé en París: *El ideal es que, independientemente de que la elección de vivir en el extranjero haya sido por amor —que hayas dicho: Ok, cruzo cielo, mar y tierra por ti—, te crees una nueva vida en tu nuevo país de residencia, que construyas una vida propia y tengas un propósito más allá de tu pareja.*

- Las diferencias culturales en la comunicación. Hablar en un tercer idioma es complejo porque muchas veces no hay formas de expresar realmente lo que sentimos o pensamos. Por otro lado, aprender un idioma totalmente diferente es un reto, pues en ese periodo de aprendizaje no se puede empezar una nueva vida, existirán mayores dificultades para resolver las diferencias, discusiones y conflictos con la pareja, pero también, para lograr construir una vida más allá de ella. Asimismo, hablar el mismo idioma no garantiza que no haya problemas de comunicación, también en un mismo idioma varían las formas y la manera de comunicar de cada cultura. Por ejemplo, en mi caso y el de varias mexicanas con las que he trabajado, coincidimos en que los mexicanos tendemos a endulzar mucho lo que decimos, nuestra forma de hablar es, por así decirlo, muy amable y cuidadosa, y otros países pueden ser más fríos o más directos.

Y no solo es la diferencia del idioma, sino la forma en la que se comunican... En México lo normal es que el hombre te busque, y aquí en Francia es: «Pero tú tampoco me escribes, ¿cómo sé que te intereso?». No termino de acostumbrarme a tener la iniciativa en las conversaciones.

Además, su inglés no es el mejor; mi español tampoco lo es. Ella alemán no habla, por eso a veces me frustro, porque no intenta otra forma de explicarlo, y repite 5 veces la misma palabra o la misma frase pensando que, por repetirlo, lo voy a comprender mejor. A veces siento que yo me esfuerzo más en explicar de maneras diferentes lo que estoy intentando decir.

El reto no solo es no tener el mismo idioma y las complicaciones de comunicación para el expatriado o para ambos de entenderse en un tercer idioma, sino también tiene que ver con el lenguaje afectivo. No podemos olvidar el contexto cultural de la comunicación, el cómo se dice o cómo se expresa el mensaje y cómo se lee y se percibe según cada cultura.

- El reto ante la diferencia de creencias, costumbres y cosmovisión. En las parejas bi o multiculturales existe el reto de mantenernos tolerantes y respetuosos/as para sobrellevar las prácticas, las creencias culturales y/o religiosas de nuestra pareja sin cambiar, a menos de que sea decisión propia, los ideales personales.

Otras veces, el problema no es obtener la aceptación de tu pareja, sino la aceptación por parte del grupo (religioso, social, cultural) al que pertenece y/o las mismas familias, que muchas veces quieren preservar las costumbres y prácticas y que ven entorpecido ese deseo cuando un miembro de su familia construye un vínculo con una persona de otra nacionalidad y/u otra cultura.

Por ejemplo, Gabriela, una paciente de origen ecuatoriano cuya pareja es de origen marroquí, refería en una de las sesiones que ambos tenían creencias, costumbres y prácticas sociales y religiosas muy diferentes:

Él es marroquí y nuestra forma de socializar es muy diferente. Ellos tienen la costumbre de ver a sus amigos en sus casas y quedarse a dormir. Él me cuenta que amigas de su madre se quedaban en casa, que su padre a veces también iba a casa de amigos y se quedaba ahí y él lo hace mucho también. Yo, por otro lado, soy más de hacer planes de ir a algún lugar a tomar o comer algo, verlos durante el día, salir y hacer cosas, pero regreso a casa y a mi espacio, eso a veces me incomoda.

O bien, como el ejemplo que compartía una de las asistentes al taller de Parejas Multiculturales que hice en colaboración con Association Arte México París:

Yo soy muy mexicana, todo lo quiero mexicanizar, llevo mi chile habanero y mi tajín en la bolsa a todos lados. A veces quiero que la persona con la que estoy sea mexicana y a veces se me va esa parte de respetar. Ok, eres francés: por ejemplo, cosas tontas como que cocina algo que es francés, una raclette, y yo ya le quiero poner chile; o sea, como que siempre intento que todo se vuelva mexicano y yo creo que sí es hacernos a la idea de que estamos con una persona que no es de nuestro país, respetar esto y que no se nos olvide que estamos con una persona de nuestro país y es como respetar que yo soy mexicana y él es francés.

Coincidí con ella y le dije:

Claro, porque al final del día tú te enamoraste de un francés, y por algo te enamoraste de un francés. En parte, él es quien es por su cultura, por sus raíces, por sus costumbres. Algo te llamó de su cultura, de su forma de ser, de su identidad, de su contexto. Entonces es importante respetar esa base, porque a veces en este proceso de la integración se nos olvida que una de las cosas que tanto nos gustó de esa persona es que es de otro lugar; que es diferente.

Algunas narrativas y experiencias ante las diferencias de pareja en creencias y costumbres de otras personas inmigrantes:

Me cuesta entender por qué en España, sobre todo en el sur de España, las personas son demasiado cercanas a sus familias... A ver, a lo que me refiero: yo soy muy cercano a mi familia y los amo, pero no necesito compartir todo, ni estar hablando todo el tiempo, ni decirles todo lo que hago cada que lo hago. Me molesta porque siento que no puedo estar realmente con mi pareja, que no está totalmente presente porque siempre está comunicándole todo a su familia.

Aquí en Polonia no es fácil conocer chicos; los hombres no son de los que se te acercan, necesitan estar o muy alegres o muy borrachos para animarse, entonces es difícil.

Más que diferencia de creencias, tenemos diferencias de termostatos; nuestro tema de conflicto siempre ha sido el frío-calor: yo, al ser española y vivir aquí, soy más friolera, y discutimos mucho por eso; a él le gusta abrir la ventana para ventilar la casa, o yo pongo la calefacción. Hay días que cedemos, pero hay otros días en los que es difícil porque nuestros cuerpos necesitan y están acostumbrados a cosas diferentes.

- El reto profesional y laboral. Profesionalmente, las personas inmigrantes pueden enfrentarse a procesos largos y complicados en los que a veces tienen que estudiar de nuevo o empezar desde cero y sentir que retroceden. Esto influye en la sensación de sacrificio profesional por el proyecto de pareja. Por otro lado, el miembro local puede experimentar un peso extra en la responsabilidad económica y financiera y una sensación de desbalance por no poder compartir los gastos con su pareja.

Yo no sé si la empresa para la que trabajo a distancia vaya a desaparecer o qué vaya a pasar y la verdad es que los trabajos en España están bastante mal. Es fácil encontrar como alemán, pero no están bien pagados, ni me van a hacer feliz. No sé si me quiero quedar por ella en estas condiciones laborales.

- Las dificultades ante el apego y el desapego. Otro gran reto es que la persona inmigrante de la relación logre aceptar que su nueva vida está en un nuevo país y, así, logre enfocarse en la construcción de un presente y un futuro en su nuevo país de residencia. Puede ser complejo en un inicio, enfocarnos en el día a día, logrando un equilibrio y un balance entre preservar las relaciones que nos interesan en nuestro país de origen, pero sin dejar de conocer personas y hacer una nueva vida dentro de nuestra nueva realidad. Al mismo tiempo, algunas personas generan un apego muy fuerte e incluso cierta dependencia a sus parejas, al ser la persona más cercana y de confianza o incluso la única que conocen al llegar a vivir al extranjero.

Siento que soy muy dependiente de mi pareja, no sé si porque estoy en otro país o por qué, pero quiero que él me haga todo. Cualquier cosa que yo tenga que hacer y que podría hacer sola, como ir al banco o al súper, y yo antes no era así...

- El reto al formar una familia y tener hijos. A veces puede existir conflicto en la creación de una familia y decidir cómo llevar la crianza de los hijos. Cada uno tiene una visión personal y apegada a las costumbres y normas de su país de cómo se vive en familia y de cómo se educa a las y los hijos. Sin embargo, si estas visiones difieren mucho, la pareja se enfrenta al reto de lograr negociaciones, acuerdos, y a llegar a puntos intermedios en donde ambos se sientan satisfechos con la forma de hacer familia o la forma en la que deciden criar a sus hijos.

Consejos para construir una relación de pareja con alguien de otra cultura y nacionalidad

- Mantente abierto/a para vincularte con tu pareja sin prejuicios y estereotipos.
- Ten disposición para aprender: ritos, costumbres, bailes, idiomas, visiones, estilos de vida, etc.
- Pon en práctica la confianza, la claridad y la honestidad.
- Sé paciente, flexible, tolerante y respeta las diferencias y características del otro.
- Desarrolla la capacidad de llegar a puntos intermedios, acuerdos y a integrar lo que es importante para el otro.
- Desarrolla tolerancia a la frustración y la diversidad.
- Aprende a tener una visión basada en las ganancias y no en las pérdidas.
- Disfruta el aprendizaje, diviértete en el proceso de conocer a una persona de otro lugar, otro país y cultura.
- Sé comprensivo/a con el otro, ponte en sus zapatos, escucha y considera sus necesidades.
- Ten una actitud orientada a la diversidad cultural y la multiculturalidad.

- Sé analítico/a y reflexivo/a contigo mismo/a y lucha contra los microrracismos o actitudes «invisibles» que minimicen otras culturas, nacionalidades, religiones, etc.
- No tomes las situaciones como personales.
- Busca grupos de apoyo y/o asociaciones para tener una red de personas extranjeras que compartan experiencias, necesidades y retos.
- Pidan ayuda y apoyo profesional si es necesario para lidiar asertivamente con las diferencias culturales.

EXPECTATIVAS DENTRO DE LAS PAREJAS MULTICULTURALES

Las expectativas son creencias que se construyen a partir de asumir que las cosas deben de ser de una manera determinada, basándose en lo que se nos ha enseñado y a lo que hemos aprendido en casa y en nuestro entorno. En las relaciones de pareja, las expectativas son suposiciones que creemos verdades únicas respecto a cómo nuestra pareja debería actuar, pensar y sentir.

Además de las expectativas generales que se puedan tener respecto a un vínculo afectivo, la mayoría de las personas dentro de una relación bi o multicultural con las que he trabajado, refieren que una de sus principales expectativas es que su pareja se involucre más emocionalmente en su proceso cotidiano de adaptación y aculturación.

Yo estoy en España y me estoy adaptando a la cultura española, pero ella también tiene que entender que, al elegir estar con alguien de otro país, necesita adaptarse también; ella necesita adaptarse al hecho de que yo soy alemán.

Quiero alguien que quiera compartir, no alguien que me tenga aquí y siga haciendo su vida normal como si nada.

Y no significa que el hecho de querer que la otra persona se involucre en nuestros retos suceda únicamente en parejas bi o multiculturales, pero sí se maximiza en parejas en donde uno está viviendo en el país del otro y en donde se ha hecho una adaptación del proyecto vital apostando por el proyecto de pareja. Existe un deseo de que la pareja brinde importancia y reconocimiento a lo que para mí es importante —aunque en el lugar de residencia o en la otra cultura no sea importante—, a que se valide lo que para mí tiene sentido.

Yo no crucé el continente entero para solo coger con alguien, puedo hacerlo con cualquier persona en Dinamarca. Siento que ella no valora eso; me gustaría que conectara más conmigo y me apoyara más a dar pasos aquí.

Sin embargo, el hecho de vivir en otra cultura puede influir y cambiar varias de nuestras expectativas dentro de una relación y abrirnos a nuevas formas de ser y estar en pareja.

Eso me ha enseñado Francia, que en las relaciones, no te tienen que estar mandando mensajes para demostrarte que te quieren. Ya no baso tanto el hecho de sentirme querida en los mensajes o whatsapps que recibo, mis ideales han cambiado.

La verdad es que estar con él me está permitiendo cambiar en positivo. Mis discusiones con él son por las cosas que yo hago de más en la casa, pero la verdad es que soy yo la que tiene que soltar y dejar de hacer cosas. Sinceramente, yo soy más machista que él. Él es en parte español y ha crecido en Alemania, y tiene mucho más sentido de la equidad que yo. Yo soy la que tengo que desaprender todo lo que he aprendido malamente, porque me quejo, pero yo solita, muy latina, me adueño de todas las labores de la casa, cuando realmente él no tiene ningún problema en compartir y en hacer cosas.

EL PESO DEL SACRIFICIO ANTE ELEGIR VIVIR EN EL EXTRANJERO POR LA PAREJA

Siento envidia; él lo tiene todo, su familia, sus amigos, el trabajo, su ciudad. A veces le digo que nos movamos de ciudad, a una más grande o del lado en el que hablan francés, y me dice que no quiere estar lejos de su mamá, y ahí es cuando se me enciende la mecha. Yo lo he dejado todo, me gustaría que él arriesgara también. No son lo mismo 1 o 2 horas en coche que 12 horas en avión; no entiendo por qué él no sale también de su zona de confort.

Uno de los temas más comunes que encuentro en mi trabajo, tanto individual con expatriados, como en procesos de parejas bi o multiculturales, es el hecho de sentir que la balanza de lo que se sacrifica y lo que se gana pesa más de un lado que del otro. Quien migra por amor, vive algunas veces una sensación de injusticia e inequidad, a pesar de que su elección en un principio haya sido voluntaria.

Estar en pareja significa ceder, pero tal vez la sensación de que yo soy la que está haciendo mi vida a un lado, es la que me hace sentir que cedo de más.

Todo esto me ha generado muchas discusiones con mi marido. Estoy muy irascible con él, cada vez que pienso que podríamos estar en España y no en Alemania.

Cuando discutimos, él fue y habló con sus padres, y yo sentí que no tengo a nadie y tampoco quiero hablarle a mi familia y preocuparla. Sentí que no había equidad incluso para desahogarme y tener un lugar seguro cuando hay diferencias o conflicto entre nosotros.

En una sesión con una pareja suizo-mexicana ella refería que sentía que estaba sacrificando todo lo que había deseado siempre para sí misma: «Siento que estoy sacrificando mis sueños y mi carrera profesional y que él no hace lo suficiente para compensar este sacrificio». Sin embargo, él también alegaba que creía que ella no era consciente de los diferentes sacrificios o retos que el también atravesaba tanto económicamente, como emocionalmente. «Entiendo lo que dejaste, pero siento muchísimo coraje, creo que no entiendes todo lo que puse en la mesa y lo que me jugué también».

Otras veces, el peso del sacrificio se refleja no solo en un sentimiento de injusticia, sino al culpar y responsabilizar al miembro local del malestar emocional y del duelo migratorio que se está viviendo.

Siento que él tiene la culpa de que esté así, de que me sienta así de mal, porque por él estoy aquí, así que él tiene la culpa de lo que me pasa.

Me doy cuenta de que le echo internamente la culpa de estar aquí, al final del día por la relación es que he elegido vivir lejos. Y eso a veces hace que me pese mucho cuando me pregunto si él hubiera hecho lo mismo por mí, irse a otro país y empezar desde cero.

Otro ejemplo, el de Renata, una mexicana que se había ido a Madrid por amor, comentaba en sus sesiones que en un inicio pensó que se sentiría completamente feliz cuando encontrara trabajo. Cuando Renata encontró trabajo, un trabajo de su profesión, con un buen sueldo y en una empresa grande, su malestar continuaba y fue ahí cuando se dio cuenta de que su sacrificio iba más allá:

Me cayó el veinte al estar planeando mi boda; fue cuando me di cuenta de que estaba aquí para quedarme y se rompió mi sueño, el sueño que tenía de cómo iba a ser... El primer año se me hizo muy fácil, mi mente estaba preparada para eso, pero para lo demás no. No me tomé el tiempo para pensar más allá, solo para encontrar trabajo; creía que teniendo trabajo ya no me sentiría mal, pero, no sé si quiero vivir aquí para siempre y planeando la boda me di cuenta de que no me veo estando lejos de mi familia toda la vida.

Planear la boda a distancia le recordaba el peso de su elección de casarse con alguien de otra cultura y estar haciendo una vida en el país de su pareja. Además de lo que implica el compromiso sumado a sus pérdidas como expatriada:

Desde lo de la boda, comencé a sentirme más incómoda, siento que si firmo estoy más atada, porque ahora es tomar en cuenta también su decisión y depender de eso. Antes podía yo ir y venir si así lo quería, y ahora para regresar dependo de que él también se quiera ir.

LA VOZ DEL MIEMBRO LOCAL DE LA PAREJA

No solo somos nosotros, las y los inmigrantes, las y los extranjeros, quienes tenemos una lucha por conseguir una adaptación y reconstruir en equilibrio y armonía nuestras vidas. Nuestras parejas, al elegir tener una pareja de otro país y otra cultura, también se adentran en un proceso que incluye retos y sacrificios y que, por lo tanto, requiere y exige esfuerzos y reajustes de su parte.

Yo también dejé mi vida de lado para que él viniera aquí, y a veces él no lo reconoce; invertí toda mi energía, perdí hasta amigos porque me dediqué solamente a organizar todo para que él pudiera estar bien viviendo aquí.

Él se siente culpable por mis crisis, porque dejé todo por él, entonces a todo lo que le digo me dice que sí, y a veces es demasiado, no quiero que se sienta mal, ni que actúe desde la culpa sin dar espacio a lo que él quiera también.

Yo hago más cosas en la relación porque él no sabe el idioma y eso ha sido una gran carga para mí. Además, siento que él se ha recargado y acomodado y ha dejado que yo me haga cargo de trámites y gestiones que requerían del idioma y de más cosas.

Para mí lo más difícil al principio era la mirada que tenían los demás. Por ejemplo, cuando Aby vino a mi familia..., la familia la vio como la extranjerita. Entonces teníamos que explicar las costumbres mexicanas, ehh, no sé, la cena, la comida, el chile y pues no sé es que tuvimos que explicar todo y a Aby le pesaba... Y también mis amigos «Wey, es que por qué te quedas con una vieja que vive a miles de kilómetros de tu casa, ¿no puedes encontrar una de tu pueblo...?». Y yo: ¡NO! Y todo eso explicado y explicado y explicado me pesaba, y por eso yo dejé algunas relaciones, porque me cansé de explicar...

A veces siento que tengo que estar siempre disponible, que solo soy yo y que sobre mí recae la responsabilidad de mi pareja totalmente.

A veces siento que requiere tanto de mí, que yo lo vivo como un capricho, como una niña caprichosa a la que si no le doy afecto y todo justo como ella quiere se enoja. Y me siento obligado, pero la intimidad y el afecto no se pueden exigir. No es que no se lo dé o no se lo quiera dar, sino que no se lo doy como ella lo espera y entonces es como si no contara.

Tengo inseguridad de que un día de plano me diga «ya no puedo más» y se vaya, tengo miedo de que un día, sin más, me deje, porque tantas veces peleando me dice que ahora sí se regresa, que va a hacer su maleta, que ya no sé si algún día lo hará de verdad.

Habilidades emocionales a desarrollar para gestionar mejor el proceso de adaptación de la pareja y hacer frente a los retos de elegir una relación con una persona inmigrante

- **Paciencia y empatía**

Tu pareja atraviesa por un proceso emocional de pérdida y de adaptación. Inicialmente, no tendrá la misma estabilidad emocional que si tuviera una relación con alguien de su propio país. Piensa qué extrañarías más si vivieras en el extranjero, reflexionarlo puede ayudarte a generar más empatía y a entender su vulnerabilidad emocional: el duelo migratorio, los obstáculos para encontrar trabajo y rehacer su vida laboral, aprender otro idioma, construir nuevas relaciones de amistad, estar lejos de su familia y empezar una vida desde cero. Ponerte en sus zapatos te permitirá no tomar las cosas personales y no estresarte ante la frustración de tu pareja e incluso tu incapacidad de hacer algo por ella. Recuerda que todas las personas extranjeras atravesamos por un proceso social, mental y emocional de adaptación y que somos nosotros quienes debemos hacerle frente. Este proceso social de adaptación no es color de rosa, pero sí puede ser más manejable si nuestra pareja nos escucha, no nos juzga y está ahí para nosotros cuando le necesitamos.

Hay ciertas preguntas que te pueden ayudar a desarrollar empatía para poder reaccionar de forma más asertiva y afectiva:

1. ¿Qué necesitaría yo por parte de mi pareja si estuviera en su situación?
2. Si yo fuera él/la que vive lejos de mi familia, ¿qué me gustaría que mi pareja hiciera?, o ¿cómo me gustaría que actuara ante esta situación? ¿Qué tipo de cosas me gustaría que tuviera la iniciativa de hacer por mí?
3. ¿Cómo me podría apoyar o ayudar mi pareja si yo viviera en su país y no tuviera amigos, si no tuviera trabajo o no entendiera bien el idioma?
4. ¿Cuáles creo que serían las expectativas de mi pareja si yo fuera el expatriado/a?

Esta clase de preguntas te permiten actuar incluyendo y tomando en cuenta lo que vive, piensa y siente la otra persona.

- **Comunicación de necesidades y emociones**

Muchas veces, por no querer afectar a la pareja, pensando en las dificultades que está enfrentando y en que emocionalmente se encuentra en una posición más vulnerable dentro de la relación, los miembros locales tienden a no expresar lo que sienten, a minimizar sus emociones y dejar de lado sus necesidades y deseos. Es importante que encuentren un espacio para hablar de sus propias frustraciones, emociones y retos.

- **Aceptación**

Aprende a diferenciar los factores externos que influyen y afectan la relación, por ejemplo, los procedimientos legales, el visado, la distancia, eventos inesperados en la familia, el contexto social en el que se desarrollan; y acepta y suelta todo aquello que no está en tu control, ni es tu responsabilidad. De ti no depende que le extiendan el visado a tu pareja o se lo denieguen, que muera un ser querido suyo en la distancia, ni tampoco que tu pareja no encuentre trabajo o no tenga amistades.

- **Construye una actitud resiliente**

Siempre que afronten una situación, pregúntate: ¿Para qué me sirve esto que nos está pasando? ¿Qué aprendo de esto? ¿Cómo el vivir esta experiencia con una persona de otra cultura me permite crecer y/o aprender? ¿Cómo esta situación nos puede servir para fortalecer nuestra relación?

- **Crear metas y objetivos comunes, claros y definidos**

Tengan claro hacia dónde van, de qué manera van a llevar la relación y cuáles son sus planes. Tengan claras sus necesidades como pareja y las habilidades y herramientas que cada uno posee para alcanzarlas.

Estrategias para sobrellevar el duelo migratorio de tu pareja expatriada

El duelo migratorio influye en las relaciones de pareja. Muchas veces, el miembro local desconoce la naturalidad del duelo migratorio y por lo tanto no comprende por lo que está pasando su pareja. Si se desconoce, es muy difícil normalizar que en un inicio se da un proceso natural de adaptación. Por el otro lado, el miembro expatriado se siente tan mal, que muchas veces pone sus expectativas de bienestar y de sentirse mucho mejor en su pareja. Algo que intento recordar siempre en los talleres de pareja y en las sesiones con parejas multiculturales es: «Si yo no estoy bien, cómo voy a poder conectar con el otro, con mi pareja. Y si conecto, lo hago desde la ansiedad, desde la depresión, desde la pérdida, desde el enojo y desde la frustración».

Literal, lo que yo pensé en un inicio es que era una niña berrinchuda que hacía berrinche porque estaba lejos de su casa. Pero ahora puedo empatizar más con ella y con su experiencia.

Una de las dificultades más comunes del miembro local de la pareja bi o multicultural proviene del desconocimiento y de su incapacidad para entender que las reacciones y la forma de afrontar el cambio de país de su pareja es un proceso natural. El entender que todas las personas inmigrantes viven en menor o mayor grado un proceso de duelo y de adaptación, y que es un reto de la mayoría de las parejas bi o multiculturales suelen enfrentar, genera mayor certeza y, por lo tanto, mayor calma y seguridad.

Estrategias para apoyar emocionalmente a tu pareja mientras elabora el Duelo Migratorio y logra la aculturación

- **Muéstrate accesible emocionalmente**

Intenta estar presente, escuchar sin juicios, apoyar y permitir que tu pareja tenga un espacio de desahogo. Lo mejor es preguntar directamente si necesita o espera algo de ti, si simplemente quiere que le escuches o si requiere alguna acción concreta o un consejo específico. Recuerda cuidarte en el proceso, también compartir tus sentimientos y deseos para que no se genere una inequidad emocional entre el dar y el recibir. Los miembros locales también merecen sentirse bien dentro de la relación, independientemente del proceso migratorio de su pareja.

- **No tomes las cosas personales**

No te sientas culpable, ni responsable, porque tu pareja esté lejos de su familia y/o amistades o por el hecho de que tu pareja tenga que comenzar desde cero. Es una decisión consciente y libre que él o ella ha tomado. Identifiquen retos externos a la relación para que no se conviertan en asuntos de pareja. Incluso, ambos pueden hacer un ejercicio consciente y cotidiano de desechar aquello que no tiene que ver con ustedes y es un aspecto social o cultural fuera de sus manos, todos estos aspectos externos o culturales que les llegan a influir y les generan discusiones y diferencias. Mi terapeuta me compartió que ella con su pareja tiene la «caja de diferencias culturales». En ella meten papeles en donde ella y su pareja escriben todo aquello que les molesta o les frustra pero que va más allá de cada uno, y es parte de la cultura en la que viven o de la cultura y las sociedades de las que provienen. Algún ritual o actividad similar puede ayudarles a hacer simbólicamente a un lado todo aquello que proviene de afuera de la relación.

- **Pide ayuda**

Si el duelo migratorio de tu pareja te está siendo muy difícil de sobrellevar e incluso te está afectando emocionalmente, es importante que busques ayuda profesional para que logres lidiar de una manera más efectiva.

- **Apoya a tu pareja en su proceso de aculturación e integración**

  Intégrala a tus círculos sociales y familiares, sobre todo si tu pareja no conoce con antelación tu país. Haz más reuniones o más encuentros sociales. Obviamente el extranjero tiene que formar su propio círculo, pero es un buen punto de inicio comenzar a hacer lazos con personas locales y nativas.

- **Explícale las reglas del juego de tu país**

Es importante recordar que la forma de socializar varía de país a país. Explícale cómo se socializa en tu país, así como le explicarías todas las reglas de un juego a alguien que lo juega por primera vez. Esto les ahorrará mucha frustración y malentendidos.

- **Generen sus propias tradiciones y ritos como pareja bi o multicultural**

No solo practiquen tus tradiciones o las de tu pareja, sino construyan sus propios ritos. Fusionen, hagan nuevas tradiciones; nuevos ritos y acuerdos. Puede ser muy divertido y sanador, porque justamente no hay un choque cultural, sino una integración de lo que a cada quien le gusta más de su propia cultura y de la de la otra persona.

Hagan converger idiomas, culturas, visiones, religiones y reformulen estilos de vida para poder coexistir y para no chocar en el día a día. Trabajen por que ambas culturas y visiones de vida tengan un espacio en su relación.

- **Respeta su cultura**

Achotegui refiere que la cultura es el filtro a través del cual se expresan las emociones y los síntomas. No respetar su cultura y permitir que preserve parte de esta es una forma de desvalorizar su mundo y sus experiencias. A pesar de tu búsqueda por ayudarle a integrarse y crear tradiciones e intercambios, permite que exprese sus necesidades emocionales, de apego, seguridad y valoración desde sus formas.

- **Sé consciente y acepta todo aquello fuera de tu control**

Hay una frase que me gusta mucho: «No puedes calmar las aguas, pero sí puedes ajustar las velas». Habrá cosas o situaciones que tú y tu pareja no podrán controlar del todo, y estresarte no mejora nada. Tómalo con calma, tener un amor intercultural, así como tiene muchas ganancias, también tiene más retos que tener una pareja de tu cultura. Recuerda que el 90 % depende de tu actitud y el 10 % de lo que te sucede.

PAREJAS MONOCULTURALES EN EL EXTRANJERO

Estas parejas son aquellas que se han conformado antes del proceso migratorio y/o que se han creado en el extranjero, pero las personas que la conforman provienen del mismo país y cultura.

Este tipo de parejas pueden, de igual manera, experimentar algunos retos añadidos ante el hecho de vivir fuera de su país y lejos de su cultura. Esto es debido a que la relación se ve influenciada directa e indirectamente por los procesos psicosociales que cada persona de la pareja vive y experimenta ante su migración.

> Siento que desde que llegamos a Alemania, ella ha cambiado completamente. Me siento como engañado, yo decidí casarme porque compartía valores, ideas y proyectos de vida con ella. Pero desde que llegamos a esta ciudad, en donde hay tanta libertad e individualismo, ha comenzado a decir que no quiere ser madre, solo busca su placer y se desentiende de toda responsabilidad. Si seguimos con esta crisis, tendremos que pensar en separarnos, porque yo no me casé para esto.

También, otro reto se debe a la diferencia de experiencias que cada miembro de la pareja pueda vivir en su adaptación. Por ejemplo, el caso de una pareja mexicana que radica en Brasil, en donde él trabaja y ha continuado sus proyectos laborales y ella no. En una sesión el refería: «Hizo Zoom con sus amigas y la escuché reír como nunca. Yo no puedo darle eso, ni compensarlo, sé que le hacen falta sus amigas y que eso hace que ella no esté tan bien como yo».

REFLEXIÓN SOBRE LAS RELACIONES DE PAREJA EN EL EXTRANJERO.

1. **¿En el transcurso de tu relación con una persona de otra cultura, pudiste o estás logrando transformar alguna característica de tu personalidad, gracias a la ayuda y al acompañamiento del otro? ¿Cuáles y cómo?**
2. **Reflexiona : ¿de qué expectativa inicial pudiste o quieres desprenderte para abrir espacio a lo que tu pareja puede ofrecerte desde su realidad y posibilidades culturales?**
3. **¿Cuáles fueron las coincidencias que te atrajeron de tu pareja cuando se conocieron pese a ser de diferentes culturas? ¿Qué diferencias culturales son complementarias y te ayudan a crecer como persona y enriquecen su vida de pareja? ¿Requieren individualmente flexibilizar alguna creencia, actitud o comportamiento por el bien de la relación? Si son una pareja monocultural, ¿qué elementos y experiencias de la cultura en la que viven han enriquecido su relación?**

4. ¿Cuales son tus necesidades y requisitos no negociables e irrenunciables para estar en una relación?

5. Completa el siguiente diagrama de Venn. Si tienes una relación monocultural en el extranjero, analiza lo que son y comparten antes del proceso migratorio y después de él. Y si estás dentro de una relación bi o multicultural, revisa el balance de la individualidad y espacios personales de cada uno y del nosotros que conforman. Pregúntate: ¿qué podemos hacer para equilibrar más nuestro diagrama? ¿Qué necesito yo de él/ella? ¿Qué necesita él/ella de mí? ¿Qué puedo y quiero ofrecer en esta relación? ¿Qué puede y quiere ofrecerme mi pareja? ¿Qué necesita cada quien de sí mismo/a?, etc.

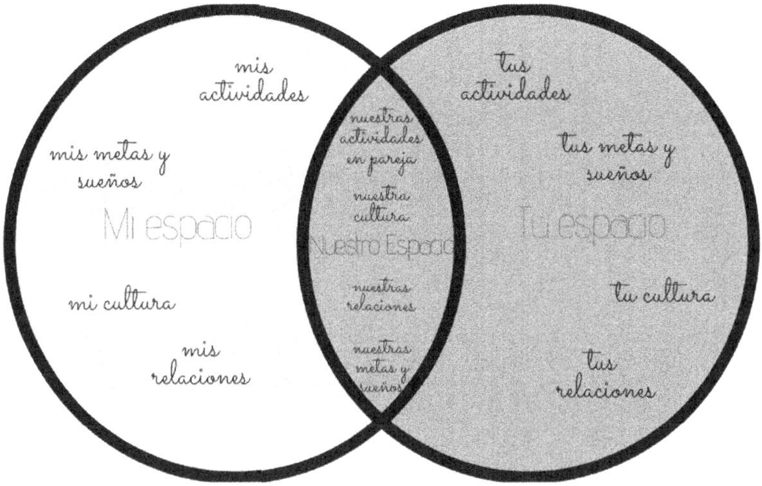

INFIDELIDAD EN EL EXTRANJERO O DENTRO DE UNA RELACIÓN MULTICULTURAL

Mi esposo es ruso, es muy frío; y este hombre era cariñoso y atento conmigo. En parte, lo hice porque mi esposo es muy seco y siento que eso influyó en que yo idealizara a este hombre y me hiciera fantasías de que él, que sí me daría ese afecto, ese cariño y esa cercanía que mi marido no me da y que siento que me hace falta viviendo acá.

Tengo una vida aquí ahora, no quiero regresar a Inglaterra, pero aun así, lo que más me duele es tener que reconstruir mi propósito, yo ya tenía un plan con él. Todas esas cosas que deseaba, las deseaba con él. Y ahora tengo que comenzar de cero, por mi cuenta y en otro país.

No lo dejé porque estaba muy avergonzada de tener que regresar a mi país y que todos supieran lo que me hizo, quería demostrar que había valido la pena venirme a México por él.

La infidelidad es un suceso que se presenta en cualquier tipo de pareja. El deseo, la insatisfacción, la búsqueda de afecto, las expectativas, la idealización y la fantasía trascienden fronteras y culturas.

Si la infidelidad la comete el miembro expatriado de la pareja, las preguntas que surgen para entender el engaño son: ¿será que al estar en el extranjero, se es más vulnerable de buscar llenar vacíos en otros lugares? ¿Hay mayor expectativa y carga afectiva al estar lejos de nuestra red de apoyo y nuestros seres queridos? ¿La presión de nuestro proceso emocional ante la migración genera mayor vulnerabilidad de sentirnos atraídos/as hacia otras personas, además de nuestra pareja?

Si la infidelidad la comete el miembro local o nativo, las preguntas que surgen son: ¿Será que el peso de la responsabilidad y muchas veces de la carga extra ante el hecho de que la pareja extranjera dependa en un inicio de ellos/as genera que la presión se desfogue en una infidelidad?

Antes de adentrarnos en este tema, es importante definir el término *infidelidad*. Pues lo que es infidelidad para una persona puede no serlo para la otra. La definición tradicional de infidelidad hace referencia al hecho en el que una de las personas dentro de una relación de pareja se involucra sexualmente con otra persona. Sin embargo, debido a que actualmente hay una mayor apertura a nivel sexual y también a las nuevas formas de relación como, por ejemplo, las polígamas o poliamorosas, el concepto de infidelidad ha trascendido y ha sido redefinido.

Infidelidad. El o los comportamientos que uno de los miembros de una relación realiza y que va o van en contra del acuerdo —explícito o implícito— de lo que es aceptable dentro de los límites de la relación.

Es importante mencionar que muchos de estos «acuerdos» son pactos heredados y aceptados socialmente que pocas veces son reflexionados según las necesidades y deseos de cada persona que conforma la pareja. En muchas ocasiones, las personas dan por hecho que las relaciones tienen que seguir reglas legales y morales bajo las cuales la mayoría de la gente vive. Es decir, los acuerdos de pareja son prefabricaciones sociales y culturales que pocas veces se hablan, se cuestionan y se deconstruyen.

Actualmente, tenemos mayor libertad para elegir y acordar con nuestra o nuestras parejas —en el caso del poliamor— lo que es válido y lo que no. Y, sobre todo, cuando se proviene de diferentes culturas y sociedades y, por lo tanto, diferentes visiones del amor, de las relaciones de pareja, del compromiso, lo que se considera infidelidad y lo que no.

Por ejemplo, para algunas personas, acostarse con alguien es ser infiel; para otras no mientras no se involucren sentimientos; para otras, infidelidad es intercambiar mensajes eróticos, el famosísimo *sexting* o también tener una relación virtual con alguien, mientras que para otras no. En algunas culturas, por ejemplo, se normaliza el bailar con un extraño en un club y para otras personas eso ya representa una infidelidad. Lo que es infidelidad cada pareja lo decide y lo acuerda. El problema, la mayoría de las veces, es que ese acuerdo no se habla, ni se define. A las personas no les gusta hablar sobre esto, es un tema tabú aún, incluso con nuestra pareja, con quien más «intimidad» tenemos.

En la fase del enamoramiento en donde todo es color de rosa, caramelos y miel..., la gente siente que no tiene que hablar de ello, todo es tan perfecto que omite estos temas. Se da por hecho y entonces se crean idealizaciones y expectativas como: «siempre seremos tú y yo»; «siempre sentiremos esta química» y «siempre sabrás actuar de formas positivas para mí». Y es así como las personas piensan que la otra persona espera, necesita y desea lo mismo que ellas.

La infidelidad no es necesariamente sinónimo de falta de amor. Claro que hay ocasiones en las que sí se pudo haber acabado el cariño y que la infidelidad puede darse porque la persona ya no está ilusionada y enamorada de su pareja, ya no la ama y busca ese bienestar e incluso esa confirmación a través de tener contacto emocional y/o sexual con otra persona. Sin embargo, en muchas otras ocasiones, existen personas que cometen una infidelidad estando enamoradas de sus parejas e incluso teniendo una relación íntima, sexual y emocionalmente satisfactoria.

TIPOS DE INFIDELIDAD

- **Infidelidad física**

  En este tipo de infidelidad, no hay sentimientos ni afectos por la otra persona, simplemente se transgrede el acuerdo de la relación sobre el contacto físico y sexual con otras personas, esta transgresión se basa meramente en el placer físico.

- **Infidelidad emocional**

Es aquella en la cual las personas sí involucran sentimientos y emociones por la otra persona e incluso pueden llegar a enamorarse de ella. La novedad muchas veces viene cargada de una idealización «Esta sí es la persona ideal para mí». La mayoría de las veces, cuando conocemos a alguien, vemos o solo mostramos lo bueno de nosotros. Inicialmente, la objetividad y la realidad no es totalmente visible: al no tener una convivencia cotidiana, no vemos a esa persona un domingo por la mañana al despertar, ni sabemos qué cosas no nos gustarían de ella o él en el día a día y por lo tanto idealizamos y así, pensamos que esa persona tiene únicamente esas cualidades.

- **Infidelidad virtual/online**

Este tipo de infidelidad va desde chatear, enviar fotografías y/o enviar mensajes eróticos (*sexting*) o incluso tener una relación cibernética con alguien. Muchas personas se sienten menos culpables al llevar sus fantasías y sus deseos por la novedad, sin contacto físico y en el mundo virtual; de esa manera, sienten que lo dejan fuera de la «realidad cotidiana».

- **Infidelidad por error**

Este tipo de infidelidad es aquella que la persona no planeaba, ni pensaba, ni deseaba llevar a cabo. Muchas veces, este tipo de infidelidades se dan ante el consumo de sustancias tóxicas que alteran la conciencia; las personas no están en total control de sí mismas, se dejan llevar por el momento y sucede. No quiere decir que la falta de planificación o deseo o la justifique, porque igualmente hay personas que pueden beber o consumir drogas y no cometer una infidelidad. Sin embargo, sí puede influir en la toma de decisiones el estar bajo los efectos de alguna sustancia.

¿Por qué las personas son infieles?

Falta de responsabilidad sobre sí mismos y dependencia afectiva. Por ejemplo, hay personas que buscan la satisfacción tanto emocional como física, siempre fuera, es decir, ante la incapacidad de ser la propia fuente de satisfacción, buscan obtener siempre la satisfacción de sus necesidades y deseos en los otros y como la pareja no logra hacerse cargo de todo —porque es humanamente imposible—, terminan buscando a otras personas que les satisfagan en diferentes niveles o les den eso que la pareja no les da o no puede darles.

Visión distorsionada del amor y las relaciones. Las idealizaciones ante el amor romántico han generado que demos prioridad al enamoramiento y no al amor maduro. Por ello, cuando una relación evoluciona a una relación más cotidiana, realista y más allá de las «mariposistas en el estómago» y la química física del inicio, algunas personas sienten el deseo de volver a sentir ese enamoramiento, las sensaciones de todo comienzo. Esto lleva muchas veces a cometer engaños o a buscar encuentros fuera de la relación de pareja.

Patrones familiares y relacionales. Cuando alguien crece viendo a sus padres o familiares rompiendo los acuerdos relacionales, llegan a normalizar y, con independencia de que conscientemente no haya una aceptación a este tipo de acciones, hay un aprendizaje y, a veces, si no se elaboran o trabajan, se repiten.

Diferencias de género en la infidelidad

Las investigaciones ya han roto el mito de que los hombres son más infieles. Tanto hombres como mujeres pueden cometer una infidelidad.

Sin embargo, sí existen diferencias, no en cuanto a la frecuencia o el número de infidelidades, sino en cuanto a la percepción de la infidelidad. Y no solo entre géneros, sino también culturalmente hablando.

Según un estudio publicado por una revista británica llamada *Sexual and Relationship Therapy*, los hombres tienden a considerar más los actos físicos que los emocionales como una infidelidad, mientras que, en las mujeres, ambos estarían igualados.

Con base en lo anterior, considero que la percepción de lo que es infidelidad se ve claramente influenciada por el género y la cultura. Nos educan como niñas o niños, así vamos aprendiendo roles, lo que es válido o no según si somos niñas o niños. Y esto se refleja en cómo nos relacionamos en la adultez. Asimismo, también influye el entorno social de cada persona, sus experiencias y su historia de vida. Por eso, lo que para una mujer alemana de padres divorciados es infidelidad, para un hombre chileno proveniente de una familia homoparental, puede no serlo. Eso hace que el concepto de infidelidad no solo varíe de cultura a cultura o de un género a otro, sino de persona a persona. Y de ahí, la importancia de hablar abiertamente de este tema al inicio de toda relación de pareja, y más si es una conformada por dos personas de diferentes culturas, para que los términos, las necesidades y los deseos queden claros y no se asuma nada.

7.2 RELACIONES A DISTANCIA E INFIDELIDAD

Amor de lejos es de pendejos.
Amor de lejos, felices los 4.

Se dice que las relaciones a distancia reportan mayores niveles de infidelidad, puede que los kilómetros y la incertidumbre pesen, que la confianza al ser totalmente ciega a veces no sea suficiente. La soledad, la búsqueda de gratificación inmediata y los efectos de la distancia influyen en que aquellos que tienen una relación con alguien que vive en otro país puedan experimentar deseo y atracción por alguien más y muchas veces terminen llevando a la acción dicho deseo.

Soledad

Las relaciones a distancia conllevan una ausencia física y dicha ausencia genera que muchas veces las personas se enfrenten al hecho de sentirse solas. Si la persona no sabe cómo acompañarse en estos periodos de ausencia física y no sabe estar consigo misma o consigo mismo positivamente hasta que el reencuentro con la pareja suceda, tal vez la frustración le lleve a sopesar esa soledad a través de otra relación o el contacto físico, emocional o sexual con alguien más.

Siento que yo estaba en un país nuevo, en un idioma nuevo, con gente nueva, en la maestría, una nueva experiencia y eso me ayudaba a no extrañarlo tanto, pero él estaba en su misma rutina y eso hacía que a él le pesara más que estuviéramos separados, que me extrañara más, que sus inseguridades se hicieran más grandes y le fuera más fácil por eso hacer lo que hizo.

Gratificación inmediata

Además de la frustración y la dificultad para manejar la soledad, a veces la distancia es tan grande y los espacios de encuentro tan reducidos, que el deseo afectivo y erótico se ve constantemente reprimido, postergado y bloqueado y eso puede igualmente llevar a que las personas que están dentro de una relación a distancia busquen eliminar esta frustración a través de un tercero que les ayude a satisfacer momentáneamente lo que la pareja en la lejanía y al otro lado del mundo no puede satisfacer a nivel emocional y/o físico.

Como él lo que más extrañaba era el sexo, me pidió abrir la relación. Al principio dije que no, porque no me sentía cómoda, y terminó haciéndolo, le perdoné y me volvió a insistir, él quería que yo también me abriera a estar con otras personas, me puse a leer y a investigar, y accedí.

Efectos de la distancia

Como mencionaba anteriormente, la distancia influye en que las personas se sientan limitadas en una relación de pareja; por ejemplo, el contacto físico se ve sustituido por videollamadas. Pero, por mucho esfuerzo que se haga, ver por cámara a una persona no tiene el mismo poder que un abrazo, al cual tu cuerpo responde físicamente, en donde se genera oxitocina y sustancias que generan química y fisiológicamente bienestar y apego entre los miembros de la pareja.

La limitación física y la falta de contacto no es el único reto de una relación a distancia, también hay una limitación social, por ejemplo, con el tipo de actividades y *hobbies* que pueden hacerse como pareja. Es cierto que las parejas que tienen relaciones a larga distancia se han vuelto creativas e ingeniosas a la hora de compartir, por ejemplo, ven series juntos mientras hacen Skype, cenan al mismo tiempo, en sus tiempos libres viajan a algún punto intermedio, etc. Pero igualmente, no es lo mismo que compartir una actividad o convivir cotidianamente, por ejemplo, poder caminar de la mano y hacer cosas juntos, poder irle a ver jugar algún deporte o acompañarle a un cumpleaños de un gran amigo. Todas estas cosas afectan e influyen en el nivel de apego, intimidad y en la construcción del *nosotros* en las relaciones a distancia.

¿Perdonar una infidelidad en una relación a distancia es más fácil?

Podemos decir que suele haber mayor comprensión y justificación a una infidelidad que se comete en una relación a distancia. Sin embargo, no significa que todas las personas tengan que dejar pasar por alto este tipo de situaciones o que, si te ha pasado o te pase, tú tengas que perdonarlo. La consciencia y el entendimiento de lo que puede producir la distancia ayudan a entender que la infidelidad se ha producido por el hecho de que «no soy parte de su vida a diario y por ello ha estado, convivido o conocido a otra persona». Así como el manejo del deseo y la soledad dependen de cada persona y pareja, el pasar página después de una infidelidad también depende de cada persona, de cada pareja y de su acuerdo relacional, implícito o explícito.

SUPERAR UNA INFIDELIDAD Y RECONSTRUIR LA CONFIANZA EN LA DISTANCIA

"Si viajas hasta otro país, debes de estar muy desesperado y tener muchas expectativas; ella vino desde Alemania a verlo, obviamente él le dio motivos".

Si de por sí ya es difícil superar una infidelidad, ¿cómo manejarlo cuando tienes de por medio 10 000 kilómetros? Así como puede tener ciertos obstáculos el construir una relación en la distancia, también los puede tener el reconstruirla, y más tras una infidelidad.

Lo más importante es primero que ambas partes de la relación sean honestas consigo mismas y con la otra persona, de si realmente quieren continuar en dicha relación. Si desde la sinceridad, la respuesta es que sí, se requiere esfuerzo y compromiso para reparar la herida y después construir nuevamente la confianza y una nueva relación basada en el aprendizaje de la crisis tras la infidelidad.

Siempre es recomendable buscar ayuda profesional que guíe a la pareja para darle la vuelta a una situación de infidelidad de manera asertiva y respetuosa, e incluso utilizar esta situación para crecer como pareja en comunicación, creación de acuerdos, en sinceridad e incluso en inteligencia emocional y erótica.

Uno de los primeros pasos para reconstruir la relación es analizar y aceptar sobre la responsabilidad que cada uno tiene ante lo que ha sucedido y no solo señalar sin parar al que ha sido infiel. E incluso, más allá de buscar encontrar una responsabilidad compartida, también es importante lograr un análisis y una comprensión de los efectos y daños que la infidelidad ha generado en ambas partes, es decir: ser conscientes de cómo la infidelidad afecta a ambos y a la relación.

El siguiente paso es tomar la responsabilidad: tomar acciones de cuidado y protección hacia mi pareja y la relación, por ejemplo, buscar nuevos espacios de pareja de calidad, practicar el comunicar los sentimientos y necesidades, sentarse a construir el nuevo acuerdo bajo el cual quieren que funcione la relación. Es decir, que cada persona que conforma la relación se replantee qué necesita de ahora en adelante y qué puede y está dispuesta a ofrecer y si, de cierta manera, hay algunas «condiciones necesarias» para que la confianza se reconstruya y para reparar el daño. Por ejemplo, más sexo telefónico o por videollamada, intentar verse más veces en lo que logran concretar estar en un mismo lugar, o hay parejas que definen como condición que hasta que no estén juntas sí pueden estar física y sexualmente con otras personas, y entonces, al ser un acuerdo y no algo que se hace sin que la otra persona lo sepa y a sus espaldas, no daña el vínculo amoroso. Las condiciones dependen de lo que cada pareja decida y de lo que consideren aceptable, pues hay cosas y acuerdos que pueden ser válidos para algunos y no para otros.

Es importante que tomemos en cuenta que en las relaciones a distancia se incrementa y se prolonga la tarea de conquistar y cultivar el amor, por ejemplo, tener detalles en general y hacer cosas que lo o la hagan sentir especial a pesar de no estar en el mismo punto en el mundo, y que, además, ayuden a hacerle sentir a la pareja cierta presencia, haciendo el contacto más personal y más humano y hacer cosas que ayuden a mantener la llama ardiendo mientras la relación se sigue viviendo en distancia.

Muchas veces, este tipo de situaciones ayuda a que las parejas que llevan una relación a distancia comiencen a definir los límites de tiempo para llegar a acuerdos más concretos sobre reunirse y estar en el mismo lugar o muchas veces para decidir separarse porque ninguna de ellas ve viable irse a otro lugar, y mantener la relación a distancia representa alargar un proyecto de pareja que realmente no es realizable o que va en contra de los deseos, necesidades y proyectos individuales, en donde estar juntos representaría un sacrificio individual.

CELOS EN LAS RELACIONES A DISTANCIA

Sentía que tenía algo con esta chica, me puse celosa e incluso paranoica. A veces me contaba que salía con sus amigos y omitía que iba ella y yo lo confrontaba, me molestaba que me ocultara detalles, porque me hacían pensar mal.

DEFINICIÓN DE LOS CELOS

Los celos, en el contexto de las relaciones, son un mecanismo de defensa ante el temor real o imaginario de que ciertos factores externos, por ejemplo, otra persona, amenacen la «estabilidad» de una relación considerada valiosa —en este caso, la pareja—. Es decir, los celos son una emoción a través de la cual se activan nuestras señales de alerta y ponemos en marcha acciones para asegurar la permanencia de nuestra pareja y para proteger la relación de posibles intromisiones y amenazas externas.

Aunque en cierto grado son una reacción natural como, por ejemplo, los bebés que en cierta etapa celan a la mamá del papá, de otro hermano o de otro familiar, porque valoran dicha relación al igual que un eje esencial en sus vidas, en exceso y en relaciones adultas y maduras, los celos generan mucho daño tanto para quien los siente, como para la relación de pareja.

La raíz de los celos, a veces pueden ser situaciones reales presentes, es decir, por ejemplo, una persona que sí está intentando romper la relación y conquistar a nuestra pareja o si nuestra pareja sí está interesada en otra persona. Igualmente, pueden ser situaciones reales del pasado, por ejemplo, el abandono o distanciamiento con nuestra madre o nuestro padre en la infancia, situaciones como un divorcio, separación o situaciones de celos e infidelidad entre nuestros propios progenitores y/o haber sufrido una infidelidad en alguna relación anterior, que genera esa inseguridad, esa desconfianza y ese estado de alerta en el presente.

Sin embargo, los celos también pueden originarse de situaciones imaginarias, ciertas fantasías, miedos, ciertas paranoias, en donde la persona no ha vivido ninguna situación directamente ni ha visto a gente importante a su alrededor vivir algún duelo o dificultad de este tipo, pero que tiene dicha preocupación como algo que podría pasarle y que muchas veces puede surgir ante una baja autoestima, autovalía e inseguridad personal.

Los celos dependen en gran parte de la relación que cada persona tiene consigo misma. A menor autoestima y mayor necesidad de aprobación y de valoración externa, mayor dependencia en sus relaciones y mayor probabilidad de tender a celar a la pareja. Por eso es importante que revisemos y sanemos nuestras historias relacionales y nuestra relación con nosotros/as mismos/as.

Los celos en cierto grado son sanos; sin embargo, los celos patológicos se pueden diagnosticar cuando los pensamientos y los comportamientos son compulsivos, es decir, cuando, a pesar de la ausencia de evidencia o prueba alguna de que exista una «amenaza» real para la relación, la persona tiene total convicción de su desconfianza.

Es decir, para él o ella el sentir que la pérdida de su pareja y la relación está en peligro es una realidad absoluta y esto, por supuesto, se acompaña de emociones que generan malestar, como el miedo, la tristeza, el enojo y ansiedad, y a su vez desencadenan conductas celotípicas (la pérdida de control e impulsividad, reacciones desproporcionadas a la situación, prohibición y agresión a la pareja o a otra persona, llamadas constantes, preguntas inquisitorias, quebrantar la privacidad en búsqueda de pruebas confirmatorias, si viven en el mismo lugar: vigilar y seguir a la pareja, revisar la ropa, contratar detectives privados o servicios para espiar y seguir a la pareja, etc.).

Esta búsqueda de control es una estrategia que le permite a la persona eliminar la amenaza percibida y lograr disminuir el malestar emocional de forma inmediata pero momentánea. Las conductas de comprobación tienen como función disminuir la ansiedad.

A veces, aquellas personas que están en una relación a distancia con una persona de otro país pueden llegar a sentir celos e inseguridad. Es frecuente que uno de los principales problemas que surge en las relaciones a distancia sean los celos, sobre todo, cuando se está comenzando apenas una relación y no se ha construido aún la suficiente confianza en la otra persona. El hecho de no poder estar en el mismo lugar llega a provocar mucha incertidumbre y muchas veces la imaginación puede hacer una mala jugada y hacer que se construyan o armen historias para entender lo que no se sabe. Esto dependerá en mayor o en menor grado de cada persona, su tipo de apego, sus vivencias, pero también, de la claridad que se haya establecido en cuanto a si en la distancia somos exclusivos o no, cuánto tiempo se va a estar a distancia, si hay un acuerdo y un proyecto para reunirse próximamente o no, etc.

Por otro lado, no podemos olvidar observar a los celos desde una perspectiva socioconstructivista, ya que cada cultura tiene sus propios códigos sobre lo correcto o lo incorrecto, lo permitido y lo no permitido a la hora de relacionarnos. Los celos pueden presentarse en parejas bi o multiculturales cuando hay diferencias entre los acuerdos y perspectivas sociales entre una y otra persona y para alguna de ellas lo permitido y aceptable en una cultura representa una amenaza para el vínculo. Por ejemplo, hay culturas en las que está totalmente normalizado que las personas sean amigas del sexo opuesto y salgan con ellos/ellas sin problema y culturas en las que no. O culturas en las que el hecho de bailar implica ya un acto de seducción y de cortejo y culturas en las que no, de ahí quien no le importe ver a su pareja bailar con alguien más o a quien sí y de estos ejemplos nos podemos ir a otros mucho más rígidos, como los generados en culturas ultraortodoxas musulmanas o católicas, en donde existen muchas prohibiciones y limitaciones para las mujeres y personas de la comunidad LGTBIQ.

Por eso, es muy importante definir desde el inicio lo que para cada quién, desde su cultura, es aceptable y lo que no y, en caso de ser necesario, llegar a un acuerdo. Nuestras emociones, nuestro comportamiento y nuestras necesidades y deseos relacionales, en este caso los celos y las circunstancias que los provocan, están asociadas al contexto sociocultural en el que hemos crecido.

CONSEJOS PARA MANEJAR LOS CELOS Y LA DESCONFIANZA EN LAS RELACIONES A DISTANCIA

1. Busca evidencia y si tienes motivos reales para desconfiar y sentirte en peligro. Haz un análisis objetivo de la situación, en donde logres darte cuenta si en verdad los celos que sientes están bien fundamentados o si son producto de tu misma desconfianza, de haber vivido anteriormente situaciones en donde fuiste traicionado/a o abandonado/a, etc. Pero no me refiero a buscar evidencia violando su privacidad o teniendo un comportamiento celotípico, sino racionalmente. Pregúntate: ¿ha hecho realmente algo para que yo pierda la confianza? ¿Alguna vez me ha mentido o me ha hecho daño? ¿Me ha faltado el respeto? Muchas veces los celos provienen de sensaciones «Le siento raro/a» y la conclusión es «Está con alguien más», cuando puede haber 20 mil razones más para esa rareza, por ejemplo, que «Está estresado/a por el trabajo», «Tiene un problema familiar que prefiere no contarte», «Tuvo un mal día», etc.

2. Acepta la incertidumbre de tener una relación a distancia. Aunque nosotros mismos respetemos a nuestra pareja que está lejos y hagamos todo lo posible por que la relación siga funcionando, esto no garantiza al 100 % que la otra persona también vaya a hacer lo mismo. Esto es una realidad que debemos aceptar, y no únicamente por tratarse de una relación a distancia, sino en cualquier tipo de relación, ya que, aunque se viva en la misma ciudad que la pareja o en la misma casa, nadie puede garantizarte lo que puede ocurrir. Sin embargo, piensa que vale más la pena aceptar la incertidumbre y disfrutar cada momento con esa persona a no aceptarla, vivir constantemente desde los «y si...» y con miedos, desgastando la relación y sufriendo.

3. Deja de hacer hipótesis o asumir: si quieres saber, pregunta. Deja de hacer hipótesis y de crear en tu mente historias fantasiosas acerca de lo que puede o no estar haciendo tu pareja cuando no te contesta, en los momentos en los que no están en contacto o cuando le sientes rara. Recuerda que todas esas hipótesis negativas que haces están fundamentadas en tus celos y miedos. Pregúntale a tu pareja para que puedas comprender por qué está como está. No depende de ti que esa persona sea completamente honesta, pero sí depende de ti actuar de manera transparente y congruente; si quieres honestidad, sé honesto/a.

4. Exprésale abiertamente tu temor a perderle. Con el tiempo me convenzo más de que no hay mejor remedio y sanación ante el dolor que expresar lo que sentimos. Cuéntale cómo te sientes, eso aumentará la confianza y la honestidad en la relación. De esa manera tu pareja puede saber sobre tus inseguridades y tu temor a perderle y ser más empática contigo.

5. Elimina los «Y si...» y enfócate en el presente. Muchas veces, el malestar se debe a lo que imaginamos que podría pasar «Y si me engaña», «Y si conoce a alguien mejor en donde está», «Y si ve a su ex», «Y si me deja de querer». Estos pensamientos son una asunción negativa futura, es importante enfocarse en el presente y no estar preocupándote por lo que pueda o no hacer tu pareja. No sufras de manera innecesaria por cosas que no han ocurrido y no sabes si realmente ocurrirán.

6. Mantén tu mente ocupada, ten una rutina que te satisfaga, y no bases tu vida en tu pareja. No frenes tu vida, ni dejes de hacer las cosas que te gustan. Ten una vida más allá de tu relación de pareja, eso solo es una parte de todas las experiencias vitales que puedes elegir vivir. Si dejas de hacer tus cosas y esperas únicamente a que llegue el momento de hablar o estar con tu pareja y centralizas la relación como fuente de bienestar vital es muy probable que experimentes malestar, insatisfacción, incluso ansiedad y, claro, celos, pues si una persona es la que te hace sentir feliz, tendrás todo el miedo del mundo de perderla.

7. Piensa en las consecuencias. Los celos son en parte una agresión a la otra persona, representan una falta de credibilidad y confianza, una búsqueda de control y poder sobre su libertad a elegir estar en la relación. Esto, por supuesto, no hace sentir bien a ninguna persona, y es ahí cuando los celos pueden ser lo que realmente aleje a tu pareja y lo que realmente pueda poner en peligro la relación. Evalúa el costo emocional de cada ataque de celos. Los celos patológicos son un problema que terminan poniendo distancia emocional, incluso más distancia que la ya existente en una relación a distancia.

8. Comunica tus expectativas de pareja. No esperes a que suceda algo para hablar de lo que es válido o no en la relación. Es muy importante sentarse a hablar y a definir los límites, las reglas, las libertades, es decir, definir en dónde tu libertad ya comienza a herirme o a afectar y hasta dónde mi libertad te hiere o te afecta. Igualmente, es importante hablar de las diferencias culturales, por ejemplo, ¿qué para mí, mexicana, es válido y aceptable y qué no lo es?, y ¿qué para mí (español, alemán, brasileño, marroquí, nigeriano) es válido y qué no lo es?

Porque solo comunicando y siendo transparentes podrán saber en qué puntos no coinciden, en qué puntos viven choques y diferencias culturales y es ahí en donde requerirán elaborar esfuerzos para cuidar las visiones y necesidades de ambos o tener la claridad de que ambos o alguno no pueden cubrir las expectativas de pareja del otro. Lo ideal sería que todas las parejas y las relaciones, a distancia, multiculturales o no, al principio de su unión, hablaran sobre el compromiso, el mundo erótico, sus fantasías, sus temores y los límites que consideren oportunos establecer para cuidar la una de la otra.

9. Acepta la libertad de tu pareja. Igualmente, y no solo en relaciones a larga distancia, es primordial recordar que nadie nos pertenece. No podemos forzar a nadie a estar o quedarse.

Si los celos no se manejan efectivamente, pueden llegar a desembocar altos niveles de ansiedad. Si el malestar de una persona llega a ansiedad ante el miedo a la soledad y el abandono, producto de la dependencia y el apego inseguro hacia su pareja, es importante acudir con un profesional, no solo para eliminar la ansiedad, sino para trabajar con el amor propio, la confianza, el apego y, si es el caso, con aquellas situaciones del pasado que han generado un temor o un trauma relacional que ha potenciado la creencia de ser abandonado o traicionado.

Si estás eligiendo una relación a distancia, no le pongas más trabas y dificultades de las que ya pueda tener el hecho de estar lejos de la persona que amas. Una relación a distancia que se mantiene y supera los retos, puede llegar a ser una relación muy sólida y con muchas fortalezas, ya que están superando una prueba muy importante, que es la de estar separados físicamente.

Aprende a disfrutar de ti misma/o, enfócate en tus proyectos individuales y en tus otras relaciones. Disfruta cada experiencia y no centralices tu relación. Acepta que eres libre y que tu pareja también lo es, y que en libertad elige quedarse o irse. No hay nada más bonito que amar en libertad y recordar que la otra persona está ahí, a pesar de la distancia, porque desea hacerlo.

Recuerda que el amor crece en donde la confianza descansa y el amor muere donde la confianza es traicionada.

RELACIONES BI O MULTICULTURALES E INFIDELIDAD VIVIENDO EN EL EXTRANJERO

¿Elegiste irte a vivir al extranjero y dar un cambio de 180° por tu pareja, decidiste soltar la vida que habías construido y tenías en tu país natal y apostarle a tu relación de pareja y de repente te enfrentas a la situación de que a pesar de todo tu pareja te ha sido infiel?

La infidelidad es el acto que puede dañar la confianza y el sentido de compromiso en una relación. En las relaciones bi o multiculturales, en donde un miembro de la pareja se ha ido al país del otro para poder crear un proyecto de pareja sostenible, muchas veces pesa tanto la infidelidad como el hecho de sentir que esa persona no valoró los esfuerzos que se han hecho por soltar lo conocido y empezar de cero por priorizar el vínculo amoroso. Se vive a veces como una doble traición.

¿Cómo poder superar algo así? ¿Cómo elaborar esta crisis y trascenderla? ¿Cómo separarse y fortalecerse después de perder el proyecto de pareja que llevó a emigrar? ¿Cómo superar una infidelidad lejos de tu red de apoyo, en otro país y en otra cultura? ¿Se puede reconstruir la confianza y la relación de pareja tras una infidelidad?

Para quienes tienen especial interés en este capítulo, me encantaría tenerles una receta paso a paso de cómo enfrentar la vulnerabilidad y el malestar ante una situación como esta. Varias personas que han llegado a mi consulta han enfrentado esta situación, y sí, el hecho de vivir esta experiencia al otro lado del mundo incrementa el desafío de superar, en conjunto e individualmente, la infidelidad.

En estos casos no solo pesa la infidelidad y el que se haya roto el acuerdo explícito o implícito de la relación, no solo duele el hecho de que tu pareja haya actuado de forma en la que sabía que podía lastimarte, no solo provoca un ego herido ante el hecho de que la pareja haya volteado a ver a otra persona, también pesa el hecho de experimentar este duelo y este sufrimiento en el extranjero, lejos de tus amigos, de tu familia, este dolor que la persona siente y vive sin su red de apoyo y por lo tanto, en mayor soledad y aislamiento.

Me parece muy fuerte que me haya hecho esto. No pensó en mí, pero lo peor es que me hizo todavía regresar a Alemania, sabiendo lo que había hecho. ¿Por qué no decirme que me había sido infiel cuando estábamos en México y dejar que yo me quedara ahí y no tuviera que lidiar con todo esto al otro lado del mundo?.

Recuerdo que fue una tristeza muy profunda. El día que me enteré, las manos me empezaron a sudar, sentí muchos escalofríos y el cuerpo débil, sentí que toda mi fuerza se fue. Ahí estaba yo, sentada en la cama, sola en un país que no conocía..., sin ninguna amiga o hermana cerca de mí para llorar y llorar...

A los duelos y procesos emocionales, también se añaden dificultades económicas y/o legales, por ejemplo, si la persona elige que quiere separarse y terminar la relación, pero depende económicamente y/o migratoriamente de su pareja, este hecho genera un efecto de mayor frustración y vulnerabilidad para esa persona y pone en duda sobre qué acción tomar. Incluso, para la o el inmigrante puede ser complejo a veces hasta encontrar un abogado que hable su idioma.

En cuanto a las dificultades lingüísticas, si se decide perdonar a la pareja y se quiere reconstruir la relación se pueden enfrentar a la dificultad de no encontrar un terapeuta que hable el idioma en el que se comunican, por ejemplo, el caso de una pareja franco-mexicana que se comunica en inglés y vive en Francia. Esto puede provocar que una o ambas partes de la pareja sientan que no pueden expresarse totalmente y que exista una mayor dificultad en el proceso de sanar el vínculo debido a las barreras lingüísticas y culturales.

MIGRACIÓN, DIVERSIDAD CULTURAL E INFIDELIDAD

En este caso, es distinto. Creo que al estar lejos de mi familia me partiría el alma en dos una situación así, y no estoy tan segura de si podría reconstruir la relación o si quisiera decidir hacerlo. Porque está este sentimiento de que ya de por sí sacrifico y he hecho cambios en mi vida por mi relación y mi pareja para estar en su país, y no sé si en la balanza de la relación el peso de la infidelidad después podría equilibrarse de alguna forma.

Cada relación funciona de manera única; sin embargo, algunos aspectos de la migración y características de las relaciones bi o multiculturales pueden llegar a tener cierta influencia en la infidelidad.

El peso de la sobrecercanía y la dependencia en la relación. Cuando vivimos en el extranjero, muchas veces en un inicio, cuando aún no construimos un círculo social y estamos lejos de nuestra red de apoyo y seres queridos, podemos recargar mucho peso social e interpersonal en nuestra pareja, a veces hasta el grado de depender excesivamente de ella. Lo que normalmente le contaríamos a una amiga, se lo contamos a la pareja o si queremos salir, en un inicio solo salimos con la pareja porque es a quien conocemos; es un común denominador la falta de espacios individuales con otros u otras, porque la única persona con la que se relaciona en un inicio es con la pareja. Es así como la pareja nativa o local se vuelve poco a poco, debido a la dificultad de adaptación o integración de su pareja, en el todo de esa persona: comienza a cubrir roles que, tal vez, si el miembro inmigrante tuviera a sus amigos y familia, no tendría que cubrir, o a cubrir responsabilidades y necesidades que, si el miembro inmigrante tuviera un trabajo o solidez económica, no tendría que cargar. Esta sobrevinculación, si no se va poco a poco disolviendo, puede saturar y afectar, eliminando o bloqueando el rol erótico y afectivo de la pareja. Como dice Esther Perel, «el deseo es fuego y para arder necesita espacio».

Sensación de obligación. Otro hecho que en una pareja bi o multicultural puede predisponer a una infidelidad es el sentimiento de obligación. Muchas veces, el miembro local o nativo se siente obligado y responsable del bienestar del miembro inmigrante. Esta sensación y sentimiento de obligación le hace sentirse aprisionado, sin libertad y esto obviamente debilita el deseo. Al ser humano, en general, no le gusta hacer nada por obligación o exigencia, porque eso le quita todo interés y motivación. La excitación sexual requiere de la capacidad de no preocuparse, el placer exige cierto grado de egoísmo y en este caso, algunas personas no pueden permitírselo porque están demasiado enfocadas en el bienestar de su pareja. Por ello, la tarea de ambos, pero sobre todo del miembro expatriado, está en ir logrando poco a poco independencia, autonomía e individualidad con respecto a su pareja, lograr tener sus propias relaciones y círculos sociales, sus espacios, sus *hobbies*, sus actividades, su trabajo y su dinero, o aquello que cada uno desee tener individualmente, según el acuerdo de la relación.

Diversidad cultural del lenguaje erótico y afectivo. Es muy importante considerar la percepción de fidelidad e infidelidad de cada cultura. Por ejemplo, en México las personas salen de antro y la gente baila y simplemente se está bailando, es algo común, pero hay otros lugares en donde el bailar en un club, un antro o una discoteca refleja o da a entender que quieres algo más o que estás bailando con esa persona con otras intenciones.

Otro ejemplo de diferencias culturales en cuanto a la percepción de fidelidad e infidelidad, es que, en su mayoría, las personas de culturas centro y latinoamericanas le damos mucha importancia al contacto y al «apapacho» verbal y físico. Por ejemplo, en varios países, le hablamos cariñosamente a la gente, abrazamos y besamos mucho a nuestros seres queridos, a todo el mundo le decimos «mi amor», «corazón», etc. Y esto, si se está en pareja con alguien de una cultura diferente, más fría o menos acostumbrada a dicha cercanía y contacto físico, por un lado, puede generar una carencia, y dicho vacío puede intentar ser llenado con alguien más o se puede sentir la tentación de cometer una infidelidad si alguna otra persona sí brinda ese afecto físico y verbal o culturalmente similar al nuestro; o, por otro lado, la pareja puede sentir celos de dicha cercanía y de las formas de expresarse, sin que realmente signifique algo. Con lo anterior para nada quiero decir que las y los latinos tengan más tendencia a ser infieles, ni que sea una regla general, sino ciertos aspectos culturales que en mi caso he podido observar en las personas con las que he trabajado.

La infidelidad es una situación que genera mucho sufrimiento; sin embargo, existen diversas maneras de reaccionar y responder ante ella. Están quienes no deciden separarse pero se quedan sufriendo y lastimándose; están aquellas parejas que deciden tomar caminos separados; o quienes, más allá de sufrir, se enfocan en preservar lo que han construido y seguir construyendo; y también están los que transforman la crisis en algo positivo, dándole apertura a su relación y no solo hablando de permitir a terceras personas o mayor libertad sexual, sino también apertura en estilos de vida y formas de ser pareja a través de nuevas formas de conectar, convivir y relacionarse. Cada relación es única y, por lo tanto, cada crisis ante una infidelidad es única también, y la manera de hacerle frente y procesarla igual.

Cuando la pareja se ve atrapada y no logra manejar efectiva y asertivamente una infidelidad, un proceso de terapia de pareja es de mucha utilidad. En la terapia se aprenden estrategias que permiten reconstruir la relación o para lograr hacer un cierre positivo y sano. La terapia de pareja no es sinónimo solo de unir nuevamente a dos personas, aunque mucha gente llega buscando preservar la relación, muchas veces el proceso les es de utilidad para aceptar que la relación no va para ningún lado y que seguir con la dinámica que han creado sería más dañino y doloroso que una separación.

Individualmente, se mantenga la relación o se opte por una separación, hay personas que, si no sanan esta experiencia, pueden llegar a seguir viviendo y relacionándose desde la desconfianza, los celos y el temor, o quienes deciden liberarse de lo sucedido y reconstruir su sentido de confianza.

REFLEXIONES SOBRE INFIDELIDAD EN LAS RELACIONES BI O MULTICULTURALES, EN EL EXTRANJERO Y EN RELACIONES A DISTANCIA

1. ¿Has cometido una infidelidad? Si lo hiciste: ¿qué fue lo que te impulsó?

2. ¿Has sufrido una infidelidad por parte de tu pareja? ¿Pudiste comprender por qué actuó en contra del acuerdo de pareja?

3. ¿Qué elementos socioculturales de ti y de tu pareja crees que hayan influido en la infidelidad?

7.3 VIOLENCIA DE GÉNERO EN EL EXTRANJERO

La infidelidad no es el único problema que pueden enfrentar las personas inmigrantes en el ámbito de las relaciones de pareja. Se calcula que el 70 % de las mujeres en todo el mundo ha sufrido algún tipo de violencia por parte de algún compañero sentimental a lo largo de su vida. En este capítulo, nos enfocaremos en detallar la violencia de género que sufren las mujeres inmigrantes, uno de los grupos más vulnerables en sufrirla.

La violencia de género es cualquier acto o comportamiento de agresión, represión o sometimiento llevado a cabo por la pareja o expareja de una mujer. La violencia de género es grave porque causa daños a nivel físico, sexual, económico, psicológico y social y, sobre todo, afecta la integridad personal de las mujeres que la sufren.

FORMAS DE VIOLENCIA DE GÉNERO

Física

Son todos aquellos actos y agresiones que generan daño a nivel físico. Pueden ser ejercidas con la mano o con cualquier parte del cuerpo del agresor, incluso con algún objeto o arma. Es la forma más visible y reconocida de violencia. Va desde empujones, jaloneos, patadas, mordiscos, golpes, ahorcamientos o traumatizaciones más graves que pueden tener como efecto la muerte.

Estábamos en la casa, habíamos tenido una reunión y él había bebido. Cuando comenzamos a discutir, de un momento a otro comenzó a pegarme en la cara, diciéndome que me callara. Cuando pude llamé a la policía y llegaron enseguida, trajeron un traductor al día siguiente para que me ayudara a dar mi declaración.

Psicológica

Son todos aquellos actos y comportamientos que el agresor realiza para generar temor, culpa, vergüenza, sentimientos de indefensión, baja autoestima en su pareja. A través de este tipo de violencia, el agresor gana poder y dominación sobre la mujer y genera en ella una dependencia emocional. La violencia psicológica incluye amenazas, insultos, humillaciones, desprecios y manipulación.

Cuando viaja siente mi falta, pero cuando está aquí me trata mal, por ejemplo, ahora que está en Brasil me dice que va a cambiar, que las cosas van a ser diferentes, pero sé que no es cierto, lo he escuchado muchas veces.

Mi ex pareja cambió completamente en cuanto llegué a vivir con él a Polonia. A veces me gritaba, muchas veces estaba enojado o reaccionaba ante cualquier cosa, me decía que yo tenía la culpa de su enojo, que yo le hacía enojar.

Sexual

Abarca cualquier tipo de acto o conducta que vaya en contra de la sexualidad, intimidad o deseo de la mujer. Se puede ejercer principalmente de dos maneras:

Violencia sexual psicológica. Cuando el agresor ejerce presión o manipula a la mujer para que tenga cierto tipo de prácticas sexuales que ella no desea o para que haga cosas que ella no se siente preparada para hacer.

Violencia sexual física. Cuando, por medio de la violencia física, se somete a la mujer a prácticas sexuales, posiciones o tipos de coito que no son placenteros para ella, en contra de su voluntad e incluso que son dolorosos o atentan contra su bienestar físico.

Desde que llegué aquí, muchas veces siento que él me presiona para que lo hagamos, y si no pasa se enoja o se pone muy agresivo.

Social

La violencia social incluye cualquier tipo de acto que el agresor ejerce para limitar la vida social y las interacciones sociales de su pareja o expareja. Desde limitar sus relaciones familiares, de amistad, en el trabajo y/o cualquier tipo de contacto social. Por ejemplo, cuando revisa o controla su dispositivo móvil y/o sus redes sociales, la vigila, la espía e incluso cuando llega a impedir a su pareja o expareja salir a la calle, la encierra o la secuestra.

A veces me hace pensar que quiere bloquear cualquier cosa que yo quiera hacer o todo contacto con mi gente en México.

Me dice que le dé la contraseña de mi Instagram, que los hombres no pueden ser amigos de las mujeres, que eso no es normal y que siempre fingen serlo, pero con otras intenciones, pero yo en Perú tengo muy buenos amigos hombres, de verdad.

Económica

Este tipo de violencia es cuando el agresor busca ejercer un control económico y limitar los recursos económicos de la mujer. De esa manera, impide que ella tenga autonomía e independencia para salir de la relación. Por ejemplo, se omite información sobre los ingresos económicos, se niega el acceso al manejo del dinero e incluso se impide que ella desarrolle una actividad profesional y/o se controlan sus ingresos.

¿Por qué las mujeres expatriadas son más vulnerables a la violencia de género?

Aunque la violencia de género la puede vivir cualquier mujer, sin importar su nacionalidad, raza, edad, grupo social o económico, los estudios señalan que las mujeres inmigrantes son más vulnerables, sobre todo si presentan estos tres rasgos:

1. Procedencia latina.
2. Situación irregular en el país de residencia.
3. Han llegado al país tras un proceso de reagrupación familiar.

Esto es debido a que, al estar lejos de sus redes de apoyo, social y familiar, tienen una mayor vulnerabilidad al sentirse solas y/o al considerar que sus parejas son su único vínculo importante. Además, ante su situación migratoria, puede haber mayor dependencia ya no solo social o emocional hacia el agresor, sino también económica y legal.

Igualmente, como inmigrantes, al vivir procesos como el duelo migratorio y la aculturación, en un inicio generan vulnerabilidad emocional y las hace más proclives a soportar actitudes de agresión y violencia. Esto se debe a que emocionalmente no están lo suficientemente fuertes y estables para poner límites o sentirse capaces de lidiar con las agresiones.

Asimismo, estar con parejas de otra cultura también puede hacer que las mujeres normalicen y/o justifiquen la violencia, es decir, pueden creer que los comportamientos de su pareja son una cuestión cultural, de diferencias sociales, del carácter y personalidad de los hombres de determinado país y no son conscientes de la violencia.

Otro factor es el aspecto legal migratorio: muchas veces, las mujeres maltratadas no quieren volver a su país de origen y mantienen el vínculo a pesar de las agresiones con tal de no tener problemas migratorios.

Decidí no denunciar porque las leyes son muy rígidas en Alemania y sentí temor de en un futuro tener problemas migratorios. Aunque la policía me explicó que al denunciar yo no tendría problemas, tampoco quería perjudicarlo a él más de la cuenta.

Si estas mujeres, además, han formado una familia, se vuelven más vulnerables, ya que se añade el gran temor de perder a sus hijos y llevar un juicio para obtener la patria potestad en un país ajeno al de ellas.

Medidas para prevenir la violencia de género en relaciones bi/multiculturales y/o en el extranjero

La prevención lamentablemente no significa que puedas prevenir las acciones de tu pareja ya que no eres responsable ni de sus acciones ni de sus conductas. Pero sí puedes saber mejor cómo responder ante este tipo de situaciones y comportamientos en una fase temprana, evitando que se hagan más graves o crónicas.

1. Lo más importante es no justificar ni minimizar la violencia a través de las diferencias culturales. Un grito es un grito en España, en Colombia y en China. Celar tus amistades o prohibirte hablarle a alguien, es violencia social en Francia, Ecuador y en Rusia. Y hacerte sentir menos o insultarte, es violencia psicológica en México y en el resto del mundo. Violencia es violencia donde sea, no importa la nacionalidad, ni la cultura.

La gente de su país (Rumanía) me dijeron que estaba mal visto en su cultura salir con amigos del sexo opuesto sin la pareja, pero yo siento que está mal, hay algo dentro de mí, que me dice que no lo debo de permitir.

2.Confía en tu juicio y tus sensaciones. Es importante que, si te sientes mal con las actitudes o forma de ser de tu pareja, visualices ese malestar como una señal importante de que estás en una relación que de una u otra manera pudiera estar siendo dañina para ti. Una relación sana tendrá sus días no tan buenos, pero no te generará malestar continuo. Si constantemente te sientes triste, culpable o con temor, posiblemente sea señal de que estás en una relación disfuncional y donde posiblemente se ejerza violencia de género. Siempre he pensado que nuestras emociones son la brújula que nos indica si estamos en el lugar correcto o no.

3. Alguien que te ama, respeta quien eres y como eres. Si tienes que cambiar o dejar de hacer cosas por estar bien con tu pareja, puede que estés sufriendo violencia de género. Ten cuidado en confundir el adaptarte a una nueva cultura o a relacionarte con alguien de otra cultura, a cambiar quien eres y el estilo de vida que te gusta para ti.

4. Tú le enseñas a los demás a tratarte con lo que permites o no permites que hagan. Es muy importante no evadir o evitar poner límites a cualquier cosa que vaya en contra de tus valores, pensamientos, necesidades o deseos. Mantén tu opinión, tus gustos, tus relaciones y, sobre todo, tu individualidad.

5. Fomenta la autonomía y una soledad positiva. Es muy importante disfrutar de la soledad e independencia viviendo en el extranjero, porque eso te va ayudar a no tolerar violencia o agresiones con tal de no sentirte sola o huir de ese sentimiento de soledad. Muchas veces las personas prefieren estar en una relación dañina que solas. Es importante aprender a valorar el lado positivo de la soledad y el tener tus propios espacios, relaciones y contextos para no generar dependencia o romper con ella.

6. Cultiva tu autoestima y amor propio. Irte a otro país requiere de fortaleza, de compasión y de autocuidado. Algunas veces los procesos psicológicos en el extranjero

—el duelo migratorio y la respectiva adaptación— pueden afectar o influir en la valía personal y eso derivar en mantener una relación no sana para ti. Reconecta con tu valor propio, revisa tu autoconcepto, reconoce tus avances y agradece tus progresos.

¿Qué hacer si eres víctimas de violencia?

El primer paso es contarle a alguien más lo que te está sucediendo

Habla de tu situación con alguien de confianza. Si no tienes a nadie en el lugar donde vives, puedes hacerlo con alguien de confianza en tu país. Las personas que viven violencia de género normalmente la sufren en silencio. En el extranjero, suelen cargar aún más con el peso de las agresiones que viven día a día con tal de no preocupar a sus familiares y amigos. Es básico hablarlo, pues se necesita de apoyo para salir de un ciclo de violencia.

El otro día hablé con mi madre y ella me preguntó que qué me pasaba, yo le dije que nada, que todo bien y ella me dijo que me escuchaba triste. No quiero decirles lo que pasó y que se preocupen.

Tengo una prima que sé que si le cuento me apoyaría en comprar mi boleto de avión para volver, pero sé que se lo diría a mi familia, y no quiero explicar lo que ha pasado. Al mismo tiempo sé que si no lo digo, esto puede empeorar.

Busca redes de apoyo y ayuda profesional

Busca ayuda de un profesional para que te guíe y apoye para recuperar tu fortaleza personal y así puedas estar emocional y psicológicamente estable para poder romper con el ciclo de violencia y lograr terminar esa relación de pareja, que es disfuncional y dañina. En todos los países hay muchísimas redes de apoyo y grupos terapéuticos enfocados a la violencia de género, incluso varios grupos y ONG enfocados a mujeres inmigrantes, mujeres pertenecientes a grupos minoritarios o en situación vulnerable. Muchos de estos grupos no solo están compuestos por profesionales, sino por mujeres que han sufrido y han pasado por situaciones similares y que pueden ayudarte a salir adelante. Recuerda que, estés dónde estés, no estás sola.

Construye un plan de acción en caso de crisis o emergencia

En lo que decides si te vas de casa, si te regresas a tu país de origen o no y mientras encuentras cómo salir totalmente de la relación, es importante que tomes en cuenta que las agresiones más fuertes suceden cuando se quiere poner fin a la relación o cuando por fin se ha terminado. En ese momento, el agresor experimenta una sensación de pérdida de control y tiende a reaccionar violenta y explosivamente. Para prevenir mayores riesgos, es importante tener un plan de acción, por ejemplo, contar con una orden de alejamiento, ir a la policía, hacer una denuncia que te proteja y que sirva como antecedente de la violencia vivida. Igualmente, es esencial tener números de emergencia a los que puedas marcar en caso de ser necesario. Además, debes tener tu documentación contigo en todo momento, tanto el pasaporte como cualquier identificación o documento migratorio, tarjetas de banco, dinero, etc.

Comienza a reconstruir tu vida y a reconectar con otras personas. Busca a tus amigos y familia para que no te sientas triste, deprimida, ansiosa y regreses a la relación nuevamente.

Trabaja en ti y sana tu relación contigo misma. Reflexiona por qué estuviste en una situación donde no pusiste límites y toleraste maltrato, fortalece tu autoestima, establece nuevas metas, sana patrones relacionales que estés repitiendo o traumas relacionales del pasado, invierte tiempo en ti y está presente contigo.

Sea cual sea la parte del mundo en la que te encuentres y sea de donde sea la persona con la que estés construyendo una relación, ama sin dolor, ama sanamente. Un proyecto de pareja sano mantiene la libertad y el respeto incondicional, ya que la única manera de crecer individualmente y en conjunto es venerando la esencia de cada miembro de la pareja, sea cual sea su cultura.

7.4 FAMILIAS MULTICULTURALES

Muchas veces logramos integrar, adaptar y convivir con una pareja de otro país y otra cultura, pero no es lo mismo cuando somos 2, que cuando pasamos a ser 3. A lo largo de nuestra vida generamos expectativas de cómo será cuando formemos una familia o decidamos tener un hijo. Pero, por mucho tiempo, tal vez en su mayoría, estas expectativas incluían la idea de una pareja de nuestra misma cultura o país.

Cuando se construye una familia multicultural, muchos aspectos requieren reflexionarse y negociarse: ¿En dónde nace? ¿Cuál es el primer idioma que se le va a enseñar: el tuyo, el mío o el del país en el que vivimos? ¿Qué aspectos y costumbres de cada cultura sí queremos que experimente nuestro/a hijo/a? ¿Cuáles no?

MATERNIDAD Y PATERNIDAD EN EL EXTRANJERO

En cuanto a los retos de una familia intercultural, a mí me preocupan un tanto, por ejemplo, el bullying en la escuela, porque siempre hay familias que eso de la migración y de la interculturalidad lo llevan un poquito mal, ¿sabes? Hay gente que le cuesta trabajo aceptar que el mundo no es como era, que España ya no es de los españoles, ni México es solo de los mexicanos, que hay un montón de gente de fuera viviendo y que en verdad esa concepción de «lo nuestro es nuestro y lo demás raro, extraño, hágase pa allá» es un poco arcaica... La migración ha existido desde la prehistoria.

Ahora queremos formar una familia y él quiere irse de Francia para Canadá. Aún es solo un proyecto y nada seguro, pero yo ya no le tengo miedo a migrar, para mí lo nuevo y la aventura de poder crear una nueva vida y una familia en una nueva cultura me fascina.

El convertirse en madre o padre es una experiencia vital que influye y reestructura la vida de cualquier persona. Conlleva cambios psicosociales; por ejemplo, el tiempo individual disminuye, las responsabilidades incrementan, la rutina se estructura completamente en torno al o la bebé, el uso y organización de las finanzas también, la vida social y los círculos sociales sufren modificaciones, incluso las personas se enfrentan a la reestructuración de ciertas creencias y pensamientos, y a reacciones emocionales o un cambio de actitud y comportamiento.

A estos cambios y nuevos retos se añaden desafíos a la maternidad y la paternidad en el extranjero. Dichos desafíos dependen de cada persona, ya que cada mujer y cada hombre elige una forma única de ser padres y madres. Esta elección dependerá de una diversidad de factores, por ejemplo, si es la primera vez que tienen un hijo o si ya eran madres o padres antes del proyecto migratorio; también dependerá, de en qué momento de su experiencia migratoria se decide o se tiene un hijo, si es durante el proceso de duelo migratorio o ya existiendo una mayor adaptación. Igualmente, influyen el estado emocional de la persona y el estado relacional con la pareja, es decir, si la mujer o el hombre estaban estables o con algún tipo de dificultad o malestar psicológico y/o en una etapa de estabilidad con la pareja o con conflictos y diferencias muy fuertes. Igualmente, influyen factores como el hecho de si la o el bebé fue planeado y deseado, si llegó en un momento de estabilidad económica-profesional, o si no fue planeado y desajusta y genera cambios en los proyectos de pareja o familiares si es que ya había hijos.

RETOS DE LA MATERNIDAD Y LA PATERNIDAD EN EL EXTRANJERO

Distancia física y/o emocional con la familia, los seres queridos y la falta de una red de apoyo. Muchas personas se sienten nostálgicas, tristes y/o frustradas por no poder compartir una experiencia vital tan importante como la maternidad/paternidad con sus familiares y amigos. A pesar de que algunas veces algún miembro o miembros de la familia y amistades de la persona expatriada puedan viajar para estar en el momento del parto, los primeros meses o simplemente para visitar, muchas otras veces, esto no es posible. Dentro de este desafío, no solo está el propio dolor y la propia nostalgia, sino también el dolor por la pérdida de la experiencia de esas otras personas. Las y los inmigrantes, a la hora de convertirse en padres/madres, igualmente se enfrentan al hecho de que sus familiares también se perderán de estar y no podrán disfrutar al bebé más que en vacaciones y periodos cortos, y tendrán que conformarse con una relación a distancia. Asimismo, que su o sus hijos/as cuando crezcan no tendrán la posibilidad de compartir y consolidar relaciones con sus primos/as o con las y los hijos de amigos/as, etc.

Y no solo pienso en los retos y pérdidas de ahora, al llegar a un nuevo país, sino también pensando a futuro, si tengo familia allá, no van a estar tan unidos a mi familia, todos van a perder la posibilidad de estar juntos en el día a día.

El peso del idioma y el lenguaje. Por ejemplo, Victoria, una expaciente angloparlante que había llegado solo hace un par de meses a España, comentaba en una de sus sesiones la ansiedad y falta de control que sentía cuando sus hijos se enfermaron y tuvo que ir al doctor. Se sentía insegura de no entender al 100 por ciento las indicaciones del doctor y al mismo tiempo de no poder transmitir claramente sus preocupaciones. Victoria comentaba que no le importaba no saber hablar perfectamente el idioma para socializar, o comprar algo en el súper, pero que, en esas situaciones, le pesaba mucho sentir que no estaba dando su 100 como madre y que se veía limitada en ser la madre que quería ser por el idioma. De igual forma, se puede vivir la barrera del lenguaje a la hora de enseñar a los hijos a hablar, sobre todo cuando hay dos o tres idiomas de por medio. Por ejemplo, una clienta *online* mexicana casada con un francés, pero residiendo en Canadá, refería que su estrategia era que cada quien le hablara en su propio idioma, ella español, su pareja francés y permitir que los niños en el día a día y en contextos sociales hablaran en inglés, porque antes de tener hijos ambos habían decidido y acordado aprender y hablar el lenguaje del otro, pero como residían en un tercer país, sabían que los niños necesitaban hablar también el lenguaje local que les permitiría integrarse y socializar. O, por ejemplo, el caso de varias pacientes de origen latino que se encuentran en países como, por ejemplo, Alemania y al tener hijos/as, estos crecen en el contexto alemán y se rodean más de la familia alemana. Esto muchas veces genera que dicha persona sea la única fuente para que el o la niña hable español.

Yo siempre me he comunicado con el papá de mi hijo en inglés y con mi hijo igual. Aquí, en Holanda, incluso en el ámbito profesional, la gente también habla solo inglés en donde trabajo, pero me he visto orillada a aprender holandés, ahora que mi hijo ha entrado al colegio y sus amiguitos solo hablan holandés. Hace poco vinieron a la casa y mi hijo tuvo que traducir todo lo que su amiguito necesitaba. Yo quiero aprender a relacionarme también con sus amigos y poder atenderlos bien cuando vengan a comer y a jugar a la casa.

Siento que a veces se ponen a platicar entre ellos y me dejan de lado, me da miedo, ¿qué tal si, cuando él crezca, la conversación entre ellos es más profunda y yo no entiendo nada? Siento como que no soy parte, me siento desplazada.

Incremento en la sensación de soledad y aislamiento. La pregunta del millón de muchas y muchos inmigrantes, sobre todo mujeres que se convierten en madres lejos de sus países es ¿cómo le voy a hacer yo sola? A lo largo de nuestra vida, hemos generado ciertas expectativas e idealizaciones de cómo sería formar una familia. En esas expectativas visualizamos muchas veces a nuestra familia y seres queridos interactuando y formando parte de esa experiencia. Imaginamos a nuestras madres, abuelas, tías, primas enseñándonos y guiándonos en los primeros días y meses de maternidad. Sin embargo, al construir una familia al otro lado del mundo, muchas de estas expectativas dejan de ser posibles.

Las formas de ser padre y madre según cada cultura. Los ideales sociales de parentalidad varían de país en país y de cultura a cultura. El estilo personal de cuidar, educar e involucrarse con los hijos muchas veces puede diferir con el de la cultura y el país en el que residimos. A veces las personas expatriadas pueden sentir un choque cultural en cuanto a su forma de entender la maternidad/paternidad y se preguntan: ¿cómo mantener mi cultura de parentalidad y a la vez lograr integrar las normas sociales y culturales de parentalidad de donde vivo?

Vulnerabilidad de experimentar crisis existenciales. Muchas situaciones vitales nos abren la conciencia ante la existencia. Dicha conciencia va acompañada de la reflexión sobre nuestra finitud, de nuestra libertad y responsabilidad ante las elecciones que hacemos, con la reflexión de nuestro propósito vital. Ser padre o ser madre genera que las personas vean de frente y sientan a flor de piel su existencia y esto les hace replantearse, por ejemplo, su sentido de vida en el extranjero ahora con un hijo. He trabajado con muchas personas que habían logrado una adaptación y generar un propósito vital que les hacía sentido y al convertirse en padres o madres ya no. O totalmente lo contrario, personas inmigrantes que no se hallaban en su nuevo país de residencia, que no encontraban un propósito de estar lejos de su país y que en su parentalidad encontraron algo que las ayudaba a echar raíz en su nuevo país de residencia.

Reactivación del duelo migratorio. Aunque la persona ya haya migrado hace años, esta nueva experiencia vital hace que se extrañe la vida que dejó, lo que soltó y sacrificó, pero desde una postura, necesidad y deseo diferentes, desde la nueva perspectiva que ofrece la parentalidad.

A pesar de que una persona se haya acostumbrado a no compartir su día a día con su familia, a ya no tener su trabajo anterior o a vivir bajo determinado clima, la maternidad y la paternidad le despiertan y le confrontan nuevamente con estas pérdidas. Ahora también se viven las pérdidas que ese hijo o hija de cierta manera vive; por ejemplo, tener a cierta parte de su familia a distancia. En general, no es lo mismo adaptarse individualmente, que como madre/padre y ahora estando al pendiente de las necesidades y deseos de un hijo/a en el extranjero.

Por ejemplo, una paciente mía a distancia, española radicando en Alemania, refería que ya había logrado sentirse más tranquila después de los altibajos que le habían supuesto el aprender alemán, encontrar un trabajo, hacer una vida en otro país; pero que ahora que había nacido su bebé, volvía a preguntarse cómo sería todo si en vez de vivir en Alemania, vivieran en España.

Igualmente, en un grupo de comunidad de expatriados en Facebook una mami compartía su experiencia en el extranjero, ella decía que:

Hay algunas cosas que duelen más que otras, pero las de los hijos más. Mi niña en la guardería siempre tuvo su mejor amiguito, siempre se buscaban y jugaban juntos todo el día. Con los papás aquí rara vez coincides. Cada quien a las carreras, los recogen y el saludo es raro. En fin, nosotros fuimos al cumple del chico por dos años. Ahora el amiguito está un poquito más grande y va a entrar a otra escuela. Un día dejó de ir y mi hija me preguntaba por él. Pregunté y me dijeron que ya se había salido porque entraba pronto a la escuela. Invitamos a los papás al cumple de mi hija y ni siquiera contestaron. Bendito el cielo tenemos mucho cariño y varios amiguitos vienen. Pero del mejor amiguito ni una razón para darle a mi niña. Una sociedad donde la amistad es pasajera, mientras les dure la escuela y mientras puedan llenar el salón de cumpleaños. Mis amigos de la infancia siguen siendo parte de mi vida, parte fundamental de mi ser... Los padres no enseñan aquí ni a despedirse con un abrazo del que fue el mejor amigo un par de años cada día en la escuela.

Alexis, con quien en un inicio había trabajado el duelo migratorio y su proceso de adaptación, ya había logrado sentirse más cómoda en Estados Unidos, pero cuando se embarazó revivió esa nostalgia ante la experiencia de su hijo al estar lejos de su familia extensa: «Yo ya estoy mejor, más adaptada, pero ahora con el embarazo pienso: "No manches, mi bebé va a crecer aquí solo conmigo y con Raúl...". O sea, siento feo que solo va a poder ver a mis papás en vacaciones. Sí, ya me gusta más acá, pero sí me da nostalgia nuevamente estar lejos, ahora por el bebé».

¿Qué conlleva nacer dentro de una familia bi o multicultural y/o ser hijo/a de inmigrantes?

Las migraciones y los procesos emocionales que conlleva la migración son transgeneracionales, es decir, los hijos de inmigrantes, sus nietos y demás descendientes también viven procesos de pérdida, adaptación y de identidad por el simple hecho de ser familiares directos de una persona inmigrante. **El duelo migratorio es transgeneracional, si no se procesa o se elabora, afecta y/o influye en las siguientes generaciones.**

Un paciente recordaba en una sesión el duelo migratorio que su madre había experimentado al vivir en la India y cómo los afectó como familia:

Tuvimos una infancia rara; nos mudamos 3 veces: una a Estados Unidos, otra a Europa y otra a la India en un solo año escolar. Por supuesto esto nos impidió a mí y a mi hermana ser capaces de conectar con otros niños, de construir relaciones. Pero, sobre todo, creo que mi madre estaba tan enojada de estar en la India y tan mal por todos esos cambios y movimientos, que lo más difícil fue que no podíamos conectar con ella.

Ajuste de identidad. Al crecer lejos de una parte de la familia, las y los hijos de inmigrantes en algún momento cuestionan y reflexionan sobre sus distintos orígenes. Y, aunque normalmente, los niños y niñas desarrollan una identidad más cercana a la de la cultura de convivencia y al contexto social y cultural en el que interactúan, algunos otros a pesar de la distancia sienten mayor cercanía y conexión con la cultura de origen de su madre o su padre expatriado.

Por ejemplo, Peter, de 10 años, que a pesar de nacer y vivir en España, se mueve en un contexto intercultural que le permite preservar y vivir desde la cultura de origen de su madre: «Aunque estoy en España, yo me siento más inglés, me gusta sentirme inglés. Mi mamá, mi hermana y mi familia vivimos aquí, pero vivimos más como ingleses que como españoles. Yo me siento más cómodo hablando en inglés que en español».

Igual recuerdo que cuando tomé el curso Intervención Psicoterapéutica en los Problemas Psicológicos derivados de la Migración de la Asociación de Psicoterapia Transcultural Sistémica en Madrid, invitaron a un chico nacido en España pero cuya madre era de origen africano y él mencionaba lo difícil que le había sido generar una identidad libre de las expectativas de su madre y libre de las expectativas sociales de su propio país ante el hecho de tener un aspecto diferente al del estereotipo español. «Estoy cansado de explicar que sí soy español, nacido y crecido».

Construir relaciones con parientes a distancia. ¿Cómo hacer partícipe a la familia y seres queridos en la vida de tu hijo/a viviendo en el extranjero? Hay quienes acomodan las diferencias horarias para lograr hacer videollamadas, y quienes se enfrentan cada vez que pueden a largos viajes trasatlánticos con un/a bebé o un niño/a. Tener un hijo en el extranjero significa también lograr una rutina de convivencia con tu familia desde lejos. Igualmente, asimilar las pérdidas de los otros: la abuela que no puede consentir a su nieto ni verlo tanto como le gustaría, el tío que se conforma con hacer reír a su sobrino/a a través de una pantalla, etc. Asimismo, en las relaciones bi o multiculturales con un miembro local, se vive en la relación de pareja un desbalance —«tú sí y tu familia sí; y yo no y mi familia tampoco»— cuando una persona de la pareja no se ve impedida por la distancia de compartir su experiencia vital parental y la crianza de su o sus hijos con su familia y la otra sí.

Consejos para sobrellevar la distancia con la familia y permitir que las y/o los hijos crezcan sin perder conexión con sus raíces culturales y familiares.

1. Usa la tecnología como tu gran aliada. Mantente en contacto de manera cotidiana e instantánea. Sí, no es lo mismo, pero es mejor que nada. Para toda mamá o papá

expatriado, las redes sociales son un gran medio para compartir con su familia los momentos especiales del embarazo, el nacimiento y las primeras veces de su bebé. Comparte fotos y vídeos, haz videollamadas. Permítete sentirte cerca y contacta a tus seres queridos para pedir y recibir consejos para los cuidados del bebé, involúcrate y déjales involucrarse, no dejes que los kilómetros y la distancia geográfica te limiten.

2. Cada vez que puedas permitírtelo visita tu país de origen con tu hijo/hija y recibe a familiares y seres queridos para que puedan convivir con tu hijo/hija también en su entorno y contexto cultural.

3. Incluye e integra rituales, tradiciones y costumbres de tu país en el día a día para que tu hijo crezca conectado también a tus raíces, sus raíces. Por ejemplo, ten en casa un calendario de celebraciones y días festivos de tu país y enséñale a celebrar esos días. O, por ejemplo, en rituales más cotidianos, como los cumpleaños, festeja mezclando las formas de la cultura en la que está creciendo y de la cultura de la madre o el padre expatriada/o y en caso de estar en un tercer país rituales o tradiciones de ambos progenitores.

4. Transmítele tu visión y cultura hablándole en tu idioma desde los primeros meses, cántale canciones de tu país, cuéntale cuentos antes de dormir relacionados con tu cultura. Los niños aprenden a socializar jugando, por

lo cual es importante que uses materiales didácticos, juguetes o juegos que le permitan conocer otros contextos culturales, diferentes al contexto en el que crecerá.

5. Negocia con tus hijos —conforme vayan creciendo— los elementos culturales bajo los cuales se desarrollará. Es decir, pregúntale y asegúrate de escuchar qué es lo que le interesa o no a tu hijo/a de tu cultura, de la cultura de su otro padre/madre y/o de la cultura en la que nació o vive. Así, tu hijo/a tendrá la libertad de elegir los valores y prácticas culturales que le gustan y con cuáles conecta y con cuáles no. Un niño/a proveniente de una familia multicultural o con progenitores que migraron debe adaptarse y cumplir ciertas reglas y normas sociales y culturales del país en donde vive para poder convivir e integrarse, por eso es importante no influir en exc<eso en lo que la niña o el niño elige y valora de cada cultura y contexto social. Esto puede generar en muchas personas cierto dolor y nostalgia. El deseo de cualquier persona, a menos que esté resentida con su patria y sus orígenes, es que sus hijos se sientan atraídos por sus raíces, su cultura y su país; sin embargo, es importante permitir que los niños lo incorporen a su ritmo y a su gusto, en libertad.

Los niños socializan según el contexto en el que viven y se desenvuelven, es parte de su naturaleza humana querer formar parte e integrarse, no te sientas mal si no se interesa tanto como desearías por tus raíces culturales y sociales. Con el tiempo, puede aflorar un gran interés, mientras tanto es importante que entiendas que tu hijo/a creará su propia identidad. La cultura, el idioma, las costumbres, la forma de socializar no solo se aprenden de papá y/o mamá, sino del entorno en el que nos desarrollamos. Lo importante es que conozcan sus raíces, y al ser miembros de una familia bi o multicultural aprendan a amar y respetar sus diferentes contextos y fuentes de identidad.

DEPRESIÓN POSPARTO EN EL EXTRANJERO

Se nos ha vendido la idea de que ser madre es lo más bonito que le puede pasar a una mujer, que no hay experiencia alguna que se le asemeje. Pero escuché alguna vez que «si pensamos en la maternidad como un viaje, es un trayecto de ida pero sin boleto de vuelta». Convertirse en madre lleva a toda mujer a volver a tocar sus vivencias y experiencias como niña, y sus relaciones significativas, a enfrentarse a una gran responsabilidad, a una experiencia cargada de muchas expectativas y estereotipos. Sin embargo, una de cada 5 mujeres experimenta algún trastorno del estado de ánimo en el embarazo o el posparto.

La depresión posparto es una alteración del estado de ánimo que viven las mujeres después de dar a luz y que se caracteriza por una profunda tristeza, ansiedad, angustia, irritabilidad, cambios de humor, sentimientos de inutilidad, culpa, cambios en el apetito, alteraciones en el sueño, desgana, dificultad para concentrarse entre otros.

En las primeras dos semanas, puede ser una fase totalmente normal a la que se le conoce como «Maternity Blues», una reacción y respuesta totalmente natural ante el desajuste físico después del parto. Sin embargo, si estos síntomas se extienden en tiempo o en intensidad es importante acudir con un profesional.

¿Qué hacer en caso de padecer depresión posparto en el extranjero, lejos de nuestra red de apoyo?

1. Háblalo con la persona más cercana o con alguien de confianza, aunque estés lejos. No te calles, busca apoyo de un ser querido o familiar.

2. Si tu malestar emocional se prolonga más de un mes, acude con un profesional especializado en depresión posparto. Esta es más común de lo que se cree, sin embargo, el peso de la idealización de la maternidad hace que mu-

chas mujeres lo vivan con culpa y vergüenza y por lo tanto no lo externen. Ser madre conlleva cambios en cuanto al nivel de responsabilidad, de sentido de vida, es decir, a un nivel muy existencial y profundo; por supuesto, también a nivel social y psicológico, cambios en la identidad y los roles —«¿Quién he sido yo hasta ahora y en quién me convierto?»—, por eso es muy importante buscar un espacio en donde hablar de ello sin prejuicios y en donde la mujer se sienta segura para que de esta manera pueda reorganizar su experiencia, manejar sus pensamientos, sus emociones, permitirse sentir la tristeza, la apatía el desgano, elaborar la pérdida y poder soltarlo.

3. El embarazo conlleva cambios fisiológicos y hormonales que, por supuesto, tienen un impacto en el estado de ánimo de las mujeres y por ello a veces es necesario un tratamiento médico y farmacológico de regulación hormonal. Acude con un especialista.

Carolina, una mexicana en Italia, recientemente había sido madre y se sentía culpable ante la desconexión emocional que sentía con su bebé. En sesiones, comentaba que sentía que reflejaba todo su malestar cotidiano en su hijo, que no tenía paciencia y que se sentía mala madre. Con el tiempo, logró reconectar con su bebé, darse cuenta de que incluso su experiencia como madre podía ser un motor que le permitiría integrarse mucho más a la cultura italiana. Finalmente, Carolina logró hacerle frente a sus temores, trascender su pasado y sus patrones familiares y comenzar a disfrutar de su hijo sin remordimientos ni pesares.

Ventajas y ganancias de la maternidad y la paternidad en el extranjero

Ganas libertad en la elección de tu rol parental. Como hemos hablado anteriormente, para muchas personas, el vivir en el extranjero, les permite hacer o ser quienes por mucho tiempo no se atrevieron o pudieron ser en sus países de origen. Esto también puede pasar en la experiencia de maternidad y paternidad. Al convertirte en padre o madre en otro país, podrás ser y ejercer tu rol parental de la forma en la que quieras, lejos de las expectativas, creencias e incluso de la mirada crítica de las personas que han conformado tu núcleo más cercano.

Cuando estás embarazada o vas a ser mamá, todo el mundo quiere darte su fórmula mágica…, y eso a veces es agobiante y cansado… Estar en otro país, en parte, me ha ayudado a no sentir tanto esa presión, a sentirme libre y hacer lo que considero correcto con mi hijo.

Ser padre o madre en otro país te puede permitir desechar, si así lo deseas, los modelos o tradiciones familiares que no te gustan y que conocías hasta ahora, y construir a tu gusto nuevas formas de crianza y cuidado.

Recuerda que moverte en otro país o cultura te permite ampliar tu perspectiva y tu experiencia.

Así como la experiencia migratoria a nivel individual y/o el tener una relación de pareja con una persona de otra cultura amplía nuestra visión de nosotros, de la vida y de las relaciones y nos permite por lo tanto ampliar también nuestra experiencia y nuestra manera de vivir, el ser mamá o papá en el extranjero también amplía tu vivencia de la parentalidad.

Por ejemplo, te permite integrar a tu modelo de crianza aspectos del país de origen de tu pareja que la complementan y la hacen más efectiva, enriquecedora y/o satisfactoria. Estar entre dos culturas, ser de aquí y de allá te permite aplicar lo que valoras de cada lugar y cultura en la experiencia de tener un hijo/a.

Facilita la integración. Otra ventaja, sobre todo para las madres o padres recién llegados al país extranjero, es que el hecho de tener un bebé puede facilitar la integración, una mayor desenvoltura y conocimiento del lugar. Un bebé y un hijo requieren citas médicas y con profesionales regulares, en algún momento que estén escolarizados, salidas de recreación como ir al parque, etc., y este tipo de actividades orillan a que los adultos se movilicen y a que se relacionen en los contextos médicos, escolares y sociales del país al que han emigrado. Ante la responsabilidad de los hijos, las y los inmigrantes se ven impulsados a intentar hablar el idioma, o a conocer y relacionarse con personas en su misma circunstancia, misma edad, misma etapa vital (maternidad/paternidad). El ser padre o madre en el extranjero, permite construir junto con tu bebé un nuevo sentido para vincularte a tu nuevo país.

La mayoría de las veces, convertirse en madre y en padre fortalece el proyecto común de las parejas bi o multiculturales. Ser padre o madre es construir y compartir algo más con nuestra pareja. Hasta ahora, sobre todo en el caso de parejas bi o multiculturales, tal vez había cosas que no compartían del todo, por ejemplo: el idioma, el país, la religión, las tradiciones..., pero, al convertirse en padre y madre, sí comparten la experiencia de traer a un ser humano que ahora conforma parte de sus vidas. Claro que puede conllevar retos, por ejemplo, el aprender a conciliar las diferencias en los estilos de crianza, pero también puede generar una unión y un sentimiento de que se convierten en un equipo que ya no tiene que esforzarse ante las diferencias, ahora ya tienen una gran experiencia vital común que compartir.

Pensar en las ventajas que tendrá tu hijo al nacer en el extranjero y/o en un ambiente bi o multicultural. Tu hija o hijo(s) tendrán la oportunidad de conocer otra cultura desde pequeños, podrán aprender más de un idioma sin que te cueste un centavo y podrán desarrollar una visión multicultural, tolerante y respetuosa hacia diferentes culturas y en general hacia todos los seres humanos. Esa es una gran habilidad que desarrollan los niños que se han criado en la diversidad y la multiculturalidad.

Recuerda que migrar y dar vida son dos vivencias que reconstruyen la identidad y si ambas experiencias se experimentan al mismo tiempo, es normal que necesites elaborar y procesar mental, emocional y socialmente tu visión de ti mismo/a, de la vida, de la familia, de vivir en el extranjero, etc. Sin embargo, este proceso de reformular tus creencias, tus acciones y elecciones fomenta consciencia y eso se traduce en un mayor crecimiento y trascendencia personal.

FAMILIA POLÍTICA EN EL EXTRANJERO

«Familia política» se denomina coloquialmente a la familia de nuestra pareja, que, a partir del matrimonio, la unión libre o legal —como por ejemplo en España lo es la pareja de hecho—, pasa a ser nuestra familia sin necesidad de tener lazos sanguíneos.

Siento que su familia a veces no entiende, desconocen la parte mexicana de nuestra relación, solo preguntan sobre la comida, pero hay más que eso.

Su familia es muy linda y muy abierta, me he sentido muy cobijada, pero no es lo mismo, ni es suficiente; extraño tener a mi gente cerca.

Al tener una relación con una persona, automáticamente comenzamos a tener una convivencia y una relación con su familia y seres queridos. En las relaciones de pareja bi o multiculturales, quizás existan barreras culturales y lingüísticas que superar para poder construir una relación con la familia política. A continuación, hablaremos sobre las vías para minimizar y saber hacer frente a estas barreras.

Ten apertura para aprender y enseñar. No te limites solo a aprender el idioma, que es esencial para poder integrarse, adaptarse y vivir en el nuevo país de residencia, sino también anímate a enseñar, pues es importante que sea un proceso bilateral, sobre todo con la gente cercana y con quien vayas a tener una relación cotidiana. Puedes enseñar palabras básicas en tu idioma: *hola, adiós, buen día, gracias, por favor, te quiero, de nada*, etc. No solo tú estás adentrándote a un nuevo mundo cultural o lingüísticamente hablando, también la familia de tu pareja lo está haciendo. Así que ayúdales a aprender, enséñales cosas de tu idioma y tu cultura que les permitan expandir su experiencia de relacionarse contigo y conocerte mejor. Otra posibilidad es, por ejemplo, enseñarles a cocinar un platillo típico o compartirles música típica, no todo requiere el lenguaje verbal. Muéstrales tu cultura a través del arte, las manualidades o los sentidos, hay muchas maneras de compartir y enseñar lo que tú también eres y de donde vienes. Esto permitirá, por un lado, generar mayor entendimiento y cercanía y, por otro, equilibrar la balanza de la integración y adaptación.

Usa a tu favor la comunicación no verbal. Mientras se aprende un idioma en común, es importante cuidar y usar positivamente el lenguaje y la comunicación no verbal. Tal vez aún no eres capaz de decirle que le agradeces la invitación a comer, pero un gesto puede ayudarte a hacerle frente a esa barrera lingüística. Mira a los ojos, sonríe, intenta conectar; incluso puede ser un proceso divertido y diferente al conocer a otra persona.

Ten en cuenta las diferencias culturales en la comunicación verbal, no verbal y en la manera de socializar. Como hemos mencionado, es importante no tomar personales muchas de las expresiones no verbales o formas de comunicar. Por ejemplo, algunas culturas como la alemana o la italiana utilizan un tono de voz más alto y movimientos corporales, lo que para personas de otras culturas, puede percibirse como «brusquedad».

En un programa que realizamos sobre este tema con Muy Intercultural, Clau Salcedo comentaba: «la gente aquí en España grita mucho, tiende a interrumpirse al hablar y además no dice mucho por favor, gracias, etc.». Y sí, yo a la fecha escucho hablar a mi pareja con su familia y siento como si estuvieran discutiendo, pero para ellos es una conversación común y corriente.

Siempre que leamos nuestra relación con alguien, no olvidemos tomar en cuenta los tintes culturales.

Celebra las diferencias. Las tradiciones y costumbres de nuestras familias y nuestra cultura de origen seguramente serán diferentes a las de la familia de nuestra pareja, pero ambas familias son igualmente importantes, así que es imprescindible valorar e integrar esas diferencias. Yo recomiendo buscar maneras de celebrar las singularidades de cada familia y cada cultura e integrar ambas perspectivas en el día a día. Tengo una clienta mexicana que me decía que ella ya celebraba *thanksgiving* y que, a diferencia de sus amigas mexicanas con pareja mexicana que vivían también en EE. UU., ella tenía la fortuna de vivir el *thanksgiving* puro y totalmente desde la visión de la familia de su pareja. Muchas de las personas con las que trabajo, en día de muertos hacen su altar e invitan a sus parejas a participar, les explican los elementos y los simbolismos del altar de muertos. Lo importante es involucrarse, invitar a los demás a participar y estar abiertos a que nuestras tradiciones, costumbres y festividades se mezclen y evolucionen.

Enfócate en lo positivo. Todas las culturas, la mexicana, la china, la sueca, la venezolana, la australiana…, todas tienen virtudes, fortalezas y también áreas de mejora. No podemos pretender que los demás cambien o se adapten a nosotros o sobrevalorar una cultura sobre otra. Si la familia de nuestra pareja no nos parece la «ideal» o tienen actitudes, dinámicas o costumbres que no nos encantan o encajan del todo con nuestras creencias y valores, es importante reconocer, identificar y valorar aquellas cosas que sí nos resultan atractivas, nos gustan y/o encontramos positivas. Tómate tiempo para revisar qué sí te gusta de ellos como familia de una cultura diferente, qué costumbres sí te atraen y suman en tu vida. Pregúntate: ¿qué tienen ellos culturalmente que tu familia no tiene? Es una tarea primordial el pasar de enfocarnos en lo que no hay a ver lo que sí hay y lo que nos gusta.

Respeto ante todo. Una de las claves básicas para cualquier tipo de relación saludable y satisfactoria es demostrar respeto incondicional, incluso aunque no sea recíproco, eso no significa que te dejes humillar e insultar y que no pongas límites, pero sí significa que no tienes que minimizar o insultar a nadie, ni por su cultura o las diferencias. La palabra respeto viene del latín *respectus*, palabra compuesta por *re-* y *spectrum*: «aparición», derivado de la familia de *specere*, que es *mirar*. Por lo tanto, respeto sería «volver a mirar», es decir, *respetar* es la capacidad de ver a una persona tal cual es y tener consciencia de su individualidad única independientemente de que encaje con lo que valores o creas correcto. Respetar significa permitir que la otra persona sea, se desarrolle y viva tal como es. Solo a través del respeto se construyen puentes de paz. Les invito a que el respeto sea un reflejo de lo que somos, merecemos y predicamos como inmigrantes.

VÍAS PARA CONSTRUIR UNA RELACIÓN ASERTIVA CON NUESTRA FAMILIA POLÍTICA DE OTRA CULTURA

En el punto anterior, te hablaba sobre cómo manejar mejor las diferencias culturales y las barreras del idioma. Sin embargo, una familia no solo es su cultura o su lengua, sino también es su dinámica y la suma de sus personalidades y de las situaciones que ha enfrentado y experimentado generación tras generación.

En toda relación, se necesita de apertura mutua para que funcione, pero en este segmento nos enfocaremos en las cosas que nos corresponden, son nuestra responsabilidad y están en nuestras manos para mejorar o nutrir la relación con nuestra familia política. Es cierto que no estás obligado/a a congeniar con tu familia política, pero, por el bienestar de la relación de pareja, es importante que ambas partes traten de construir al menos una relación cordial.

Siempre he estado acostumbrada a vivir sola y me preocupa que llegue allá y estén mi suegra y la abuela. Son superlindas conmigo, pero vamos a estar en la misma casa, y sé que voy a tener que buscarme actividades sí o sí, porque no estoy acostumbrada a estar con tanta gente.

A veces me cuesta llevarme con la familia de Manuel. Siento un rencorcito que dice «ayyyy, estoy aquí y podría estar con mi familia». Una parte de mí siente que tiene que estar con su familia, en vez de con la mía.

1. **Como expatriados/as llegamos a adentrarnos a una dinámica que se ha creado antes de nuestra integración, una dinámica en donde puede que ya existiera algún conflicto.** Este historial es independiente a nosotros/as como pareja, pero muchas veces influye indirecta o directamente en nuestra relación. Así que lo primero que tenemos que entender es que esta dinámica familiar va más allá de nosotros y muchas de las formas o acciones no son personales, sino parte de ese sistema familiar y de la manera en que ha venido funcionando.

2. **Nuestra cercanía nos permite muchas veces observar aspectos de la dinámica familiar que sus miembros o quienes están inmersos en la relación no ven con tanta claridad u objetividad.** Sin embargo, no es nuestro rol dar una opinión si no se nos pide o intentar cambiar dicha dinámica o intervenir de alguna otra forma. Aunque tu intención sea la de ayudar, siempre es mejor preguntar si se requiere tu opinión o tu ayuda; de esta manera, la familia de tu pareja y tu pareja no tendrán la sensación de invasión o de agresión. Si realmente quieres ofrecer tu perspectiva, pregúntale siempre a tu pareja si desea escuchar tu opinión, dile que crees que es importante compartir con él o con ella lo que tú estás logrando percibir. Pregúntale si está abierta a escuchar: «Tengo una opinión sobre este asunto…, ¿te interesa escucharla?». Seguramente te dirá que sí y, además, con ello permites un espacio de escucha más activa, porque al preguntarle no sentirá que le estás imponiendo tu versión, sino que se la estás ofreciendo. Y si no es así, respeta si tu pareja decide no hacerlo, no hagas comentarios de su familia sin preguntarle.

3. El respeto es primordial, incluso a la hora de poner límites a tu familia política. Tenemos la creencia de que decir *no* o decir *hasta aquí*, nos hace malos o malas personas y que generará rechazo y desaprobación. Se nos ha enseñado que aquella persona dispuesta y que siempre cede es buena y bien aceptada, pero eso no siempre es cierto. Los límites tienen una función muy importante dentro de cualquier vínculo o relación, que es la de proteger nuestras necesidades básicas y nuestros derechos, hacerle saber a los otros hasta dónde pueden llegar y hasta dónde sus deseos o necesidades no nos influyen o generan malestar. En el caso de la familia política, independientemente de que pertenezcan a otra cultura, es importante primero hacerle saber a tu pareja cuáles son tus límites, lo que sí puedes aceptar y en lo que puedes ser flexible y lo que te incomoda y lo que no te es posible tolerar cuando convivan con ellos, ya sea cuando ellos visiten tu casa o cuando tú visites la de ellos o en cualquier tipo de contacto. De esta manera, tu pareja puede estar alerta de cualquier situación que pudiera serte incómoda o vulnerar tus necesidades, y mediar si es posible. Y si esto no es suficiente, sí es importante que comuniques directamente a la familia de manera asertiva cuáles son tus barreras inquebrantables, qué aspectos culturales o no culturales no te hacen sentir tan cómoda/o o van en contra de tu bienestar. Igualmente, en esta conversación sería muy importante que también preguntes si ellos también se ven afectados por algún comportamiento tuyo y, si es así, que lleguen a acuerdos que les permitan una convivencia sana y cordial. Recuerda que no solo se trata de decir NO, sino de decir cómo sí y cuándo sí.

4. Practicar la empatía siempre es útil en cualquier relación: ponte en los zapatos de tu familia política. Tal vez, entendiendo y tomando en cuenta un poco la historia de vida de tus suegros o los seres queridos de tu pareja, te pueda ser de utilidad para entender que ellos/as no actúan como actúan por molestarte o dañarte, sino que su forma de actuar o de ser ha sido la manera en la que han aprendido a sobrevivir y a superar sus batallas y dificultades, que su forma de ser también es producto de una cadena de dinámicas y patrones familiares que no estuvieron del todo en sus manos, que su forma de ser es también producto de una cultura y de un sistema social mucho más amplio y que ellos no han elegido del todo. En vez de juzgarles o etiquetarles, pregúntate: ¿cómo su contexto social e histórico les ha impactado? ¿Tengo conocimiento de situaciones dolorosas en sus vidas? ¿Cuál podría ser su temor? ¿Represento o simbolizo alguna amenaza para ellos? Por ejemplo, algunas familias que tienen una relación distante, se sienten amenazadas cuando esa persona entabla una relación y más si es de otra cultura, por temor a que haya un mayor distanciamiento. El vínculo es tan frágil, que no hay una sensación de estabilidad y seguridad, o si, por el contrario, eran muy cercanos e incluso existía una sobrevinculación y cierta codependencia, el hecho de que esa persona ahora tenga una pareja naturalmente genera miedo a esa separación que antes no se había dado. Comprender la situación y la vivencia de otro no significa justificar, sino entender que no es contra ti. Tal vez no puedas entender la mala cara o un comentario negativo, pero tal vez sí puedas empatizar con el temor o la incertidumbre que siente esa persona.

5. Sé transparente y fiel a ti misma/o a la hora de relacionarte con tu familia política. Si eres tú mismo/a, tu pareja te reconocerá más en los momentos que pases con tu familia política. Por ejemplo, si normalmente eres una persona alegre con tu pareja y en la convivencia con su familia eres poco expresiva/o o eres la/el más amargada del planeta, es complicado que tu pareja te reconozca como la persona de la que está enamorada y, por extensión, que eso se refleje en sus seres queridos.

6. Respeto e integración por las creencias religiosas, culturales y sociales de cada familia. Dar espacio a ambas cosmovisiones es la única manera de que todos se sientan respetados y parte del vínculo sin necesidad de renunciar a sí mismos. Si para ellos una fecha o una tradición es importante de mantener, intenta estar presente de manera respetuosa. Esa es una manera de hacerles saber que quieres formar parte.

Me causó mucho shock el velorio del tío de mi esposo: querían que nos bañáramos porque habíamos estado con él y ya había muerto, y yo así de «pero es natural, ¿por qué me tengo que bañar?». Pero bueno, me eché agua y listo. Y también la prima de mi esposo no pudo estar porque estaba menstruando y para ellos está impura, y me frustró porque no tiene nada de malo y no pudo despedirse de su papá. Me es difícil de entender, pero intenté ser lo más respetuosa posible.

Los retos dependerán según cada caso: no es lo mismo vivir en el mismo país a en la misma ciudad a en la misma casa, como hacen muchas y muchos inmigrantes en un inicio.

TIPOS DE FAMILIAS: ¿QUÉ HACER Y CÓMO REACCIONAR?

1. FAMILIAS SOBREPROTECTORAS O CONTROLADORAS

Sobreproteger significa hacer por la persona lo que puede hacer por sí misma. Son muchas las razones por las que se genera una dinámica de sobreprotección; por ejemplo, confundir ese cuidado excesivo con la expresión de amor, como una manera de poner remedio a los miedos y temores, por reproducción de dinámicas familiares similares, por sentir que se tiene un rol importante y prioritario en la vida de la otra persona, etc. Así que, primero, puede serte muy útil intentar empatizar en el ¿para qué? ¿Qué hay detrás de ese exceso de cuidado? Esto te permitirá empatizar más con tu familia política. Por otro lado, es importante reflejar a tu pareja cómo es que esa dinámica te hace sentir y qué efecto crees que tiene en su dinámica como pareja. Pídele a tu pareja que, en aquellas situaciones que sí te influyan, ponga límites, pues el problema no solo está en ese padre o madre sobreprotectora, sino también en esa persona que permite dicha dinámica y mantiene una zona de confort al ser sobreprotegido. Igualmente, hablen de cómo romper la dinámica ahora que viven juntos. Hasta ahora, tu pareja, ante esa dinámica, no ha aprendido del todo a cuidarse, a hacerse cargo de sí y de sus responsabilidades; busquen vías para que él o ella no siga desarrollando el ser cuidado/a o necesitar de otros y poco a poco gane autonomía e independencia. Con una mirada consciente, puede ir aprendiendo y liberarse de ese rol.

Ahora que vino mi madre, aproveché al hacer la traducción de lo que ella decía sobre el piso para decirle a mi suegra algunas cosas que no le había dicho directamente, porque siento que a mi madre le tiene más respeto y la escucha más... Le dije que nos diera libertades y confiara más en nuestras decisiones; ella es muy aprensiva con mi esposo.

2. FAMILIAS MUÉGANO O MUY DISTANTES

La unión o la separación de una familia conlleva carencias. Lo importante es buscar un equilibrio que te acomode a ti y también a tu pareja; no le puedes obligar a separarse, pero tampoco le puedes obligar a acercarse más de lo que le sea cómodo o desee hacerlo. En cuanto a la influencia de una familia muy unida o muy distante, no se trata de que estén presentes hasta en nuestra cama, ni que no los veamos nunca. Si es el caso de una familia sumamente unida, la pareja requiere saber marcar hasta qué punto la unión con su familia representa una intromisión en las decisiones y la vida de pareja.

Me molesta mucho que todo se los cuente. Aunque debo de reconocer que estoy en parte celoso de esa cercanía porque yo no la tengo con mi familia. Tal vez yo también pueda ver esto como un aprendizaje para ser así con mi familia y en mis relaciones, hasta un punto en el que sea natural para mí.

Es importante que acuerden tiempos de pareja, momentos para convivir con su familia y también tiempos y momentos para que tu pareja conviva a solas con su familia. Si vas a convivir, puedes elegir hacerlo cuando te sientas cómodo/a de hacerlo o incluso en ocasiones especiales cuando sea necesario. Y cuando sí o sí te toque hacerlo, visualiza cómo quieres reaccionar, imagínate a qué dificultades puedes enfrentarte y observa en tu mente cómo eliges y logras reaccionar asertiva y tranquilamente, desde un comportamiento que no te genera culpa ni malestar. Ejercicios mentales como la visualización positiva pueden prepararte a actuar como quieres y no dejarte llevar por el momento o por tus emociones; recuerda que tú puedes elegir cómo reaccionar.

Algo muy útil para lidiar con un ser querido de nuestra pareja es pensar que aquello que te genera conflicto de una u otra manera es una batalla interna de esa persona. Por ejemplo, una suegra o un suegro celoso o que es conflictivo directamente contigo, posiblemente está viviendo un síndrome de nido vacío ahora que su hija/hijo se ha ido de casa para formar una familia, o puede estar experimentando una sensación de abandono al ya no ser la única persona especial en la vida de su hijo/hija, puede sentirse desplazada, etc.

Y lo más importante es enfocarnos en lo que sí está en nuestras manos para tener una buena relación; por ejemplo, enfocarnos en poner en práctica y potenciar más nuestras habilidades sociales: lograr tolerar las diferencias (personales, familiares y culturales), buscar comunicar asertiva y claramente, saber perdonar y no guardar resentimiento, dialogar para llegar a acuerdos, etc. Cualquier situación en la vida es una posibilidad de crecer y mejorar aún más como persona.

Independientemente de lo difícil y complicado que sea construir una relación con tu familia política, no pongas a tu pareja a escoger entre su familia y tú. Bien que mal son quienes le educaron y le enseñaron de una u otra manera a ser quien es, esa persona que valoras y de la que te enamoraste y con la que has elegido construir un proyecto de pareja. Recuerda que tú tienes a tu pareja gracias a su madre y a su padre, a su familia... Honra y conecta con esa parte.

Finalmente, si la sensación de sentirte juzgado/a, evaluado/a y no integrado/a por tu familia política persiste, es normal que no se solidifique dicha relación, ya que a nadie le gusta estar continuamente en un contexto en donde se le desaprueba o no se le valora y reconoce. Obviamente, la manera de relacionarte se verá afectada por el hecho de que no te sentirás con la confianza de ser tú mismo o ser tú misma y entablar una relación sincera. En un punto así de extremo lo importante es volver a enfocarte en ti, toda esa energía que pusiste para construir una relación con la familia e integrarte es importante que la dirijas a ti. Por ejemplo, buscando otra red de apoyo, buscando conocer y conectar otros expatriados y personas locales, buscar socializar para construir vínculos más allá de tu pareja. Todos los seres humanos tenemos la necesidad de pertenecer y la necesidad de afecto, busca personas más afines a través de las cuales puedas cubrir estas necesidades y tener a tu propia «familia» en el extranjero.

Simplemente no puedo con mi suegra. De verdad he intentado todo por tener una buena relación con la mujer, pero no logramos entendernos, y ella es muy negativa y conflictiva más allá de ser francesa y su cultura, a mí su actitud me hace daño, así que intento llevar una relación cordial y mantener el contacto al mínimo posible.

SEPARACIÓN/DIVORCIO EN EL EXTRANJERO

Durante las últimas cuatro décadas, los matrimonios multiculturales han estado creciendo a pasos agigantados. Se calcula que, en 25 de 30 países europeos, los matrimonios interculturales alcanzan hasta un 20 por ciento del total de uniones. Sin embargo, algunos estudios han sugerido que este tipo de vínculos, al conllevar retos añadidos, tienen una tasa de divorcio más alta que las relaciones monoculturales.

Creo que nos enfocamos tanto en tener todo en orden —su visa, que aprendiera el idioma, que consiguiera trabajo, que se adaptara, en comprar una casa, etc—, que nos olvidamos de cuidar la relación, de enfocarnos en nosotros.

DIFICULTADES DE LAS RELACIONES INTERCULTURALES QUE SON CAUSA DE DIVORCIO

El éxito de una relación, independientemente de si es una relación compuesta por personas de diferentes culturas y nacionalidades o no, radica en el compromiso, el respeto y en el trabajo constante que ambos hagan en pro del vínculo y del proyecto de pareja.

Sin embargo, las parejas bi o multiculturales, tienen ciertas características que suman a las dificultades típicas de las parejas que residen en un mismo lugar y tienen la misma cultura.

1. DISTANCIA GEOGRÁFICA

El hecho de que una persona del vínculo de pareja sea de otro país implica que vive en lejanía de su red de apoyo y su familia, y esto puede incrementar las expectativas —conscientes e inconscientes— de que su pareja cubra necesidades afectivas y relacionales que otras personas no pueden cubrir, es decir: pone mayor carga en su relación.

Igualmente, el factor de la distancia geográfica puede generar cierto resentimiento hacia la pareja, pues se tiene la sensación de haber dejado todo por estar en esa relación y se puede sentir que el otro está en deuda.

2. DIFERENCIAS DE LENGUAJE E IDIOMA

Una comunicación no efectiva es una de las principales causas de separación y divorcio en cualquier tipo pareja, porque es a través de la comunicación como nos relacionamos con el/ la otra y, sobre todo, como le entendemos. Una comunicación poco clara o confusa puede herir susceptibilidades.

Los retos en la comunicación, como lo es el hecho de hablar idiomas distintos y/o hablar un tercer idioma, muchas veces generan mayores dificultades a la hora de dialogar, acordar y resolver diferencias culturales y conflictos de pareja. Se pueden incrementar el número de malentendidos o muchas veces se eligen palabras que entorpecen el mensaje que realmente se está queriendo comunicar.

3. DIFERENCIA DE CREENCIAS Y PERSPECTIVAS

Cada persona experimenta y vive circunstancias diferentes y únicas; según esas circunstancias y experiencias, va construyendo la lente con la que ve la vida. En una relación bi o multicultural cada persona que la conforma proviene de culturas diferentes y eso hace que sus circunstancias y experiencias sean más distintas y, por lo tanto, que su forma de pensar y ver la vida también lo sea. Aunque muchas veces estas diferencias puedan ser complementarias y convertirse en una de las fortalezas de dicha relación, también puede suponer un gran reto. Tal vez esa diferencia en cuanto a la percepción, el estilo de vida y de cómo se supone que deben ser las cosas es tan distante, que esto puede generar desacuerdos importantes que incrementan la probabilidad de que la pareja no logre concretar o llegar a acuerdos sobre cómo vivir y cómo llevar su día a día.

4. DIFERENCIA EN LAS EXPECTATIVAS DE PAREJA: ROLES, NECESIDADES Y FUNCIONES

Igualmente, la cultura y la sociedad en la que vivimos marca mucho nuestra forma de pensar y vivir los roles dentro de determinada relación. Si dichas expectativas difieren mucho por las diferencias culturales, la pareja puede terminar no encontrando una forma de conciliar las expectativas que ambos/as tienen. Por ejemplo, hay culturas que tienen roles más igualitarios entre hombres y mujeres, y otras que no lo son; si la relación bi o multicultural es heterosexual, puede que sientan una desigualdad: por ejemplo, en las culturas latinas es común aún que el hombre sea el pilar económico, mientras que, en culturas europeas, es más común una participación más equitativa.

5. DIFERENCIAS A LA HORA DE CONSTRUIR UNA FAMILIA Y CONVERTIRSE EN PADRE/MADRE

Si la pareja no logra conciliar sus diferencias y crear acuerdos en cuanto a la crianza de los hijos y en cuanto a cómo se vive en familia, puede llegar a ser un motivo de separación o divorcio. Muchas veces, las personas logran tolerar a nivel personal e individual las creencias y tradiciones de su pareja, pero al construir una familia, esas discrepancias tienen un peso diferente.

¿Quiero seguir en una relación? Detrás de esta pregunta hay un deterioro paulatino a nivel emocional, mental, social, que haya ido desgastando la relación. Obviamente, un proyecto de pareja que ha llevado un gran esfuerzo e incluso sacrificios y que empieza a ser cuestionado por una o por ambas partes, puede generar mucho temor y dolor. Cualquier separación conlleva un duelo, recordemos las etapas:

- La negación
- La frustración
- El enojo
- La negociación
- La aceptación

Esto no significa que todas las personas van a pasar por la negación o por el enojo. No todas las personas presentan todas las etapas, la misma sincronía o intensidad emocional.

NEGACIÓN

En esta etapa, uno o los dos miembros del matrimonio, a pesar de la incompatibilidad y la dificultad de llegar a acuerdos, no consideran el divorcio: están negados rotundamente a él y a su posibilidad. Muchas veces, la negación también es producto de la dependencia o la codependencia y de esa búsqueda de soluciones o de alternativas por miedo a terminar la relación.

FRUSTRACIÓN

El sentimiento de fracaso en el proyecto de pareja conlleva malestar hacia uno mismo, hacia nuestra pareja y en general ante la situación. «¿Por qué no funcionó? ¿Qué nos faltó por hacer? ¿Por qué no se dieron diferentes las cosas? A mi pareja le faltó hacer… Yo tal vez pude haber hecho…» En esta fase, las personas llegan a sentirse culpables o culpar a la pareja por no haber logrado una solución a los problemas.

NEGOCIACIÓN

Las parejas que atraviesan este periodo están, por un lado, pensando en separarse y, por otro lado, haciendo intentos para salvar la relación; por ejemplo, quienes van a una terapia de pareja para intentar resolver el problema o hacer un cierre sano. El problema es cuando la terapia o la mediación la utilizan como un último recurso o cuando la relación ya está tan desgastada que es difícil revertir el daño y las dinámicas disfuncionales y el resentimiento pesan más.

ACEPTACIÓN

Como ya hemos mencionado anteriormente, esta es la etapa resolutiva de todo proceso de duelo. La pareja logra aceptar que sus diferencias son incompatibles, que no han logrado llegar a acuerdos que preserven las necesidades de ambas partes ni a soluciones que salven el bienestar dentro del vínculo.

En algunos casos, la etapa de aceptación puede ir a la par de la fase de enojo. Esto da pie a que las personas que aceptan separarse vivan un proceso caótico y desgastante, ya que las personas están enojadas de que no haya funcionado. Lo ideal es llegar a la fase de aceptación habiendo procesado el enojo, la frustración y liberando todas las emociones no placenteras, ya que la mejor manera de separarte de alguien a quien amaste muchísimo es con respeto y en armonía.

EFECTOS DE VIVIR UN DIVORCIO EN EL EXTRANJERO

Como hemos mencionado anteriormente, las personas inmigrantes vivimos muchas cosas en mayor magnitud y una separación o un divorcio no es la excepción. Al duelo por separación o ruptura que cualquier otra persona experimentaría se le pueden sumar y añadir ciertas dificultades:

1. Mayores sentimientos de tristeza, nostalgia y soledad. Estas emociones se vivirán muchísimo más intensas que las que vive una persona que se separa en su país. Al no contar con red de apoyo, les toca vivir el proceso por cuenta propia y/o verse ante dificultades culturales ante un proceso que ya de por sí es complejo.

Sentimientos de incertidumbre ante el rumbo del proyecto migratorio. Sobre todo, si el motivo de residir en el extranjero era por tu pareja, seguramente te preguntarás: «Y ahora, ¿qué hago aquí?» Vivirás una sensación de pérdida del proyecto de vida que te habías planteado y dicha crisis te llevará a reformular tu proyecto vital. «¿Quiero quedarme aquí en este país? ¿Quiero regresar?» Cuando una persona se separa en su país, se mantienen intactas las demás áreas de su vida, pueden seguir teniendo su trabajo, a su familia y sus amigos, pero un expatriada/o que se ha mudado a otro país por amor naturalmente se cuestiona si considera seguir teniendo un proyecto vital en el extranjero a pesar de la ruptura o si prefiere volver a casa, a pesar de que le represente volver a comenzar.

2. Sentimientos de enojo, frustración y desilusión. Aunque muchas parejas viven sentimientos de enojo frente a una separación, las personas inmigrantes pueden vivir con mayor intensidad estas emociones. Las personas expatriadas pueden llegar a sentir que todos sus esfuerzos y sacrificios —por ejemplo, el haber comenzado desde cero, de haber invertido más tiempo, así como haber dejado muchas cosas de lado— no sirvieron de nada y se suman a la sensación de fracaso del proyecto de pareja.

Estoy muy enojado porque por esta relación dejé uno de los mejores trabajos de mi vida; un trabajo que, más que darme seguridad y estabilidad económica, era esencial para mi carrera profesional.

4. Reactivación del duelo migratorio. Muchas veces, los duelos reactivan duelos pasados, así que no sería raro que, si se atraviesa un duelo por separación, se reactiven algunos malestares referentes a las pérdidas vividas por haber emigrado. Y muchas veces esto tiene que ver con volver a percibir ciertas vulnerabilidades. Por ejemplo, volver a vivir la falta de solidez o seguridad económica y financiera, si es que el expatriado/a era dependiente económicamente de su pareja; o, por ejemplo, la falta de un proyecto y un sentido de vivir en el extranjero, si es que su motivo de emigrar fue para construir una relación con dicha persona, pues ese sentido, al darse la separación, desaparece; o igualmente, vulnerabilidad legal y migratoria, si su permiso de residencia dependía de su estatus conyugal. Una separación muchas veces hace que las personas tomen la decisión de regresar a su país y, como sabemos, le llevará a vivir el duelo de soltar la vida que se estaba construyendo o que ya había logrado construir, para volver a comenzar una nueva vida en su propio país de origen.

3. Sentimientos de vergüenza y fracaso. Además del propio dolor, otra preocupación es la opinión externa sobre la ruptura. Muchas y muchos inmigrantes refieren que la separación se hace más visible a su núcleo social porque regresan a su país y entonces la gente comienza a preguntar y a hablar. Ello puede incrementar la sensación de fracaso y de vulnerabilidad ante lo que vayan a decir los demás.

...Entonces le dije que se fuera a casa de sus papás, porque si yo me voy con alguien implica de cierta manera que sepan que no estamos bien. Sí tengo amigas aquí, pero para mí una amiga-amiga, toma tiempo y por eso le pedí que se fuera más días, porque yo no tengo a donde ir. Si pudiera, me iría con mi mamá...

RECOMENDACIONES PARA SUPERAR UN DIVORCIO O UNA SEPARACIÓN EN EL EXTRANJERO

1.-REFLEXIONA TU VIVENCIA Y SÉ CONSCIENTE DE LO QUE ESTÁS SINTIENDO.

El término de este episodio de tu vida requiere una toma de consciencia para que, cuando hayas elaborado el duelo, logres reorganizar tu vida, tus metas y retomar tu rumbo. Es muy importante darte el tiempo de reflexionar para no actuar ni tomar decisiones impulsivas desde el enojo, la frustración, el miedo a la soledad o el malestar emocional. Lo más normal es que te sientas triste, tanto si la separación fue una decisión compartida, como si fue algo que tu pareja decidió. Busca entender las razones por las que se dio la separación y reflexionar qué necesitas aprender de esta vivencia.

2. EXPRESA TUS EMOCIONES.

Habiendo entendido el torbellino de sensaciones y emociones, y habiendo logrado ser consciente de lo que estás experimentando, comparte con alguien tus sentimientos. A pesar de que estés lejos de tu familia, es importante que te permitas hablar sobre lo que estás viviendo y comunicárselo a alguien de confianza para no sentirte sola/o en el proceso. Ello evitará que este duelo sea muchísimo más frustrante y difícil de sobrellevar.

Mereces, a pesar de la distancia, poder desahogarte y hablar de tu proceso, tanto a nivel emocional como legal. Otras personas pueden escucharte y aconsejarte desde un lugar más objetivo y brindarte una perspectiva más positiva de las cosas, esto te va a permitir no sentir tanta desesperanza.

3. LLEVA EL PROCESO DE SEPARACIÓN COMO ALGO PAULATINO.

No es «me separo y me voy del país». Es importante poder dar cierre a tu ciclo en ese lugar, ya que también viviste experiencias importantes además de tu relación de pareja. Es trascendental que, si te vas a regresar a tu país de origen, tengas unos días para dejar todo listo, para sentir que hiciste las cosas bien, que te fuiste no solo de la relación sino del país de acogida de una manera asertiva y no impulsiva. Realiza algún ritual de cierre. Los rituales son actos simbólicos que nos permiten procesar de manera simbólica nuestros sentimientos ante una pérdida. Escribe una carta, prende una vela, ve a tu lugar favorito, cena por última vez en tu restaurante favorito, despídete de la gente que conociste, honra de una u otra forma tu tiempo y tu paso por este lugar. Esto te permitirá conectar con tu dolor e integrar lo que ha sucedido y lo que estás viviendo.

4. BUSCA AYUDA Y APOYO PARA INMIGRANTES.

Asesórate bien sobre las ayudas que como inmigrante se tienen ante un proceso de divorcio o separación en el extranjero. Si, por ejemplo, el divorcio se lleva debido a una situación de violencia de género o violencia intrafamiliar, la persona tiene que salir con urgencia de su casa o el país y existen organizaciones no gubernamentales o gubernamentales como el consulado de tu país que ayudan económica y legalmente a las personas expatriadas a estar a salvo en el proceso de repatriación. Recuerda que hay asociaciones y lugares de acogida donde puedes vivir mientras logras conseguir tu boleto de avión y arreglar tus papeles para poder regresar a tu lugar de origen. Igualmente, muchos países tienen un periodo de 6 meses a 1 año para que una persona que dependía legalmente y migratoriamente de su pareja legalice su situación después de una separación y logre conseguir su independencia en el estatus migratorio si lo que se desea es quedarse.

5. NO SALTES RÁPIDAMENTE A OTRA RELACIÓN.

Un clavo no saca a otro clavo, solo lo clava más y hace más grande el agujero. Adentrarte en otra relación es uno de los peores errores para dejar de sentirse triste; si lo haces, siempre vas a estar dependiendo de un tercero para poder estar bien. Meterte en otra relación o buscar conocer gente no te permite elaborar tu proceso de duelo de separación ni reflexionar el aprendizaje que esta situación te brinda, y esto muchas veces puede generar que se cometan los mismos errores o se arrastren patrones. Aprende a acompañarte y a enfrentar tus emociones por ti misma/o.

6. INTENTA VER EL LADO POSITIVO

Dentro de todo el dolor, también es importante equilibrar la experiencia, al ver también este proceso como una oportunidad de hacer cosas y cambios en tu vida, de no continuar con una relación que causaba más malestar que armonía. El divorcio es una experiencia que te permite reescribir tu historia, es la situación perfecta para reconstruir tu relación contigo misma/o, para retomar tu camino y tu proyecto vital en la dirección correcta, para reformular tus objetivos, metas y prioridades en la vida. Si lo ves positivamente, una separación habla de tu capacidad para ver que la relación ya no generaba crecimiento ni nutría tu vida, y que cuentas con la madurez suficiente para permitir que tanto tú como tu pareja vuelvan a tener la libertad de hacer elecciones que les permitan vivir una vida plena y satisfactoria.

Enfócate en el presente, en lo que sí puedes hacer. Cuando estés bien, esta será una gran oportunidad de estar con una persona con la que sí seas compatible y con la que sí logres hacer acuerdos y proyectos comunes que sumen en la vida de ambos. Recuerda que, por mucho que quieras a una persona, no necesitas a nadie para ser feliz; la única persona imprescindible en tu vida eres tú.

EL PROBLEMA NO SOY YO, SON MIS HIJOS: ¿CÓMO SOBRELLEVAR UN DIVORCIO EN EL EXTRANJERO CON HIJOS?

A las dificultades legales, económicas, emocionales y sociales del divorcio se le añaden dificultades cuando se tienen hijos, como, por ejemplo: ¿a quién le otorgan la custodia? ¿Qué pasa si quiero regresar a mi país con mis hijos? ¿Si nos vamos, mis hijos vivirán un duelo por la ruptura familiar y por un proceso migratorio forzado tras las circunstancias familiares?

IMPACTO PSICOLÓGICO DEL DIVORCIO EN HIJOS DE UN MATRIMONIO BI O MULTICULTURAL.

Siento ese dolor en el pecho cada vez que no estoy con mis padres. Cuando no sé hasta cuándo les veré. También cuando pienso que papá se quiere ir a Italia y que si yo decido irme con él, no veré a mi madre; pero si decido quedarme con mi madre, no le veré a él. A mí me gustaría que todos viviéramos en el mismo lugar y así poderles ver siempre.

El impacto dependerá en gran parte de cómo logren llevar el proceso de separación y divorcio los padres/madres. Un divorcio conflictivo y caótico puede tener efectos negativos en el bienestar emocional de los hijos.

A nivel emocional, puede generar tristeza, depresión, enojo, agresividad, ansiedad, culpabilidad. Los hijos/as, si no logran expresar dichas reacciones emocionales, muchas veces pueden responder a través de problemas psicosomáticos.

Entre dichas dificultades, se encuentran:

1. Problemas o trastornos de sueño.
2. Alteraciones en el apetito.
3. Dificultad de concentración, sobre todo problemas en el rendimiento académico.
4. Problemas del estado de ánimo, como depresión o ansiedad.

5. Introversión o, por el otro lado, conducta agresiva y problemas sociales.

6. En un futuro, relación basada en un modelo disfuncional o conflictivo.

Por ello, creo que lo más importante a recordar ante una separación es que, por muchas diferencias y desacuerdos que tengas con tu expareja, lo que sí tienen en común es una de las cosas más importantes de tu vida: tus hijos/as.

Teniendo en mente que el mayor acuerdo entre tú y tu expareja es el bienestar de los hijos/as que algún día con amor eligieron tener, mi recomendación es:

NO TRIANGULES

Triangular en el contexto relacional y familiar es un término usado para expresar una situación en la que un miembro de la familia —en este caso, el padre o la madre— no se comunica ni se relaciona directamente con otro miembro de la familia —en este caso la pareja o expareja—, pero sí se comunica con un tercer miembro de la familia —en este caso alguno de los hijos o varios hijos—, lo que puede conducir a que este tercer miembro de la familia forme parte del triángulo. Las cosas de pareja se hablan entre adultos y entre el sistema que algún día fue conformado por la pareja. Las conversaciones y discusiones del divorcio no se llevan enfrente de los hijos ni se discuten con ellos.

Hacer a los niños partícipes genera mucha confusión, mucha culpa y un conflicto de lealtades. Por eso, es importante que los términos de la separación y el divorcio se hablen primero y se pacten entre ustedes; y que, si no es posible llegar a un acuerdo, busquen a un profesional (mediador, psicólogo y/o abogado) que les permita llegar a resoluciones lo más favorecedoras para ambas partes. Y que, habiendo llegado a dicho acuerdo en conjunto, busquen comunicar dichas resoluciones a los menores. Esto le dará una mayor sensación de seguridad y estabilidad a las y los hijas/os y la certeza de que, independientemente de que papá y mamá se separan, siguen siendo un equipo a nivel parental que trabaja en conjunto por la estabilidad y el bienestar de ese nuevo sistema familiar.

RECUERDA QUE TUS HIJOS NO SON TUS AMIGOS Y MUCHO MENOS TU PSICOTERAPEUTA

Es muy importante no agarrar a los hijos de terapeutas o mejores amigos. Explícales lo necesario acorde a su edad y no les des más detalles de los necesarios. Si necesitas desahogarte emocionalmente respecto al duelo o las circunstancias de la separación, busca a un amigo o a un profesional.

BUSQUEN ESTABLECER REGLAS Y ESTILOS PARENTALES LO MÁS CONGRUENTES POSIBLE

Hay que mantener una congruencia con las reglas en cada casa, con el estilo de vida. Aunque una de las cosas que tal vez los hizo separarse fue no lograr tener estilos similares en cuanto a la maternidad o paternidad, es importante buscar cierta congruencia y puntos intermedios.

El problema es que van a casa del padre y él, con tal de evitar el conflicto, los deja estar horas enfrente del ordenador y el móvil, y todo lo que yo intento por crear una rutina estable y saludable se pierde en el fin de semana en que visitan al padre.

PERMITAN LA CONVIVENCIA CON AMBOS PROGENITORES

A menos de que se trate de un caso de violencia de género, violencia intrafamiliar o de cualquier circunstancia en la que alguno de los progenitores o tutores pudiera poner en riesgo la seguridad física o emocional de los niños/as, es importante que le permitan relacionarse libremente a sus hijos/as con el/la otro/a progenitor y con la familia extensa. No es sano desvincular a un/a menor de su padre o madre; a menos de que la ley lo diga así.

El hecho de que no quieras seguir manteniendo una relación con tu expareja no significa que tengas que tu hijo/hijos tenga que vivir la misma experiencia. Si se llega a la situación de emigrar con los hijos o que la otra persona emigre de vuelta a su país es importante mantener constantemente videollamadas y acordar momentos de encuentro como las vacaciones y fechas importantes.

MANTENER EN LO POSIBLE LA ESTABILIDAD EN LA VIDA DE LOS HIJOS

Otra dificultad para las exparejas bi o multiculturales es no poder mantener la vida del o de los hijos intacta. Si por algún motivo el divorcio requiere algún tipo de separación geográfica, hay que buscar que las y los menores tengan contacto constante con su otro progenitor. Por ejemplo: videollamadas regulares, vacaciones largas con el otro o alguna temporada larga en la que se pueda ir de visita; y si es posible, considerar, si tu hijo/a así lo desea, vivir por temporadas en cada lugar, mientras no afecte a su contexto académico y social.

A mí me gustaría vivir en Estados Unidos, pero me tengo que quedar aquí por el padre de los niños y por ellos, sobre todo, por no alejarles de él; pero en algún momento, cuando ellos sean mayores y hagan su vida, a mí me gustaría volver a mi país.

RECORDAR QUE LOS NIÑOS NO SON PROPIEDAD NI DE UNO, NI DE OTRO

Recuerden que los niños no son trofeos ni premios y que competir por ellos les pone en un lugar muy incómodo y puede generarles sufrimiento y un conflicto de lealtades. Las y los niños son personas, no se pueden dividir. Permite que ellos se relacionen libremente con ambas partes; sobre todo, permite que ellos expresen qué necesitan y desean y tómenlo en cuenta a la hora de organizar el acuerdo de la custodia.

PIDAN AYUDA PROFESIONAL

Para que los problemas de pareja no trasciendan al vínculo con los hijos, acude con un profesional. Si tu expareja y tú de verdad no están logrando llegar a acuerdos, vayan con un experto que sirva de intermediario y mediador y que pueda ayudarles a tomar decisiones y a actuar de la manera más positiva para los hijos. Por ejemplo, recientemente ha llegado a mi consulta una familia italiana, que hace un año se ha separado y de la cual el padre ha decidido en un año regresar a Italia con su familia, mientras ella ha decidido quedarse aquí para darle continuidad a la vida que ha construido y a la que se ha adaptado. Ellos desean que su hija elija si quiere irse o quedarse y no tomar la decisión ni ellos, ni un juez; por supuesto, es una decisión compleja de tomar, pues la niña no quiere separarse de ninguno y preferiría tenerles a ambos siempre —además del tema de culpa con quien no elija y las lealtades invisibles—, pero al mismo tiempo le están dando la libertad de elegir cuál es el mejor acuerdo para ella.

7.5 SERES QUERIDOS Y FAMILIARES DEL EXPATRIADO: LOS RETOS DE QUIENES SE QUEDAN

Hasta ahora, nos hemos enfocado principalmente en describir lo que el o la inmigrante vive emocional, social y culturalmente al vivir un proceso de expatriación. Sin embargo, los familiares y amigos también enfrentan un proceso de duelo y retos. Este capítulo es para ellos.

DIFICULTADES PSICOLÓGICAS QUE ENFRENTAN LAS MADRES Y LOS PADRES CON HIJOS VIVIENDO EN EL EXTRANJERO

ESTRÉS PSICOLÓGICO

En el caso específico de los padres y madres, muchos pueden llegar a sufrir estrés psicológico y emocional después de que sus hijos se vayan al extranjero. Esto puede ser en forma de duelo migratorio, nido vacío, depresión, ansiedad, etc., ya que, al irse un miembro del sistema familiar, este mismo sistema de personas necesita adaptarse a una nueva manera de funcionar, los roles se transforman, así como también la manera de experimentarse como familia y a sí mismos como individuos, como padres o madres, hermanos o abuelos de alguien que vive en otro país.

DUELO MIGRATORIO

Se piensa que el duelo migratorio solo lo experimentan las y los migrantes, pero también influye en los familiares y en las personas cercanas al migrante. Para quienes se quedan, cuando alguien emigra, una persona especial desaparece de su vida cotidiana, pierden la presencia de alguien a quien quieren.

El duelo será más sencillo o complejo dependiendo de las circunstancias en que se dé esta separación, de la relación que se tenía con el emigrante, es decir, si eran cercanos o se peleaban mucho; también dependerá del rol que ocupaba en la familia, si era una persona muy activa en la dinámica familiar, líder o encargada de tomar decisiones importantes o si la ausencia de su participación no afecta en demasía la dinámica; igualmente, la complejidad del duelo depende del momento en el que se ha ido, si se ha ido en un momento de crisis o calma; de la certeza o no de saber si lo volverán a ver o si regresará y cuándo, de si es o no definitiva la separación o si es algo temporal, de si va o no a haber una reestructuración familiar. También influyen, por ejemplo, las circunstancias económicas de la familia y si fue necesario adquirir deudas para que esa persona emigrara. En algunos casos, incluso la angustia de saber si la persona migrante llegó bien a su destino cuando se sabe que el proceso migratorio tiene ciertos riesgos si se ha hecho de manera irregular.

Y pues dependiendo de todas estas circunstancias habrá personas que superen y elaboren el duelo efectivamente y sin problemas mayores y habrá padres, madres o familiares que, ante la pérdida, puedan desarrollar respuestas emocionales como lo es la ansiedad y/o la depresión, o que si ya las sufrían pues los síntomas o las dificultades emocionales se pueden ver exacerbadas. Recordemos también que cada vez que se da un reencuentro con la familia de origen, puede haber una reactivación del duelo migratorio, tanto para el inmigrante como para sus familiares.

NIDO VACÍO ANTE LA MIGRACIÓN

El «síndrome del nido vacío» es una etapa natural de adaptación dentro del ciclo vital de cualquier persona, que se presenta como la sensación general de soledad que algunas madres y padres experimentan ante la etapa evolutiva en donde uno o más de sus hijos abandonan el hogar para comenzar su vida adulta de forma independiente.

El malestar se refleja en síntomas como el sentimiento de tristeza y soledad, acompañados de una sensación de vacío y aburrimiento, de irritabilidad y ansiedad y en algunos casos de inutilidad o incluso de culpa si la relación fue tensa o conflictiva. Igualmente puede presentarse desconcentración, cansancio, incapacidad para sentir placer o estar presente, una preocupación excesiva, quejas somáticas como dolores o enfermedades, problemas de sueño y alteración del apetito. Obviamente, dichas reacciones varían de persona en persona, dependiendo en gran parte de su autoestima, sus creencias, su personalidad y de la situación y la forma en la que el hijo o la hija se ha ido.

El síndrome es un reflejo de la resistencia a nivel psicológico de hacer una transición a la vejez. Etapa que, muchas veces, viene acompañada de crisis existenciales; las más frecuentes: enfrentarse a la soledad, es decir, el enfrentarse a estar de nuevo solamente con la pareja, ya no como padres que comparten responsabilidades, sino simplemente como pareja, en donde indirectamente se genera una reconstrucción del vínculo y reconectar con el otro o en algunos casos, a estar de nuevo consigo mismos/as, aquellas personas viudas, quienes se han divorciado o han sido padres o madres solteras. Y, segundo, la crisis con respecto a enfrentar la realidad de la finitud de la vida: el hecho de que los hijos se vayan es un recordatorio del paso del tiempo, hace más real el hecho de que se ha envejecido, que los hijos crecieron y no son más unos niños, que ya son independientes y con ello es inevitable dejar de ver que cada vez se está más cerca de la muerte.

Es importante mencionar que este síndrome es más frecuente en las mujeres, aunque afecta a ambos sexos. Y, debido a que es más común que sean las mujeres quienes adoptan un papel y un rol más activo en la crianza y el cuidado de los hijos, el cambio y la separación suele ser más fuerte para ellas. Sin embargo, los hombres cada vez se adueñan más de su paternidad y de su rol y con ello han comenzado a enfrentarse mucho más al nido vacío.

En el caso del nido vacío por expatriación de los hijos puede a veces intensificar el malestar. La migración genera un distanciamiento más abrupto y tajante, es menos paulatino y además los padres se quedan sin esta convivencia que sí se puede tener con los hijos que se van de casa pero se quedan en el país.

A veces pienso que me da miedo que se olvide de mí o que estando tan lejos no me quiera tanto, sentir que ya no puedo ser útil en su vida, que no puedo ayudarle en nada.

Mis hijos son lo único que le da sentido a mi vida, mi vida no tiene sentido sin ellos y con ellos lejos no me siento tan feliz.

Yo me regresé y no me planteé quedarme más tiempo en Chile, no porque no quisiese, sino por que a mi madre no le sentaba nada bien, llevaba fatal que yo viviera tan lejos.

SÍNTOMAS DEL NIDO VACÍO POR HIJOS/AS EN EL EXTRANJERO

La distancia física y emocional entre padres/madres e hijos que viven en el extranjero puede generar:

Baja autoestima o problemas de autovalía. Como no se perciben como necesarias/os, sienten mucha impotencia al no poder ser de ayuda en el día a día para sus hijos/as, pueden llegar a dudar de su valor personal y llegar a pensar que ya no les quieren o que ya no son importantes en la vida de sus hijos/as.

Tristeza. Con el tiempo, el no poder seguir compartiendo de manera más cotidiana con el o la familiar que emigró les genera nostalgia o a veces una profunda tristeza, la cual podría llegar a una depresión si la persona no canaliza esa energía a sí misma y no logra elaborar el duelo.

Inseguridad y confusión. Quienes tienen hijos que emigran a veces no saben cuál es su nuevo rol, hay cierta inseguridad en cómo ocupar su tiempo o qué hacer. Y también la inseguridad proviene de no poder saber con certeza si las o los hijos están bien.

Ansiedad. Muchas madres y padres de personas que emigran suelen experimentar una preocupación constante respecto al bienestar de los hijos y sentir que está aún más fuera de su control la seguridad, que están muy lejos y que si algo les pasa no pueden actuar rápidamente. La lejanía puede ser muy estresante para ellos porque les genera más incertidumbre y una sensación de menor capacidad de estar y apoyar, a diferencia de cuando los hijos están en el mismo lugar, en donde al menos sienten que pueden estar ahí para cualquier emergencia, problema o necesidad.

CONSEJOS PARA SUPERAR EL ESTRÉS, EL DUELO MIGRATORIO Y EL NIDO VACÍO

¿Cómo se puede afrontar este nuevo periodo de adaptación, reajuste y elaboración de nuevos roles y patrones? ¿Cómo seguir viviendo positivamente si las y/o los hijos se han ido a vivir al extranjero?

Si tus hijos están viviendo en el extranjero, necesitas seguir ciertas pautas de autocuidado para manejar asertivamente su partida, dar continuidad a la relación en la distancia y seguir viviendo tu propia vida:

1. Haz un cierre. Tómate una tarde para hablar con tu hija/o sobre lo especial que ha sido vivir juntas/os todos estos años, no te quedes con las ganas de decirle(s) lo mucho que le quieres y, a pesar de que te cuesta trabajo esta nueva etapa, hazles saber lo orgullosa/o que estás de ellos. Puedes hacer una comida o una despedida a tus hijos y al otro día hacer una comida o una cena de bienvenida a esa nueva etapa de tu vida, con amigos, con familia o con tu pareja. Lo importante es no quedarse con cosas que decir y hacer un ritual que marque el fin y el inicio de una nueva etapa. Esto te ayudará a recordar que, aunque se van, ahora estás contigo: ¡Celébralo! Así como hiciste un *baby shower* para celebrar su llegada, o como hay gente que no hace solo despedida de soltera, sino también celebra el divorcio para darle una connotación positiva, pues igual: haz una fiesta o una celebración porque ahora que tus hijos se van, nuevamente puedes tener tiempo y espacio para retomar tus cosas y vivir tu vida desde una mayor libertad e independencia.

2. Expresa tus nuevas necesidades, aprende a pedir. Aprende a pedirle a tus hijos qué necesitas ahora que se mudan a otro país. Es difícil pedirles que se muden progresivamente como se podría hacer en el caso de una mudanza local, pero sí, por ejemplo, puedes pedir tener un tiempo o cierta frecuencia para seguir conviviendo en la distancia, como por ejemplo hacer Skype o llamarse regularmente (a regularmente no me refiero 3 veces al día, sino una vez por semana o un par de veces al mes). Pide aquello que necesites para estar bien y que te permita sentirte escuchada/o y más tranquilo/a con este cambio.

3. Sé paciente y no te juzgues. Infórmate sobre el duelo migratorio y el nido vacío, platica con gente y amigos que estén pasando por lo mismo que tú. El saber que no eres la única o el único que se siente de esta manera te ayudará a no asustarte por las sensaciones que puedas experimentar. Ten mucha paciencia con los temores y la tristeza inicial, y recuerda que son pasajeros.

4. Recuerda que tu rol de madre o padre no se destruye, solo se transforma. Aunque tus hijos vivan fuera de casa y del país y sean mucho más independientes, eso no significa que no puedan contar contigo para algún favor o que no puedas seguir aconsejándoles y compartiendo tiempo con ellos. Mantén el contacto con tus hijos, pero respetando su independencia e intimidad. Enfócate en lo que ganas y no en lo que pierdes: menos trastes que lavar, menos alimentos que comprar, disfruta ser padre/madre, pero sin tanta responsabilidad.

5. Retoma el protagonismo de tu vida y busca nuevos roles y/o actividades. Por fin vas a tener más tiempo de hacer todas esas cosas que dejabas de lado por cuidar y educar a tus hijos. Retoma tus *hobbies* o pon en marcha todo aquello que siempre has querido hacer y para lo que no habías tenido el tiempo, la energía o el dinero. Es importante que, en vez de preocuparte, te ocupes y te reactives.

6. Si tienes pareja, reconecta con ella. La casa se siente más grande y hay más espacio en la nevera, pero también hay más tiempo para la pareja. Ahora tienes noches libres para salir a cenar juntos, más dinero para hacer ese viaje que tanto han postergado, mayor intimidad, más espacios para compartir con su grupo de amigos y hacer cosas juntos que con los hijos no eran tan posibles o tan frecuentes. Muchas veces, el que los hijos se vayan de casa reúne a las parejas y/o les reconecta con otros hijos e incluso con amistades para las cuales no se tenía tanto tiempo. Hay que pensar también en eso, no solo en quien se va, sino en quienes aún están y se quedan.

7. Vele el lado positivo a las circunstancias. Por ejemplo, las mejores oportunidades laborales y económicas para tus hijos en el nuevo país de residencia o la seguridad y la calidad de vida que van a ganar, la posibilidad de viajar para verles y de paso conocer nuevos lugares.

8. Conecta con la nueva cultura de tu ser querido. Es muy importante que conozcas y también integres la cultura en la cual ahora vivirá tu hija/o. Si tienes la oportunidad de ir y vivirlo y entenderlo en carne propia, ni lo dudes. Pero si no está en tus posibilidades económicas, temporales y físicas, puedes adentrarte a dicha cultura leyendo algún libro que sitúe la historia en ese lugar, o un libro de historia sobre ese país, buscando películas o música de esa cultura..., esto te permitirá conocer las costumbres y poder comprender parte de lo que experimenta tu hijo/a. También puedes buscar algún restaurante de comida típica de ese país en donde vives o, si no lo hay, puedes buscar alguna receta en internet e intentar hacerla tú misma/o. Leer noticias o estar pendiente del clima, lo importante es que te familiarices con lo sabores, olores, creencias, sonidos y sensaciones que tu ser querido estará viviendo. Hay cosas muy sencillas que simplemente te pueden hacer entender en dónde está tu hijo o hija y qué está experimentando.

Recuerda que esta es una oportunidad para retomar tu vida, tus *hobbies*, reestructurar, renovar y fortalecer el vínculo de la pareja e incluso comenzar a hacer cosas que nunca hiciste debido a la falta de tiempo y dinero. El que los hijos se vayan no siempre es una tragedia, también puede ser una oportunidad de vivir otra faceta de tu vida.

¡Déjalos partir, disfruta su vuelo y sal de ese nido a explorar otros aires!

Como hijos/as, ¿cómo podemos ayudar a nuestras madres y padres a enfrentar el duelo migratorio y el nido vacío?

Hay cosas que podemos hacer por nuestra madre y/o nuestro padre y en general por nuestros seres queridos para que enfrenten mejor el proceso. Cuanto más se logre hablar de los planes de cómo mantener el vínculo en la distancia y más claridad se tenga de los cambios que van a suceder y cómo enfrentarlos, elaborar la pérdida y el distanciamiento será mucho más fácil. Un plan de acción les dará mayor seguridad y certeza.

Sin embargo, no solo se trata de planificar y crear estrategias para mantener el vínculo, sino también de comunicar nuestros sentimientos y nuestras sensaciones ante el hecho de irnos: por ejemplo, hacerles saber que aún seguimos para ellos, que les queremos y que nuestra razón de tomar distancia y emprender el vuelo no son ellos.

No olvides que, al final, la aceptación es un proceso personal que depende de cada quien, es decir, no podemos cargar con culpa y dolor y hay que aceptar que no está totalmente en nuestras manos que nuestros familiares acepten bien o procesen positivamente el hecho de que viviremos en el extranjero. Es responsabilidad de tu madre y/o de tu padre y/o tu ser querido darle un giro positivo a esta situación, adaptarse a ella y no sufrirla.

Recomiendo que, cuando algún familiar no se pueda adaptar a la expatriación de su ser querido, la ansiedad y la tristeza no disminuyan gradualmente y su malestar emocional afecte su vida diaria, se busque ayuda profesional.

Es decir, si la etapa del nido vacío y sus síntomas se prolongan y no ocurren como parte de un proceso normal y natural de adaptación, y causan mucho malestar, ir con un psicoterapeuta será muy útil, porque le permitirá superar esta etapa evolutiva y el duelo de una manera efectiva y positiva, brindándole estrategias y herramientas personales a futuro.

Reflexión sobre el duelo de nuestros familiares

Pregúntale a tu ser querido (madre, padre, hermano/a, etc.):

1. ¿Qué cambió desde que me fui?;

2. ¿qué piensas y sientes de mi ausencia?;

3. ¿qué ventajas percibes para ti y para mí ante mi proyecto migratorio?

VIII. NARRATIVA MIGRATORIA POSITIVA

La manera en la que percibimos e interpretamos los acontecimientos de nuestra vida —en este caso nuestro proyecto migratorio— y la forma en la que creamos una historia y una narración en nuestra cabeza influye en cómo nos sentimos. Es decir, la forma en que nos contamos las cosas determina mucho nuestra satisfacción o insatisfacción con lo que vivimos.

Por ello, es fundamental en la vida de cualquier persona —en este caso, de nosotros como migrantes— cuidar la manera en la que contamos nuestra historia, nuestra narrativa migrante.

La forma en la que nos hablamos y hablamos a otros sobre las situaciones que experimentamos en nuestra vida define el cómo la vivimos; de hecho, parte de lo que es un proceso de terapia, o como al menos yo lo entiendo, es justo eso, la deconstrucción de la historia que la persona se cuenta. La deconstrucción es el proceso de destruir quitando lo que no sirve, manteniendo lo que sí e integrando una nueva visión más amplia y objetiva de lo que esa persona experimentó y vivió. Es por eso que en mi trabajo uso mucho las técnicas narrativas, porque las encuentro super útiles en el proceso de sanación de la historia de cualquier persona.

En general, los modelos cognitivos consideran que las creencias y pensamientos —es decir, el cómo interpretamos las situaciones— influyen directamente en nuestras reacciones emocionales y conductuales, o sea, en lo que sentimos y en lo que hacemos. En específico, la Terapia Racional Emotivo-Conductual busca, a través de entrenar al paciente a debatir sus propios pensamientos e interpretaciones de una situación, que la persona logre tener creencias y pensamientos más racionales y objetivos y con ello emociones y reacciones más estables, neutrales y funcionales.

Del mismo modo, las terapias posmodernas narrativas (que a mi parecer abordan de una manera más amplia la reestructuración de nuestra historia) hablan de la importancia que tiene la conversación interna, es decir, el autodiálogo, lo que nos contamos a nosotros mismos y que es a través de la conversación terapéutica como podemos transformar lo que nos venimos contando y, con ello, la forma en la que lo vamos experimentando. Es decir, la psicoterapia nos permite ampliar nuestra narrativa y, con ello, ampliar nuestras posibilidades. El psiquiatra Tom Andersen refiere que «la terapia es una conversación que nos permite hablar con otros y con nosotros mismos como nunca lo hemos hecho antes».

Es importante ser consciente de todas las historias que nos contamos, porque suceden simultáneamente: la historia acerca de nuestra vida, la historia acerca de nuestras relaciones, la historia acerca de nosotros como personas, de nuestras habilidades, de nuestras dificultades y retos, de nuestras competencias, acciones y deseos, de nuestra vida laboral, de nuestros éxitos y fracasos. Porque la manera en la que nos las contamos y en la que las enlazamos influye en cómo seguimos contándonos las cosas y, en nuestro caso, en cómo nos contamos la historia de nuestro proceso migratorio.

La narrativa migratoria es la historia que cada persona se cuenta sobre su proyecto y su experiencia de emigrar a otro país. Y dicha narrativa tiene vital importancia porque marca y delinea la forma en que la persona experimenta su migración, pero no solo eso, la forma en la que atraviesa y elabora su duelo migratorio, en su proceso de aculturación, es decir, qué tanto logro o no adaptarme y si logro sacarle jugo a la experiencia y conectar con el objetivo de estar lejos de mi país para cumplir mis objetivos, autorrealizarme y transformarme como ser humano.

Por ejemplo, en el pódcast que hicimos Clau Salcedo y yo sobre este tema ella exponía un ejemplo:

No es lo mismo decir…

A mi marido, desgraciadamente, lo movieron de su trabajo a otro país y yo no tuve otra opción más que seguirlo, tuve que renunciar a mi trabajo y dejar a mi familia. Pobre de mí… Ahora, en este nuevo país, me siento sola, no me gusta nada esta nueva cultura, estoy padeciendo mucho el clima, toda la gente es antipática, no tengo amistades, extraño mi comida, me está costando aprender el nuevo idioma, odio este lugar.

… a, por ejemplo, decir:

A mi marido le ofrecieron un aumento y un mejor puesto de trabajo en otro país. Yo quise ayudarlo en todo momento y decidimos que lo mejor sería trasladarnos juntos a vivir a este nuevo país. ¡Una gran aventura! Para mí implicó tener que reinventarme en todos los aspectos, porque tuve renunciar a mi actual trabajo, aprender otro idioma, hacer nuevos círculos sociales y experimentar con nuevas comidas, pero ahí vamos, estoy descubriendo a una nueva persona en este país, me estoy dando cuenta de otras habilidades que tengo, poco a poco voy aprendiendo el nuevo idioma y me estoy divirtiendo con los nuevos sabores que estoy probando en la cocina, etc.

Con base en el ejemplo anterior, podemos concluir que el sufrimiento proviene de cómo interpretamos una circunstancia y nos la contamos a nosotros mismos, es decir, de nuestro diálogo interno.

En mi caso, como el de muchas y muchos expatriados, por mucho tiempo, me conté una historia que me hacía mucho daño y me generaba mucha frustración e impotencia. Me decía y le decía a otros que en España todo era difícil, que no había trabajo, que todo era más complicado que en México, que los españoles eran cerrados y era difícil tener amigos. Por supuesto, esa historia me incapacitaba y me ataba de manos, me paralizaba y se reflejaba en una actitud de «¿Para qué hago si no se puede?». Cuando elegí transformar esa narrativa desde la introspección y la reflexión y mi proceso psicoterapéutico, mi nueva narrativa migratoria me impulsó y me permitió volver a sentirme protagonista de mi historia. La verdad es que España me ha enseñado mucho, vivir en España ha sido una gran maestra de vida. España me ha enseñado a ser paciente;

me ha enseñado que soy luchadora y una mujer muy fuerte; me ha enseñado que el camino que he elegido y mi profesión son mi motor en la vida; me ha enseñado que más que españoles buenos o malos, hay gente abierta y agradable y otra no tanto y que eso va más allá de cualquier cultura. Mi experiencia migratoria me ha enseñado que, al igual que en cualquier otro país, si no eres de ahí requiere un extra y es normal, y que yo estoy eligiendo día con día estar aquí a pesar del coste que supone. España me ha enseñado y mostrado cosas de mí misma, de la vida y de las relaciones, que ningún otro lugar me hubiera podido mostrar de esta forma. Por supuesto, esta nueva narrativa tiene otra carga emocional, siento esperanza, me siento orgullosa de mí misma, me siento realizada y motivada, siento que fluyo mucho más con mi elección de vivir lejos de mi país.

Así que te invito a, primero, observar qué te estás diciendo; pon atención al contenido de tu narrativa interna y externa: **¿qué te dices y le dices a otros?**

Segundo, cuestiona y debate tu propia historia: **¿así es de verdad? ¿Existe otra manera de verlo o contarlo?**

Tercero, revisa los *debería* o *tendría* que hacen más

exigentes tus expectativas de la migración. Por ejemplo: «Es que ya tendría que estar trabajando»; «Es que debería de encontrar ya un trabajo»; «Es que ya debería de tener un grupo de amigos»; «Es que ya llevo 1 año, debería de sentirme adaptado/a». ¿Según quién tendría que ser así? ¿En dónde está escrito que esa es la manera en que debería de ser o funcionar?

Sí, sería ideal que fuera así: que ya tuvieras el trabajo de tus sueños, que hablaras el idioma perfectamente a los 2 o 3 meses de estar ahí o que ya tuvieras grandes amigos; seguramente lo deseas, pero eso no significa que tenga o deba ser así.

Muchas veces, las personas imponemos en nuestra mente un escenario ideal y específico y, cuando no ocurre así —la mayoría de las veces—, nos frustramos muchísimo y lo vivimos como un fracaso. Deja de lamentarte y pasa del por qué al para qué. En vez de preguntarte: ¿por qué me pasa esto a mí?, pregúntate: ¿para qué estoy viviendo esto? ¿Qué puedo aprender de esta situación? ¿Para qué me puede servir esta experiencia? ¿Qué me enseña de mí, de la vida, de mis relaciones?

Reconstruye tu narrativa migratoria. Si es necesario, pide ayuda profesional; un nuevo capítulo y un nuevo giro en la historia influirá positivamente en tu identidad como inmigrante. Pasarás de ser una víctima a una persona resiliente y luchadora que ha elegido saltar de su zona de confort y se ha sumergido en las aguas de la aventura y lo desconocido para explorar y permitirse cosas inimaginables.

Justamente, el propósito de este libro y del Taller Migración Consciente es ese, ayudar a que las personas preparen su migración, pero también logren transformar sus narrativas y esto les permita experimentar su proyecto migratorio con menor resistencia, con mayor conciencia, en armonía y fluyendo en plenitud.

IX. CONCLUSIONES

Recuerda que, si ya te atreviste a dar este gran paso, quiere decir que tienes la capacidad para adaptarte a él, que la valentía que has tenido para salir de lo conocido, será la misma valentía que te ayudará a encontrar tu camino en lo desconocido. Si estás por hacerlo, no lo dudes: del otro lado de la zona de confort se encuentra la posibilidad de verte a ti mismo, a los demás y al mundo con otros ojos.

Recuerda ser fiel a ti mismo/a, conserva tu esencia, utiliza tus recursos como extranjero; eres diferente a los demás y eso es un punto a tu favor, no pierdas la esperanza, levántate día a día a hacer lo que tengas que hacer para conseguir estar en paz en este nuevo camino. Aduéñate de los aprendizajes y la sabiduría que te da cada situación nueva que vives. Recuerda a diario los propósitos que te han traído hasta este nuevo lugar, no los pierdas de vista, síguelos, llévalos a cabo, actúa.

Expresa lo que sientes, no te guardes nada. A veces uno no quiere preocupar a quienes están lejos o resultar ser una carga para quienes acabamos de conocer, pero solo expresando lo que sentimos al vivir en otro país, solo así, uno puede lidiar con los efectos y sensaciones negativas.

No olvides que esta nueva situación de vida no te resta, te suma. Vivir en el extranjero suma y amplía tu visión del mundo, tu percepción de las experiencias, tus valores, te hace más de lo que ya eras. El duelo es un proceso de crisis y adaptación natural, pero también es un proceso de evolución y crecimiento. Aprenderás de ti cosas que no aprenderías en casa o bajo cualquier otra circunstancia, cosas en las cuales puedes trabajar y evolucionar y cosas de las que te sentirás orgullosa/o y sorprendida/o, pues no sabías de lo que eras capaz.

Como dijo una gran amiga colombiana: «irse a otro país es uno de los mayores actos de valentía y coraje... Abandonar todo con la inseguridad de no saber qué le depara a uno el destino, no es más que eso, un acto de valentía». Y eso solo dice una cosa de ti: que eres valiente, que eres fuerte, que puedes, que estás vivo/a y que, por lo tanto, todas las posibilidades están en tus manos.

Estés en donde estés, recuerda que el amanecer se logra ver desde cualquier lado del mundo.

Aquellos que cruzan el mar cambian de cielo, pero no de alma.

(Horacio)

X. DE INMIGRANTE A INMIGRANTE

Escribir este libro me ayudó a recordar que soy quien soy gracias a haber migrado. En esta sección del libro quise hacer una recopilación de cartas que otras personas migrantes te han escrito, para que tú también logres recordar que este proceso suma en tu autorrealización y en tu crecimiento personal.

Querido/a inmigrante:

Te escribo estas líneas porque quiero decirte que, así como tú, yo también me embarqué camino a la aventura, persiguiendo mis ideales. Puse en dos maletas lo que creía que era lo más importante sin darme cuenta de que lo más importante era lo que dejaba en casa, pero ahora el tiempo y la adversidad me han enseñado cosas, cosas que nunca habría aprendido si me hubiera quedado ahí, en mi zona de confort. En este momento, entiendo que eran necesarias para mi crecimiento personal, para conocer mi potencial, mi fortaleza y, sobre todo, mi poder de resiliencia.

Es difícil, muy difícil, pero no me arrepiento. Si tuviera que regresar el tiempo, lo haría solo para emigrar con conciencia, con los conocimientos necesarios sobre lo que implica dejar mi espacio, para llegar a otro completamente desconocido, donde aprendes cada día otra metodología de subsistencia. Tomé esta decisión de la forma más fácil porque realmente emigrar es una decisión muy sencilla de tomar, ya que va a acompañada de un cúmulo de sueños e ilusiones sin saber que era la decisión que me iba cambiar la vida por completo, sumando a esto que he tenido un proceso de transformación total, donde conocí mi otra personalidad, aquella en la que solo me quedaba ser fuerte, resistir y hacer como que no pasaba nada. Muchas veces sentí coraje, y otras, tristeza, por estar en lo que yo llamaba «el lugar equivocado», pero después me di cuenta de que estaba gastando mi tiempo en banalidades, que tenía que aprovechar mi estancia, ver las cosas de manera diferente y entender que hay personas de todo tipo en cualquier lugar. Caminé, me ocupé y sobre todo me reinventé, fui desprendiéndome poco a poco de mis costumbres, ideologías y hasta formas de vida, para aprender la cultura del país al que emigré. Entendí que si seguía manteniendo mi forma de vida anterior iba a seguir sufriendo, pero eso sí, nunca dejé de amar y ser leal a mi país. Empecé a observar mi entorno, veía cómo se comportaban las personas, empecé a hilar acciones y a crear experiencias, entendí que las cosas pasan de forma diferente a las que yo estaba acostumbrada, porque así funcionan aquí y dan resultados. Y, sobre todo, empecé a rodearme de locales que me hacían bien, eso..., eso me ayudó a empezar a amar mi nuevo lugar, a adoptar la nueva cultura, con eso vino mi integración social, un proceso tan difícil y que viene sin instrucciones.

Si apostaste por la aventura y ahora el proceso de adaptación te está siendo difícil, ya que has visto que muchas cosas no son lo que esperabas, no te preocupes, abre tu mente, enfócate en el aprendizaje constante y busca un motivo, ese motivo le dará un sentido y una proyección a tu vida, haciendo que dicho proceso sea más fácil de sobrellevar, ya que el comenzar de cero en un entorno desconocido implica mucha voluntad, fortaleza y decisión. Además, no siempre tenemos el apoyo familiares o de amigos en el día a día y solo nos queda el propio deseo de realización, que nos hace levantarnos cada mañana para sobrevivir y lograr nuestros objetivos. Siempre ten muy claro que cada experiencia es única y que los procesos y los resultados dependen de cada persona.

En realidad, estar en un lugar desconocido sin un objetivo puede hacerte desvariar y sobre todo puede hacer que te sientas débil, ya que constantemente se presentan situaciones inesperadas que nos hacen bajar la cabeza, pero cada día irás desarrollando la fortaleza necesaria para recrear tu mundo. Siempre sal con la cabeza en alto, conoce tu alrededor, abre tus horizontes, desarrolla tu potencial, prueba otros sabores, nuevos olores, ve otros amaneceres y empápate de tu entorno. Cuando sientas que muchas cosas ya son parte de ti, empezarás a reconocer que ese lugar es tu nuevo lugar.

Por último, nunca olvides despedirte de los tuyos con un fuerte abrazo, ya que, a pesar de que las despedidas van formando parte de ti, no siempre es fácil decir «hasta pronto». Atte:

Una ciudadana del mundo.

Diario de una inmigrante

Queridx emigrante:

Si estás a punto de emigrar o llevas unos días en tu nuevo país de acogida, en un entorno distinto, adaptándote a un nuevo lugar, quiero decirte que es lo más normal del mundo que te preguntes a mitad de la noche: ¿qué demonios estoy haciendo? ¿Me irá bien? ¿Cómo puede ser que lo deje todo? ¿Estoy siendo egoísta con esta decisión?

Es normal que tengas emociones encontradas, que te sientas feliz por lo que estás a punto de vivir, pero a la vez triste por dejar a los tuyos. Son normales todas esas dudas. Mudarte a vivir a otro país es una decisión que te cambia la vida como pocas cosas; no importa la razón por la que lo hagas, requiere bastantes huevos y/o ovarios tomarla y, sobre todo, hacerla realidad.

No te comparto todo esto para que te eches atrás o pienses que esto es una locura. Simplemente para que sepas que no estás solo ni sola frente a esta gran aventura. Tienes que saber que existen miles de personas como tú y como yo, que un día decidieron emprender esta aventura con más dudas que certezas, con emociones encontradas y un montón de sueños, pero que, pese a ello, dejaron todo atrás y se mudaron a un país totalmente distinto.

Hace cinco años que yo tomé esa decisión; aunque siempre he pensado que cada año que uno pasa viviendo en el extranjero equivalen a tres de vivir en tu propio país, por todo lo que creces como persona, dirás que soy exagerada; pero vive un año en tu nuevo país y ya hablaremos de todo lo que has aprendido, experimentado y enfrentado.

Yo migré por amor a España, específicamente a Sevilla. Cada vez que lo platico diversas expresiones cursis y suspiros salen de las bocas de mis oyentes (especialmente mujeres): «Wow, ¡qué romántico! ¿En dónde se conocieron? ¡Qué bella historia!». No niego que hasta el momento mi historia con Ale ha ido bien, que he encontrado un compañero de vida inigualable y que la relación que construimos día a día me nutre muchísimo. Sin embargo, me niego a seguir con la historia del príncipe azul con ese mito de amor romántico que nos ha vendido la sociedad eternamente. Sí, migré por amor porque él ya había vivido más de tres años en México y no pudo encontrar manera de que le alargaran el contrato de trabajo. Migré por amor porque pasamos diez meses a distancia y sabíamos que, si queríamos seguir juntos, teníamos que elegir un país en el cual vivir y echar raíces. Migré por amor por la inseguridad que mi país nos ofrecía a ambos. Migré por amor por mi propia decisión de aventurarme a un mundo nuevo y, de paso, compartir mi vida con un gran hombre como es Ale.

Renuncié a un gran trabajo que tenía en México en una de las grandes televisoras y me mudé a España para empezar desde cero, pero con la claridad de que Ale no sería mi único mundo, y que, si me mudaba por él, tenía que tener una reserva tanto emocional como económica y la clara decisión de que, si las cosas no nos resultaban, jamás lo iba a culpar a él por nada. Porque, a final de cuentas, fue mi decisión aventurarme a vivir a otro país.

Para asegurarme de llegar a un nuevo lugar con mi propia reserva emocional y económica y de ser la propia arquitecta de mi propio destino, antes de mudarme a España pedí una beca para estudiar en una universidad en Sevilla la maestría de mis sueños. Así, me sería más fácil empezar a construir mi propio mundo, no siendo 100 % dependiente de Ale ni en lo social, ni en lo emocional. Para mi fortuna, después de algunas entrevistas: ¡me concedieron la beca! Esta incluía una manutención económica por un año así como un piso compartido para vivir. Este gran regalo de la vida más ahorros propios me permitieron vivir en otro país de manera más independiente. Ese piso que me otorgaron jamás lo usé, pero lo tenía ahí guardadito por si..., en algún momento lo necesitaba.

No puedo negar que cuando uno se muda a vivir al país de origen de otra persona, esa personita resultará en gran medida nuestra base en ese nuevo país. Es su cultura y de ella aprenderemos desde cómo se pronuncian las palabras en su idioma hasta a cocinar su comida. Será nuestro apoyo y nuestro guía. Pero creo que para que las cosas funcionen y tengas una relación sana, una debe de intentar conocer esa nueva cultura no solo a través de la pareja, sino de manera autónoma. Hacer amistades que no sean los amigos de sus parejas, perderte entre sus calles sola. Crear tu propia vida como adulto que eres a la par de la que tiene tu pareja. No podemos cargarle toda nuestra vida a ella, pretender que se haga cargo de nosotros implicando que, como «fue por su culpa que nos mudamos a vivir a determinado país», ahora a ella le toca hacernos feliz y enseñarnos el camino a seguir; es absurdo e infantil. O, peor aún, construir tu mundo en totalmente dependencia a él. No, así no son las cosas. Aquí la que decidió mudarse fuiste tú y tú eres responsable de tu vida.

Es mucho más fácil vivir en otro país cuando tu pareja es autóctona de ahí. Y más aún, si su familia también vive ahí (procura conocerla antes). No partes desde cero, tus bases las tienes más sólidas. Sin embargo, ambos tienen que ser conscientes de que, como pareja intercultural viviendo en el país de uno, tendrán que enfrentarse al duelo migratorio de la persona que migró; a sus correspondientes adaptaciones de cultura y comida, es decir, a una completa fusión multicultural de ambos mundos; a tener más viajes internacionales para visitar tu país y, sobre todo, a un enriquecimiento intercultural maravilloso. Legitimemos todas estas experiencias y emociones.

En los cinco años que llevo en España he tenido altas y bajas. Momentos muy jodidos que si hubiera nacido aquí no los hubiera vivido. A veces extraño demasiado a mi familia. Pese a que creo en la higiene del sueño, duermo con mi celular en mi mesita de noche, por si en la madrugada me llama algún familiar mío por algún problema. Me ha costado tiempo y paciencia hacer y tener mis propias amistades aquí y son amigas que cuento con los dedos de la mano. Encontrar un trabajo y reinventarme laboralmente ha sido un viacrucis; aún hay días en que batallo con ello. Y adaptarme a los pinches 45º grados de verano en Sevilla me ha costado días de sudor, rosácea, mal humor y dolores de cabeza. Y uno de mis grandes miedos, que es perder algún ser querido en la distancia, vive conmigo todos los días, aunque es un miedo que intento arrinconar.

Sin embargo, nadie me quita todo lo que he aprendido de mí, he descubierto talentos ocultos (que me encantan), me he dado cuenta de lo resiliente y valiente que soy. Me he demostrado que puedo salir de mi zona de confort y que puedo sobrellevarlo. He aprendido nuevos platillos y creado fusiones gastronómicas únicas entre México y España. Me he vuelto más tolerante, porque me he dado cuenta de que hay distintas formas de hacer las cosas. He incluso he vencido algunos miedecillos tontos que tenía. He conocido gente y lugares maravillosos. Y, para qué lo niego: tengo una calidad de vida mucho mejor que la que podría tener en mi país. He tenido la fortuna de reinventarme, de encontrar nuevas pasiones y de incluso estudiar dos maestrías. Y todo de la mano de mi compañero de vida. He descubierto que el hogar se lleva en el corazón y que el cariño y el amor pueden persistir y se hacen más fuertes con la distancia. He valorado lo que son mis raíces y mi cultura mexicana. Y, frente a ello, no me queda nada más que agradecimiento por esa oportunidad y decirte que tú también puedes vivirlo, pero no te apresures a vivir en el extranjero de manera impulsiva con solo una promesa de una relación o porque alguien te gustó muchísimo y te arrebató el corazón; hazlo con cabeza, con los pies bien plantados, redimensionando tu decisión. Si es así, créeme que nunca te arrepentirás de hacerlo.

Si requieres de más tips, recomendaciones o consejos al respecto tanto para saber a fondo sobre lo que te espera de la vida migrante, como de parejas multiculturales o relaciones a distancia, te hago tres recomendaciones que, con todo mi amor y corazón, tengo para ti:

- Mi blog: muyintercultural.com
- Mi libro: Todo lo que me hubiera encantado saber antes de emigrar, de venta en Amazon.
- Mi pódcast: Muy Intercultural. Lo puedes escuchar en distintas plataformas como: Spotify, Ivoox o Itunes.

Un gran abrazo y resiliencia frente a los cambios.

Clau Salcedo

(Una emigrante que, como tú, un buen día empacó tres maletas y se fue a probar su valentía al otro lado del mundo, siguiendo los orígenes de su compañero... Haha).

Hola:

Hace ya 4 meses que te fuiste y tengo que confesar que no hay ni un día que no piense en ti.

Tenías muy claro que te querías ir a otro país y en ese sentido estoy muy orgulloso de ti porque estás cumpliendo tu sueño.

Has demostrado ser una persona muy valiente yéndote completamente sola. Me llegan noticias tuyas de que el inicio en el nuevo país no ha sido fácil. Sé que al llegar estuviste completamente sola y que te ha costado adaptarte. A día de hoy me cuesta imaginarte en esa gran ciudad y entre tanta multitud. Pero sé la valentía que tienes y estoy seguro de que a día de hoy las cosas ya te van bien.

Por lo que me contaron, tu llegada no fue fácil e incluso me han dicho que pensaste en volver. Sé que empezaste un trabajo, pero que más tarde el local cerró y te tocó empezar de cero. Ahora tienes otro trabajo y por lo que tengo entendido es ideal para ti y tiene muchas oportunidades de crecimiento. Así que quiero darte la enhorabuena.

También sé que cambiaste de domicilio. Y que ahora vives en una casa con otras dos chicas del norte de Europa.

No me quiero ni imaginar por todo lo que habrás pasado. Vives en un país donde los coches conducen por el lado izquierdo, donde se usa otra moneda, se habla otro idioma, hay otro clima y otra gastronomía. ¿En qué momento te has hecho tan valiente?

Supongo que hay que estar en tu piel para poder entender todo esto. Yo sigo en el mismo pueblo, viendo a la misma gente y haciendo las mismas cosas, así que realmente creo que nunca podré entender por todo lo que habrás pasado.

Quería escribirte esta carta porque el vacío que has dejado aquí es enorme. Todos pensamos en ti y todo nos recuerda a ti. Tú en cambio, al estar en otro «mundo» debes estar muy ocupada arreglándote la vida. Todos los días desde tu llegada habrás tenido mil obligaciones que hacer, desde conseguir un número de teléfono a abrirte una cuenta en el banco.

Y, ¿el idioma cómo lo llevas? Te fuiste con un buen nivel de inglés, pero dicen que, una vez allí, es muy difícil entender a los nativos. Supongo que será por el acento y por la rapidez al hablar. Conociéndote, seguro que tú ya lo tienes dominado, y si no es así, te faltará poco. Siempre has sido una chica muy inteligente.

Hace ya 4 meses que te fuiste y me pregunto cómo te sientes. Me pregunto si te has adaptado al 100 % a tu nueva vida y me pregunto si realmente eres feliz allí. También me pregunto si alguna vez te has arrepentido tanto como para volver o si piensas en nosotros tanto como nosotros en ti.

Tú me enseñaste que viajar es crecer y estoy seguro de que tú ya has crecido. Te has enfrentado a situaciones y momentos que nunca antes habías vivido. Estás conociendo una nueva cultura y con ella gente nueva. Te has enfrentado a un gran desafío que sin duda te habrá hecho conocer a una nueva tú mucho más independiente, desenvuelta y fuerte. Ahora serás una chica llena de recursos y de aprendizajes de gran valor. Y, aunque no esté ahí para verlo, me enorgullece mucho.

Te escribo esta carta para hacerte saber que estoy muy orgulloso de ti. Eres un ejemplo a seguir. Demuestras inteligencia, valentía, ganas de crecer, fuerza y coraje. Desde España quiero informarte de que aquí las cosas siguen igual y que cada vez más personas están pensando en hacer como tú e irse a otro país. Sé que si tuvieras la oportunidad de hablar con esas personas las animarías a irse, a marcharse tal y como tú has hecho. Y estoy seguro de que esas personas te harían caso y se lanzarían a esa gran experiencia que, como tú bien dices, hay que vivir al menos una vez en la vida.

Tú me enseñaste que viajar es crecer, pero yo aprendí de ti que lo tuyo no es un viaje, es un gran viaje para quedarse, es un cambio de país en toda regla. Y eso, querida, es de pocos. Solo de los más valientes y atrevidos.

Gracias por enseñarme que con ganas todo se consigue, incluso lo que parece imposible.

Un abrazo muy fuerte y cuídate.

Esta carta va dirigía a Núria, la protagonista del libro *Tienes que partir*.

Núria quería irse a vivir a Londres y tras terminar sus estudios universitarios se fue. Allí aprendió que sus aventuras fueron más grandes que sus expectativas.

Tienes que partir es una novela psicológica de aventura en la que Núria nos cuenta sus emociones y sentimientos cuando cambia de país. Una novela motivacional, fresca y amena llena de aprendizajes. Esta novela es un espejo para todos aquellos que alguna vez han cambiado de país ya que se sienten identificados en muchos aspectos. Para todos aquellos que estén pensando en cambiar de país es altamente recomendable, ya que las aventuras contadas prepararán al lector para posibles hechos.

www.gretavega.com

Para ti que también vives en el exterior lejos de casa:

Si has llegado hasta aquí, es por que significa que en algún momento de tu vida compraste un tiquete de avión, te mudaste a otro lugar y hoy vives lejos de casa. Se como tu lo que significa llegar a un nuevo país, adaptarme a una nueva cultura, comida, hablar un idioma diferente, reinventarse laboralmente, extrañar a la familia y amigos, pasar una navidad o un cumpleaños lejos de mis seres queridos, enfrentarme a un invierno; pero todo eso hace parte del proceso de migración. La migración te cambia y afecta muchas áreas de tu vida incluyendo tu desarrollo y crecimiento personal, social, laboral y cultural.

Al mismo tiempo este proceso migratorio puede ser una de las experiencias más enriquecedoras que podemos vivir en la vida. Por esto te digo que vivir en el extranjero te va a cambiar la vida, y la perspectiva en todos los sentidos, pero no te vas a arrepentir.

Una de las cosas más positivas de vivir lejos de casa es que te dará la oportunidad de encontrar nuevos amigos, en donde podrás aprender cosas nuevas sobre otras culturas, a conocer mejor otras formas de ser, de pensar y de vivir. También te hará sentir independiente y tener una mentalidad más abierta, aumentará la confianza en ti, te ayudará a tomar mejores decisiones y a conocerte mejor, aumentará así mismo tu capacidad para resolver problemas, y podrás manejar tus finanzas con mas determinación. También tendrás la oportunidad de conocer lugares maravillosos y te llevarás bonitos recuerdos de cada uno de ellos. Podrás ver paisajes únicos, sitios turísticos y lugares espectaculares donde podrás ver la diversidad cultural.

Vivir en el extranjero trae como todo en la vida cosas negativas y positivas, lo importante es que siempre tengas esa motivación, que descubras los beneficios que te puede traer y lanzarte a esta aventura.

Por último quiero decirte que no estas solo/a existen hermosas comunidades cuyo fin es el bienestar emocional, apoyo, motivación y acompañamiento de tu proceso migratorio y de tu vida en el exterior. Este es el caso de womenwithidentity una comunidad de mujeres en el exterior.

Te las comparto para que puedas ser parte de ellas y para que juntos podamos ser felices en nuestro nuevo país que nos acogió.

Cordialmente

Eleonora

Women with identity: Tu comunidad de mujeres en el exterior

@womenwithidentity Instagram

@womenwithidentityonline Facebook

www.womenwithidentity.de

REFERENCIAS BIBLIOGRÁFICAS:

1. Achotegui, J. (2012). *La migración es un duelo, ya que ninguna otra situación supone tantos cambios*. Ciencia TV. Universidad Jaume.
2. Achotegui, J. (2017). *Inteligencia migratoria: Manual para inmigrantes en dificultades*. Nuevos Emprendimientos Editoriales: España.
3. Achotegui, J. (2012). *Emigrar hoy en situaciones extremas. El síndrome de Ulises*. Revista de Psicología, Ciències de l´Educació i de lÉsport, 30(2), 79-86.
4. American Psychiatric Association (APA). (2018). *Manual Diagnóstico y Estadístico de los Trastornos Mentales DSM-IV-TR*. Madrid: Editorial Médica Panaméricana.
5. Anderson, H. (2012). *Conversación, lenguaje y posibilidades: Un enfoque posmoderno de la terapia*. 2ªed. Buenos Aires: Amorrortu.

6. OIM. (2006). *Glosario sobre migración.* REVISADO EN: http://publications.iom.int/system/files/pdf/iml_7_sp.pdf (1 DE ENERO, 2017).
7. Berry, J. (1997). *Immigration, Acculturation and Adaptation.* *http://www.ucd.ie/mcri/resources/Dermot%20Ryan%20Reading.pdf*
8. D. P. Rovira et al. (2000). *Identidad cultural, Aculturación y Adaptación de los Inmigrantes Latinoamericanos (chilenos) en el País Vasco.* Dpto. de Psicología Social y Metodología. Facultad de Psicología. Universidad del País Vasco. Revisado en: https://www.ehu.eus/documents/1463215/1504270/Paezetal00Inm.pdf
9. Greco NG, et al. (2016). *Efectos transgeneracionales de la migración en la adaptación: un estudio de casos a través del psicodiagnóstico de Rorschach.* VIII Congreso Internacional de Investigación y Práctica Profesional en Psicología XXIII Jornadas de Investigación XII Encuentro de Investigadores en Psicología del MERCOSUR. Facultad de Psicología - Universidad de Buenos Aires, Buenos Aires. Revisado en : https://www.aacademica.org/000-044/930
10. Rastogi, M. & Thomas, V. (2009) *Multicultural Couple Therapy.* Sage.
11. Yalom, I. (1984). *Psicoterapia Existencial.* Editorial Herder: Barcelona.
12. Villanueva, L. *Los modelos de aculturación e intervención psicosocial en la inmigración.* Gazeta

de Antropología, 2001, 17, artículo 06 revisado en: http://hdl.handle.net/10481/7470

13. Wing Sue, D et al. (2013). *Case Studies in Multicultural Counseling and Therapy.* Wiley: New Jersey.
14. Wing Sue, D & Sue D. (2012). *Counselling the culturally diverse: Theory and Practice.* (6th edition) Hoboken, NJ: Wiley.

Revisión de Contenido: Carolina Zavaleta, psicoterapeuta.

Diseño de cubierta:
Ana Isabel Rivas Fernández, @anana.design
Salvador Juárez Meza, @salvadorjum

PÁGINA WEB DEL AUTOR:
www.mentesenequilibrio.com
IG: @mentesenequilibrio
IG: @amarsanamente

mentesequilibrio@gmail.com
anaisabelrivasfdz@gmail.com
salvador.jum@gmail.com
karozeta@gmail.com

Printed in Great Britain
by Amazon

27575241R00249